GRAV

YN EI EIRIAU EI HUN

GRAV

YN EI EIRIAU EI HUN

Gomer

Cyhoeddwyd yn 2008 gan
Wasg Gomer, Llandysul, Ceredigion SA44 4JL

ISBN 978 1 84323 886 7

Cyhoeddwyd *Grav*, Lyn Jones a Ray Gravell, gan Wasg Gomer yn 1986. Atgynhyrchir rhannau o'r hunangofiant hwnnw gyda chaniatâd Lyn Jones ac Ystâd Ray Gravell.

Dymuna'r cyhoeddwyr gydnabod cymorth Cyngor Llyfrau Cymru.

Argraffwyd a rhwymwyd yng Nghymru gan
Wasg Gomer, Llandysul, Ceredigion

I
Mari, Manon a Gwenan

Cydnabyddiaethau

Mae'r Golygydd a'r Wasg yn dra diolchgar i'r canlynol am bob cymwynas wrth ddwyn y gyfrol hon i olau dydd: Sain Recordiau Cyf, Rhean Harris, Owain Jones, Mark Thomas, Bethan John, Sharon Griffiths, Cari Lewis, Heddyr Gregory, Geraint a Margaret Rowlands, John Hefin ac Elin, Dennis Peel, Rob Lewis, Donald Williams, Rachel Nicholson, Les Williams Glan-y-fferi, Wyn ac Alun Jones Craig-cefn-parc, Keith Jones a Sian Gwynedd BBC Cymru, Tomos Owen, ac Angharad Mair, Tinopolis.

Cydnabyddiaethau Lluniau

Diolch hefyd i'r ffotograffwyr, asiantaethau ac unigolion am eu caniatâd i atgynhyrchu'r lluniau yn y gyfrol hon – nifer ohonynt wedi gwrthod codi tâl am eu gwasanaeth. Ceisiwyd cydnabod perchennog pob llun. Yn yr achosion hynny lle methwyd dod o hyd i'r perchnogion, mae'r Golygydd a'r Wasg yn croesawu'r unigolion perthnasol i gysylltu â Gomer er mwyn sicrhau bod eu cyfraniadau yn cael eu cydnabod mewn unrhyw argraffiadau pellach o *Grav yn ei eiriau ei hun*.

S4C: viii, 168, 172, 190, 191 (gwaelod ar y dde), 200, 212 (gwaelod), 219, 221; South Wales Evening Post: xi, 44, 56, 63, 68, 82, 89, 93, 98, 109, 139, 148, 151, 154, 159, 203, 223, 226, 233, 244, 252, 255; BBC: xii, 66, 72, 166, 206, 208, 212 (uchod), 218, 232, 238, 253; Alun Morris Jones: 2, 49, 86, 165 (gwaelod), 176, 183-185, 240-241, 251, 262; casgliad J.J. Williams: 4, 111, 115, 125; casgliad y teulu: 7, 9, 11, 14, 15, 17, 18, 23, 27, 178, 180, 191 (namyn y gwaelod ar y dde), 249, 257; Ray Wood: 12; John Harris: 24, 88; casgliad Adrian Howells: 31; casgliad Les Williams: 43; Huw Evans Agency: 47, 51, 156; Tinopolis: 62; Marian Delyth: 65; Colorsport: 84, 122, 131, 136-138, 146; George Herringshaw (Assoc. Sports Photo): 102; casgliad Dafydd Iwan: 116; Wyn Jones: 152, 170, 192, 213, 216-217, 220 (uchod), 225, 231, 254; Eisteddfod Genedlaethol Cymru: 161, 230; David Jones: 195; David Williams: 220 (gwaelod); casgliad Margaret Rowlands: 229; Urdd Gobaith Cymru: 248; Gravells Kidwelly: 250; Terry Morris: 264.

Cynnwys

Rhagair

Ro'dd rhai o'r farn mai'r canlyniad oedd yn gyfrifol am anniddigrwydd Grav – Cymru wedi colli am yr eildro yn ei hanes yn y Stadio Flaminio yn Rhufain a'r cyn-ganolwr yn teimlo'r peth i'r byw. Ond, roedd eraill yn amau hynny – yn ymwybodol ei fod e'n gaeth i glefyd y siwgr ac yn teimlo ei fod e'n diodde poen corfforol yn deillio o'r afiechyd. Roedd rhyw wyth ohonon ni wedi archebu bwrdd mewn bwyty gerllaw ond ymddiheuro'n gwrtais wnaeth Ray a dweud nad oedd e'n ddigon hwylus i ymuno â ni. Rai wythnosau'n ddiweddarach fe gadarnhawyd yr holl amheuon pan ddaeth y newyddion brawychus ynglŷn â chyflwr y gŵr diymhongar o Fynyddygarreg, a'i fod ar fin cael triniaeth reit ddifrifol yn Ysbyty Glangwili, Caerfyrddin.

Mewn ychydig oriau fe ledodd y newyddion fel tân gwyllt o Fôn i Fynwy fod Grav wedi colli'i goes. Fe gyrhaeddodd y cardiau Frynhyfryd yn eu miloedd a hynny o bedwar ban byd, a'r postmon yn ei ddiawlio'n dawel gan fod angen lori i'w cario yn hytrach na'r fan fach goch arferol. Serch hynny, o fewn diwrnodau roedd pethau'n argoeli'n dda – agwedd bositif Ray, cefnogaeth gref y teulu a gofal y tîm meddygol yn golygu fod y darlledwr boreol yn gwella'n gyflym ac yn llawn hyder ynglŷn â'i ddyfodol. Wythnosau'n ddiweddarach roedd e gartre, yn cysylltu â'r genedl 'drwy gyfrwng y cyfrwng', yn ymweld ag Ysbyty Treforys gogyfer â choes artiffisial ac yn sôn am yr anrhydedd o gyflwyno gwobr ar lwyfan Eisteddfod Genedlaethol yr Urdd yng Nghaerfyrddin.

O fewn dim roedd e'n gwisgo'i goes newydd ac yn llywio'i Renault Scenic a addaswyd ar ei gyfer. Ganol Gorffennaf roedd e'n annerch y cannoedd a ddaeth i westy Parc y Strade i'w gyfarch, ac ym mis Awst roedd yn cymryd y gic gynta yn y gêm dysteb ar y Strade yn erbyn Caerfaddon. Ddechrau Medi roedd Grav 'nôl ar yr awyr yn cyflwyno'i raglen foreol o Barc y Strade a'r genedl gyfan yn rhoi ochenaid o ryddhad. Adeg gwyliau hanner tymor yr Hydref aeth yng nghwmni'r teulu ar wyliau i Sbaen ac yno, ar ddiwrnod ola Hydref 2007, y bu farw un o gewri'r genedl, gŵr a gyfrannodd mewn sawl maes – ym myd y bêl, ar sgrîn fach a sgrîn fawr, ar lwyfan eisteddfod fel Ceidwad y Cledd, ac ar donfeddi radio yn y Gymraeg a Saesneg. Yn ddiweddar mewn cyfweliad ar deledu fe gyflwynodd y gohebydd ac awdur cyfrolau teithio, Jan Morris, deyrnged gynnes i'r dringwr a'r arloeswr Syr Edmund Hillary. Aeth yn ei blaen yn huawdl i sôn am rinweddau'r gŵr o Seland Newydd a chyfeirio at y modd y llwyddodd, drwy ei ddewrder a'i weithredoedd, i anfarwoli'i hun mewn nifer o wledydd yn enwedig Seland Newydd a Nepal. Ac yna, bron yn reddfol, fe ychwanegodd Jan Morris (oedd yno ym 1953 fel gohebydd *The Times* i dderbyn y newyddion fod Hillary a Tensing Norgay wedi cyrraedd copa Everest) gymal ychwanegol. Meddai, 'The only person I can think of who had the same iconic influence as Hillary would be Wales's Ray Gravell.' Dyna i chi ddweud!

Bwriad Gwasg Gomer ryw dair blynedd yn ôl oedd comisiynu Ray i sgrifennu ychwanegiad i *Grav*, cyfrol a gyhoeddwyd ganol yr 1980au mewn cydweithrediad â Lyn Jones. Roedd y wasg yn awyddus i Ray gofnodi'r holl brofiadau newydd a ddaeth i'w ran ers gadael y maes fel chwaraewr. Cytunodd, ond fel sawl un arall, roedd yna ormod o heyrns yn y tân ac ar ôl blwyddyn neu ddwy ychydig oedd yn weladwy ar bapur. Serch hynny, yn sgîl yr holl bryfocio, llwyddwyd i'w berswadio i gyfansoddi un ysgrif hynod ddiddorol ar gyfer y gyfrol *Y Mynydd Hwn*, a bu'r profiad yn un boddhaol iawn iddo. Yn dilyn y driniaeth lawfeddygol, cytunodd Ray i leisio'i brofiadau diweddar i beiriant recordio a chafwyd sawl darn reit dirdynnol. Ar ôl ei farwolaeth, cysylltodd Gwasg Gomer â mi, a gan fod Mari a'r merched yn gytûn, es i ati i gofnodi'r hyn oedd eisoes ar gael ar brint yn ogystal â gwrando'n astud ar ddegau ar ddegau o dapiau radio a theledu er mwyn ceisio cael casgliad gymharol gynhwysfawr o Grav – yn ei eiriau ei hun.

Fe wnes i gyfarfod Grav am y tro cynta ar Barc y Strade yn 1973 mewn gornest glwb rhwng Llanelli a Glyn Ebwy a'i gael yn gawr yng ngwir ystyr y gair – weithiau'n greadigol, weithiau'n ddinistriol. Roedd e'n feistr ar y grefft o hyrddio'i gorff at y gwrthwynebydd, yn *juggernaut* o ran nerth a phenderfyniad. Ond roedd e'n gallu bod yn ddawnsiwr bale o ran steil gan ddal y bêl yn y ddwy law a dosbarthu'n fathemategol gywir i'w asgellwyr. Yn ystod y chwarter canrif diwethaf, treuliais oriau difyr iawn yn ei gwmni ar feysydd rygbi ledled Ewrop a'i gael yn gymeriad annwyl, dymunol ac yn dedi bêr o ran agosatrwydd – gall miloedd dystio i'w gymeriad addfwyn a'i bersonoliaeth glòs a chynnes.

Mae'r llyfr yn gyflwynedig i: John Hefin ac Elin, Pinky, Mike 'Bach' Evans, John 'Tremendous' Jenkins, David ac Indeg Gravell a'r cwmni, Les Williams a'r teulu, holl aelodau Clwb Rygbi Mynyddygarreg a thrigolion y pentre, Liz a Wyn Smith, Martyn, Nanette a Catrin, Geraint a Siôn a chriw gweithgar *Y Clwb Rygbi*, Huw Evans, Roy Bergiers, Derek Quinnell a Delme Thomas, DH, Anti Babs, Eamon, Alma a Cillian, Joe a Glenys, Albert Francis, criw rhaglen Grav a'r gwrandawyr, Frank Hennessey a chriw *I'll Show You Mine*, Menna Richards a holl staff BBC Cymru, Robert a Debbie a chwmni WRW, chwaraewyr, gweinyddwyr a chefnogwyr Sgarlets Llanelli, a phobol Cymru; ond yn bennaf oll i'r dair ym Mrynhyfryd – Mari, Manon a Gwenan.

Alun Wyn Bevan

Noson lansio'r gyfrol *Straeon o'r Strade* gan Alun Wyn Bevan. Roedd rhaid sicrhau bod nifer o'r hoelion wyth yn bresennol yn y lansiad.

Rhan 1

O'r Mynydd i'r Maes
1951–1986

(Detholiad o *Grav* Lyn Jones a Ray Gravell, Gomer 1986)

Brynhyfryd ym Mynyddygarreg.

1

Breuddwyd 'Nhad

Fe glywes i'r newyddion ar y radio. 'Dyma'r tîm fydd yn cynrychioli Cymru yn erbyn Ffrainc yn Parc des Princes . . .' Gwireddwyd breuddwyd – y freuddwyd y bues yn ei byw droeon ers dyddie plentyndod. Roedd 'na ddagre yn fy llyged, allen i ddim gwadu hynny, ac am wn i mai dyna'r blas cynta ges i 'rioed o ddagre'n dilyn hapusrwydd. Ond, roedd un peth ar goll: roedd un person yn fwy na neb y byddwn i wedi dymuno rhannu'r freuddwyd honno ag e; wedi'r cwbwl, ei freuddwyd e oedd hi yn y lle cynta, cyn iddo ei phasio mlân i mi. Breuddwyd 'Nhad. Mae'n siŵr gen i fod pob tad yn gallu gweld ei grwt yn gwisgo'r crys coch wrth redeg allan ar lesni'r Maes Cenedlaethol, ac fe fuodd honno'n freuddwyd iddo ynte. Er tristwch i mi, fuodd e ddim byw i weld ei gwireddu chwaith, ond fe gofia i am byth iddo fod yn gefn ac yn gymorth i mi yn ystod y dyddie cynnar hynny wrth i mi garlamu drwy'r mwd ar Gae'r Post ym Mynyddygarreg.

Ro'n i'n un o chwe chap newydd oedd am wisgo'r crys coch am y tro cynta mewn gêm ryngwladol lawn dros Gymru; y flwyddyn oedd 1975, ac mae'r dyddiad, Ionawr 18fed, wedi'i serio ar 'y nghof. O'r diwedd daeth y cyfle i gynrychioli 'ngwlad. Ro'n i mewn stâd o ewfforia llwyr; yn byw y freuddwyd ac yn methu dygymod â realiti'r peth am ddeuddydd neu dri, ond yna'n dod 'nôl i'r

Y cap cynta mas ym Mharis 1975. Y tîm yn ufuddhau i orchmynion y ffotograffydd a finne'n dishgwl o gwmpas i weld os allen ni weld os oedd ffyddloniaid o Fynyddygarreg wedi cyrraedd. Chwe chap newydd : Graham, finne, Trevor, Charlie a Steve yn y rhes ôl a'r diweddar John Bevan yn 'ishte rhwng JJ a JPR.

ddaear wrth ddarllen y papure newydd. Ro'n i ar ben 'y nigon, er bod gwybodusion y tudalenne chwarae yn dweud mai prin oedd ein gobeithion.

Mae pawb sy'n fy 'nabod i'n gwybod 'mod i'n berson emosiynol, ac roedd y dyddie cyn y gêm ym Mharis yn ddyddie o fyw ar nerfe a chwilio am hyder o rywle. Fyddwn i'n gwneud yn dda? Fyddwn i'n llwyddo i greu argraff, hyd yn oed os mai colli fydde'n tynged ni? Ond ro'n i'n gwybod fod fy awr fawr wedi dod. Dim ond am eiliade byr y parodd yr amheuon a doedd 'na ddim a fydde'n fy rhwystro rhag gwisgo'r crys coch.

Fe aeth pethe'n rhyfeddol o dda yn y prawf terfynol, ac yn ystod swper cynnar yng Ngwesty'r Angel fe gyhoeddodd cadeirydd y dewiswyr, Cliff Jones, y bydde'r tîm yn cael ei enwi y noson honno. Arhosodd rhai am y cyhoeddiad ond troi 'nôl am y gorllewin wnes i. Ro'n i'n gwrando ar y radio yn y car, ac wrth agosáu at ysgol fach Idole, dyma lais ar y radio yn cyhoeddi'r tîm i wynebu Ffrainc. Dyma wrando'n ofalus wrth iddyn nhw fynd drwy'r rhestr: JPR, JJ, Steve Fenwick, a Ray Gravell – a phan glywes fy enw, fe aeth y car bach gwyrdd i bob cyfeiriad. Rhaid i mi fod yn onest, wnes i ddim clywed pwy arall oedd yn y tîm!

Ro'n i wedi clywed y cyhoeddiad, ond y peth rhyfedd i mi, y crwtyn ansicr o Gwm Gwendraeth, oedd na allen i gredu'r peth o gwbwl. Yn ystod y ddau dymor blaenorol, fe gefes y cyfle i chware yn erbyn pobol fel Gareth a Gerald, ac yn sydyn roedd fy enw inne ar yr un rhestr â'r hoelion wyth. Roedd fy meddwl bach i yn ei chael hi'n anodd i lyncu'r wybodaeth er i mi ddarllen enwe'r tîm drosodd a throsodd yn y *Sunday Express* bore trannoeth. Ar y bore Llun, codais am chwech i fynd i 'ngwaith gyda'r Bwrdd Trydan yn Llanelli a wynebu llu o longyfarchion oddi wrth fy nghyd-weithwyr. O fewn byr amser i gyrraedd y gwaith, roedd gohebydd y *Western Mail* yn chwilio amdana i, a dyna roi rhes o gyfweliade ar gyfer radio a theledu. Ac yn ddiddorol iawn, dim ond ar ôl darllen y *Western Mail* y sylweddoles i fod nid yn unig chwe chap newydd yn y tîm ond hefyd gapten a hyfforddwr newydd sef Mervyn Davies a John Dawes.

Cyn y bore hwnnw, doedd swm fy mhrofiad i ar y cyfrynge yn ddim mwy nag un cyfweliad ar *Byd y Bêl*. Fe gofia i yr achlysur yn iawn: y prynhawn Sadwrn cynta i mi chware i dîm Llanelli ar y Strade oedd e, a'r prynhawn ola i D. Ken Jones chware i Gaerdydd cyn iddo roi'r gore i'r gêm. Ond yn ystod yr wythnos cyn y gêm roedd meicroffon yn ymddangos dan 'y nhrwyn i'n barhaol!

Roedd Mam fel brenhines yr wythnos honno, yn delio â chymdogion yn galw i'm llongyfarch i ac yn ateb galwade ffôn, heb sôn am ddidoli cardie a llythyre, nifer ohonyn nhw oddi wrth athrawon Ysgol Ramadeg Caerfyrddin ac Ysgol Uwchradd Porth Tywyn, yn ogystal â ffrindie di-ri. Mae pob un ohonyn nhw'n dal yn ddiogel mewn bocs yn y tŷ.

Fe fu 'na dipyn o ddathlu yn nhafarndai'r Greenfield a'r Greenale ym Mynyddygarreg yr wythnos honno. Fe godwyd gwydried neu ddau yn sicr ddigon! Gan mai 'nghap cynta i oedd hwn, fedrwn i ddim chware i Lanelli ar y Sadwrn canlynol, ond fe fues i'n ymarfer ar y nos Lun, a'r ddau gynta i ddod ata i oedd dau a fu'n bwysig iawn i mi yn ystod fy ngyrfa a'r ddau a fu'n darogan ers dros flwyddyn y byddwn i'n chware dros Gymru. Bert Peel, 'physio' Llanelli, oedd y cynta i'm llongyfarch i, ac yn dynn wrth ei sawdl, yr addfwyn Carwyn James. Rwy'n cofio'i eirie'n glir fel cloch: yn ei lais tenor fe ddwedodd, 'Fe gest ti dy ddewis am y ffordd wyt ti wedi whare i Lanelli drwy'r tymor. Whare di dy gêm dy hunan.' Roedd y cynghorion yma'n hollbwysig i mi, ac yn gymorth i dawelu'r ansicrwydd parhaol yn 'y meddwl.

Fe ddaeth y cerdyn swyddogol oddi wrth Undeb Rygbi Cymru yn cadarnhau 'mod i wedi cael 'y newis, ynghyd â llythyr swyddogol yn rhoi manylion y daith. Gofynnwyd i mi ddod â siwt ddu ar gyfer y cinio swyddogol. Roedd y cwbwl yn ara deg yn suddo i'm meddwl i, er bod 'y mhen yn dal yn y cymyle – a finne'n pacio ar nos Fercher yn barod i adael fore Iau am Gaerdydd i gyfarfod ym Mharc yr Arfau am sesiwn ymarfer. Teithio o Lan-y-fferi i Gaerdydd yng nghwmni Derek Quinnell a Phil Bennett – do'n ddim yn gwybod y ffordd i Gaerdydd bryd hynny!

Cyrraedd Parc yr Arfau, yr ymarfer yn mynd yn hwylus, a thîm o fyfyrwyr Coleg Cyncoed yn chware yn ein herbyn am ryw awr. 'Nôl wedyn i Westy'r Angel ac, ar ôl swper, pawb yn cael eu harwain i sinema yng Nghaerdydd; 'nôl i'r gwesty eto a throi am y gwely. J. J. Williams oedd yn rhannu stafell â mi am y penwythnos, a druan ohono, wnes i ddim cysgu, ac o'r herwydd chafodd JJ druan ddim llawer o gyfle i gysgu chwaith. Roedd 'y meddwl i ar ras, 'y nghorff i'n troi a throsi, ac fe dreulies y rhan fwya o'r noson yn holi JJ, ac yn smocio fy *Woodbines*, un ar ôl y llall. Fe fu'r noson honno yn un hir ofnadwy, a chware teg i JJ am fod mor amyneddgar wrtho' i. Wnaeth e ddim cwyno drwy'r penwythnos, er iddo gwyno lawer tro ar ôl hynny! Ar ôl brecwast, casglu'r dillad at ei gilydd a theithio i faes awyr y Rhŵs. Yno fe ddaethon ni wyneb yn wyneb â llond y lle o gefnogwyr, i gyd yn edrych mlân yn awchus am benwythnos ym Mharis, a phob un â'i gyngor a'i sylw i gynnig.

Am y tro cynta 'rioed fe weles ddinas ramantus Paris! Glanio ym maes awyr Orly a rhyfeddu at olygfeydd y ddinas wrth i ni anelu am westy'r Terminus mewn bws moethus yn cael ei arwain gan blismyn ar feicie modur. Cyrraedd y gwesty, ac yno i'n croesawu roedd Myrddin, Peter a Tal o Fynyddygarreg. Wrth eu gweld nhw, pwl o hiraeth am adre yn taro. JJ yn dal i gymryd y cyfrifoldeb i gyd ac yn cael gafael ar yr allwedd i'n stafell ac yn fy nhywys yn y lifft ac ar hyd y coridore. 'Nôl lawr wedyn i'r stafell fwyta am ginio, a John Dawes wedi sicrhau 'mod i a Steve Fenwick yn eistedd gyda'n gilydd. Roedd e am i'r tri newydd newydd yng nghanol y cae, John Bevan (y collwyd ei wasanaeth i'r gêm pan fu farw yn ifanc iawn), Steve a finne gael cyfle i drafod ein cyfrifoldeb ar y maes. Dwedodd John Dawes wrthom am fod yn gorfforol iawn yn erbyn Dourthe a Bertranne, ond roedd yn berffeth fodlon ar yr un pryd i roi rhyddid llwyr i ni i chware'r gêm yn ein ffordd ein hunen. Fe wnaeth y cyngor yna les seicolegol i mi – hyfryd oedd teimlo ei fod e, fel hyfforddwr, am i ni chware'r gêm heb gael ein clymu i lawr gan dactege cyfyng.

Y llun wnaeth ymddangos yn y papure yn dilyn cyhoeddiad tîm Cymru v Ffrainc ym mis Ionawr 1975.

Ar ôl cinio, mynd mewn grwpie bach o gwmpas y ddinas, syllu'n syn drwy ffenestri'r siope crand, arogli'r awyr Ffrengig unigryw – cyfuniad o garlleg a choffi a mwg *Gitanes* yn sbeis ar yr awel. Finne'n dal i geisio sicrhau ai breuddwyd ai realiti oedd y cyfan – ond grwpie o bobol yn gwisgo capie coch a gwyn hwnt ac yma ar y strydoedd yn ceisio fy narbwyllo fod hyn oll *yn* digwydd i mi. 'Nôl i'r gwesty ddiwedd y prynhawn i wynebu criw o gefnogwyr, a phob un yn chwilio am docyn i'r gêm – methu llai na synnu at eu brwdfrydedd yn teithio'r holl ffordd, yn llawn ffydd y bydden nhw'n cael hyd i docyn. Yna, ar ôl pryd o fwyd, cael ein tywys i'r *Folies Bergères* – dyna i chi le! – ro'n i wedi clywed amdano o'r blân, ond erioed wedi meddwl y cawn i gyfle i fynd yno! Oedd, mi roedd y cyfan yn anghredadwy: mynd i mewn i neuadd anferth a syllu'n geg-agored ar fenywod noethlymun yn dod i'r llwyfan o bob cyfeiriad, o'r to, o'r ochre, o bob cyfeiriad – diawch, doedd dyn ddim yn gwybod lle i edrych nesa! Roedd 'na ddigon ar 'y meddwl i heb weld bronne noeth yn dawnsio i bob cyfeiriad!

Am un ar ddeg o'r gloch ar y bore Sadwrn, anelodd y chwaraewyr am stafell y capten ar gyfer y cyfarfod tîm a chynghorion olaf yr hyfforddwr. Fan hyn y bydde John Dawes bob amser yn gorffen ei bregeth, nid yn y stafell wisgo. Dwi ddim yn cofio'r un gair o'r hyn gafodd ei ddweud yn y cyfarfod hwnnw, ar wahân i'r ffaith fod stafell Mervyn Davies yn llawn mwg – a finne'n gyfrifol am lawer ohono! Pawb wedyn yn anelu am y stafell fwyta, a finne'n pigo bwyta o'r pysgodyn ar 'y mhlat, ond yn methu'n lân â bwyta dim. Casglu'r dillad chware ac yna allan am y bws fydde'n ein cludo i Parc des Princes – yr ail dro i'r gêm gael ei chware yno. Ac roedd y siwrne hon yn wirioneddol gofiadwy gyda rhes o blismyn ar feicie modur, sawl seiren yn canu a'r holl osgordd yn mynd ar wib dychrynllyd drwy Baris, drwy'r goleuade coch a dim oll i'n rhwystro, yn union fel petai rhyw arlywydd yn cael ei hebrwng drwy'r ddinas. Mi roedd hi'n werth cael chware yn Ffrainc, petai ddim ond er mwyn profi gwefr y daith ryfeddol honno.

Ro'n i yno, ro'n i wedi cyrraedd, ac ar ôl gosod fy mag yn y gornel, fe es allan gyda'r lleill i gerdded ar y borfa. Roedd y lle yn gymharol wag a thawel ar y pryd; doedd neb, gyda llaw, yn sefyll gan fod sedde yno i bawb, a'r maes wedi ei amgylchynu'n llwyr ag eisteddleoedd. Sefyll ar ganol y cae a sylweddoli pa mor anferth oedd y lle. 'Nôl wedyn i'r stafell wisgo, Mervyn yn mynnu ein bod ni'n dechre newid ac yn gorchymyn bod yn rhaid i ni fod yn barod o leia chwarter awr cyn y gic gynta. Ar fwrdd yng nghanol y stafell wisgo roedd tomen anferth o gardie a brysnegeseuon. Roedd un wrth oddi wrth Mam. Fe fwrodd honno fi oddi ar fy echel yn llwyr. Ro'n i'n meddwl am bob dim erbyn hyn, meddwl am 'Nhad a sut y bydde fe wedi teimlo. 'Tase fe'n fyw fe fydde fe yma, yn sicr – roedd pob dim yn mynd drwy 'meddwl i wrth ddarllen y neges. Ro'n i wedi prynu cath o'r enw Twdls i Mam, ac am wn i mai dyma'r frysneges gynta erioed i gael ei llunio gam fam a chath ar y cyd. Yn Saesneg yr oedd y neges, gan mai Saesneg oedd iaith gynta Mam:

Dear Raymond,
All our love.
Mami and Twdls.

Os oedd dagre yn fy llyged cyn hynny, ro'n nhw'n llifo i lawr 'y ngruddie i erbyn hyn. Y peth nesa rwy'n ei gofio yw llaw rhywun ar fy ysgwydd i – Clive Rowlands oedd yno, ynte'n berson emosiynol fel finne, ar wrth ddarllen y neges, roedd ei lyged e yn llawn dagre hefyd.

'Tase rhai o chwaraewyr Ffrainc wedi 'ngweld i y funud honno, fe fydden nhw'n sicr wedi credu bod 'na fabi mawr mewn crys coch yn chware yn y canol yn eu herbyn. Ond y gwir yw fod 'na falchder rhyfeddol yn carlamu drwy 'ngwythienne i y foment honno ar ôl darllen y neges, ac fe fydde ceisio egluro bod neges oddi wrth gath fach ddiniwed yn gwneud i rywun droi'n dipyn o lew yn broblem i unrhyw seiciatrydd, greda i! Ond dyma'r llinyn oedd yn 'y nghlymu i wrth 'y nghartre, a does 'na neb ar wyneb daear a all 'y

Un o gathod Brynhyfryd – nid Twdls y tro hwn ond Shamrock yr Ail!

mherswadio i nad oedd 'Nhad yn agos iawn iawn ata i y prynhawn hwnnw. Pawb ond y tîm wedyn yn mynd allan o'r stafell a Mervyn, fel capten, yn rhoi'r bregeth ola cyn y gêm, gan atgoffa pob un, 'tase eisie fy atgoffa i, ein bod ni'n cynrychioli Cymru. Gadael y stafell wisgo a cherdded ar hyd y coridor nes cyrraedd ceg y twnnel. Gorfod aros am ychydig a'r ddau dîm yn sefyll mewn dwy res. Roedd y naws yn drydanol. Cymru yn eu coch mewn un rhes, y Ffrancod yn eu gwyn wrth ein hochor ni, a'r naill yn ceisio osgoi edrych ar y llall. Roedd 'y ngheg i'n hollol sych, a 'nghalon yn curo fel gordd. Wn i ddim pwy oedd y Ffrancwr oedd gyferbyn â mi, ond ro'n i wedi cynhyrfu gymaint wrth glywed sŵn y band a'r dorf nes i mi roi ergyd iddo, un galed, ddifalais.

Yna, allan â ni i'r maes a chael profiad mor wahanol i'r ymweliad awr ynghynt: roedd y sŵn mor uchel nes ei fod yn boenus i'r glust – y bonllefe, y tân gwyllt yn ffrwydro o gwmpas y lle a band *jazz* o Dax yn chware yn y cefndir. Pan ddaeth tîm Ffrainc allan, fe gynyddodd y twrw, hyd nes bod y cyfan yn fyddarol, ac yng nghanol hyn i gyd roedd rhyw hanner dwsin o geiliogod yn hanner rhedeg, hanner hedfan o gwmpas y cae. Roedd y Ffrancod yn edrych mor fawr ac mor ffit a golygus yn eu cryse gwynion!

Tawelodd y dorf ychydig. Yn sydyn, dyma'r band yn chware 'Hen Wlad fy Nhadau' a finne yng nghanol cylch bychan clos o'm cyd-chwaraewyr yn canu – nage, yn gweiddi'r anthem nerth 'y mhen, a'r dagre'n llifo lawr 'y ngruddie. Roedd Gareth Edwards yn sefyll nesa ato' i, ac fe ddwedodd sawl tro ar ôl hynny bod rhywfaint o fy emosiwn i wedi ei drosglwyddo iddo fe y foment honno. Roedd pob gair o'r anthem yn bwysig ac yn golygu popeth i mi.

Roedd hi'n hawdd bod yn Gymro y foment honno.

2

Y Crwt o'r Mynydd

Roedd Medi'r 12fed, 1951, yn ddyddiad pwysig yn 36 Station Road, Cydweli, gan mai yno ar y diwrnod hwnnw y gwelodd Raymond William Robert Gravell ole dydd am y tro cynta. Fe ddylwn i ychwanegu fod Medi'r 10fed yr un flwyddyn wedi bod yn bwysig hefyd, gan mai ddeuddydd cyn 'y ngeni y bu priodas Thomas John Gravell a Nina Eileen John – Mam a 'Nhad! Fe adawon nhw bethe tan y funud ola!

Yn debycach i brop pen tyn yn y llun yma ond dyma fi yn flwydd oed.

Cafodd 'Nhad ei eni a'i fagu ym mhentre Mynyddygarreg, yn un o bedwar o blant – Eileen a Olive yn ddwy chwaer hŷn iddo, a Barbara yn chwaer iau. Pan oedd yn bedair ar ddeg oed fe fu raid i Thomas John ddechre gweithio yn y chwarel galch ym Mynyddygarreg, tua hanner milltir o gartref y teulu, Tan yr Heol. Yna, yn ddiweddarach dilynodd lwybr y rhan fwya o ddynion y pentre tuag at y gwaith glo. Bwthyn bach unllawr oedd Tan yr Heol, yn cynnwys stafell wely, cegin fach, a chwpwrdd o bantri rhyngddyn nhw, gardd hir wrth gefn y bwthyn ac, wrth gwrs, tŷ bach ar waelod yr ardd. Y pryd hwnnw, ac i radde llai heddi, casgliad o fythynnod gweithwyr y chwareli calch oedd Mynyddygarreg – mae'n siŵr mai mynegi rhyw ysfa am grandrwydd oedd rhoi'r enw 'Mynydd' arno o gwbwl, gan mai dim ond bryncyn o garreg galch yn codi ryw saith neu wyth can troedfedd uwchlaw Bae Caerfyrddin yw'r cwbwl. Ond mae gan bob un hawl i freuddwydio – boed e hyd yn oed yn bentre!

Llun Ray Wood o'r gyfrol *Y Mynydd Hwn* – Castell Cydweli a Bae Caerfyrddin o batio Brynhyfryd.

Mae pentre Mynyddygarreg yn tra-arglwyddiaethu dros aberoedd y Gwendraeth Fach a'r Gwendraeth Fawr ar yr wythïen o garreg galch sy'n ei gwthio'i hunan allan o'r Bae ac yn ymestyn yn grib ysgythrog rhwng y ddwy afon, drwy'r Meinciau, Crwbin a Llyn Llech Owain, am y Mynydd Du. Dyma fagwrfa 'Nhad, a'm magwrfa inne. Oddi tanom, i gyfeiriad y môr, mae lle y magwyd Mam – Cydweli. Roedd 'Nhad yn chwaraewr rygbi, yn ddwylath o ddyn cyhyrog ac yn aelod o reng flaen tîm Cydweli. Mewn dawns ar ôl gêm y cwrddodd y ddau – hithe wedi cael ei hyfforddi i drin gwallt ac wedi treulio cyfnod y rhyfel yn y Wrens yn Portsmouth, ond bellach yn gweithio mewn ffatri gwneud sbectole yn Llanelli. Ac ar Medi'r 10fed, 1951, yn Swyddfa'r Cofrestrydd yn Llanelli, fe'u priodwyd – a fi oedd un o'r anrhegion priodas gawson nhw! Un o'r gorchwylion cynta oedd ganddyn nhw oedd rhoi label ar y cochyn o newydd ddyfodiad, ond ni fu hynny'n broblem fawr gan mai William oedd enw fy nhad-cu ar ochr 'Nhad, Robert oedd enw Tad-cu ar ochr Mam, ac mae hanes y Raymond yn ddigon difyr ynddo'i hunan. Pan gafodd 'Nhad ei eni, fe benderfynodd Mam-gu a Tad-cu mai Raymond fydde'i enw fe, a gorchwyl William Henry Gravell, sef Tad-cu, oedd teithio, ar orchymyn Gladys, sef Mam-gu, i gofrestru 'Nhad yn Raymond. Yn anffodus, fe alwodd Tad-cu yn nhafarndai y Greenale a'r Greenfield ar ei ffordd i ddathlu'r digwyddiad, a phan gyrhaeddodd y man cofrestru fe enwodd fy nhad yn Thomas John ar ôl ei frawd! Ches i 'rioed wybod beth ddwedodd Mam-gu pan gafodd hi wybod! Ond o leia, fe ges i'r enw y dylid bod wedi'i roi ar 'Nhad, ac yn fuan ar ôl Medi'r 12fed, felly, bedyddiwyd fi yn Raymond William Robert Gravell. Ond Raymond oedd fy enw i bawb.

Am y tri mis cynta o 'mywyd, fe fues i'n cadw pobol ar ddihun yn Station Road cyn i 'Nhad lwyddo i gael perswâd ar Mam i adael ei chartre yng Nghydweli a sefydlu cartre i ni'n tri fel teulu ym Mwlch y Mynydd, bwthyn bach digon di-nod, rhyw filltir o bentre Mynyddygarreg ar y ffordd i Bedair Heol. Roedd 'Nhad yn anhapus yn byw yng Nghydweli ac yn dyheu am gael symud 'nôl o ganol y dre i'r Mynydd. Mae adfeilion y bwthyn yn dal yno hyd y dydd heddi, hen fythynnod y chwareli calch eto, gydag un stafell wely, cegin a thân mawn agored – a'r tŷ bach eto ar waelod yr ardd. Ac yn y bwthyn drws nesa, mae gen i gof plentyn am Henry Hall, hen ddyn yn byw ar ei ben ei hunan. Fe ges i fy ailfedyddio ganddo fe yn 'Redman'. Cymro oedd yr hen Henry ac mi ddaeth yn dipyn o gyfaill i'r teulu. Mi fydde fe'n gwisgo rhyw het ddu a chantel fawr arni, a chot drom, o beth gofia i, bob adeg o'r flwyddyn, ac roedd wastad pib yn ei geg. Roedd 'Nhad wrth ei fodd ym Mwlch y Mynydd, gan fod digon o le yno iddo gadw gafr, i gael llaeth, a chadw ieir i gael wŷe, ac fe ges i fy magu ar laeth geifr, sy falle'n gyfrifol am rywfaint o'r cadernid sy yn y tipyn corff 'ma.

Ar ben hyn oll, roedd e hefyd yn cael y cyfle i ddilyn ei hoff ddiddordeb o hela a chadw peneuried (*goldfinches*). Dyna'i ddiléit e, bod gyda'r creaduried 'ma – roedd e'n ddyn oedd yn agos iawn i'r pridd. On'd yw hi'n rhyfedd o fyd! 'Nhad yn ennill ei fywoliaeth mewn tywyllwch o ddydd i ddydd, yn gweithio gan amla yn ei gwrcwd neu ar ei linie ar y ffâs yng ngwaith glo y Pentre-mawr ym Mhontyberem. Dwi'n gwybod fod hyn wedi'i ddweud droeon, ond fe fydde cyfnode hir yn y gaea pan fydde 'Nhad yn mynd i lawr o dan ddaear cyn codiad haul ac yn dod i fyny ar ddiwedd shifft wedi i'r haul fachlud, ond yn cael ei bleser a'i hamdden drwy fod yng nghwmni anifeilied, a thrwy fod yn yr ardd! Fe fydde wedi bod ar goll heb ei ardd.

Nina Gravell (Mam) tra'n gwasanaethu yn y WRENS yn Portsmouth.

Bydde Mam yn manteisio ar ei hyfforddiant hi yn y maes trin gwallt, ac amal i brynhawn fe fydde rhai o'r gwragedd lleol yn galw yn y bwthyn i gael *perm* neu *set*. Wna i byth anghofio un prynhawn, pan o'n i adre'n dost o'r ysgol gyda'r frech goch, a Mam yn rhoi *perm* i un o'r gwragedd – fe es yn dost fel ci ar ôl gwynto drewdod rhyw *setting lotion* neu'i gilydd. A hyd y dydd heddi, rwy'n gallu gwynto'r drewdod yn fy ffroene, ac mae e'n dal i droi arna i! Rhwng trin gwallt, edrych ar ôl 'Nhad, a'r babi swnllyd newydd, roedd bywyd Mam yn llawn hefyd. Ond roedd y profiad o symud o Gydweli i Fynyddygarreg yn loes calon iddi hi, gan nad oedd hi eisie gadael y dre, ac fe wynebes inne boen tebyg flynyddoedd yn ddiweddarach. Ond yno, ym Mwlch y Mynydd, y bu'r tri ohonon ni nes 'mod i'n rhyw dair oed, a'r pryd hwnnw roedd y Cyngor yn codi nifer fach o dai cyngor yn y pentre, a 'Nhad yn rhoi ei enw ar y rhestr i gael tŷ. Yn sydyn, cafodd y frenhines ei phalas – tŷ cyngor newydd sbon – ar stâd Heol Gwelfor. Rhif pump oedd e, gyda'r *mod cons* i gyd. Nid yn unig roedd dŵr yn dod o'r tap yn y tŷ, ond roedd dŵr cynnes a hyd yn oed dŷ bach oedd yn fflyshio, a stafell molchi. Roedd y cwbwl yn fyd newydd. Ond bu raid i 'Nhad aberthu rhai pethe: bu raid i'r geifr a'r ieir fynd, ond cadwyd y peneuried, ac roedd yr ardd yno o hyd. Roedd gan weddill y tai yn Heol Gwelfor lawnt fach werdd dwt o'u blaene – ond nid felly Nymbyr Ffcif – o flaen Rhif Pump roedd rhes ar ôl rhes o ryche tatws, rhych o ffa a phys, a phob un yn dwt ac yn cnydio'n dda.

A finne'n bedair oed y Medi hwnnw yn 1955, dyma ddechre ar fy ngyrfa addysgol ym Mynyddygarreg. Fe fues i bron â thorri 'nghalon yn llwyr ar y diwrnod cynta gan 'mod i'n dal i gofio'r dagre a'r tristwch. Ond dwi hefyd yn cofio cael 'y nghodi ar garffed Miss Jones, a'r athrawes druan yn ceisio cysuro'r sgrechgi gwalltgoch a'i berswadio fe ei bod hi'n werth iddo ddod 'nôl i'r ysgol bore trannoeth. Mae'n rhaid bod ei pherswâd wedi gweithio, gan i mi fwynhau fy nghyfnod yn yr ysgol fach, ac atgofion pleserus sy gen i o'r lle.

Ond roedd 'na un cwmwl parhaol yn 'y mywyd: am ryw reswm roedd gen i ofn parhaol wrth aros i fws y gwaith gyrraedd bob prynhawn. Roedd cloch yr ysgol yn canu am dri o'r gloch a bws Gravells Cydweli yn dod â'r gweithwyr 'nôl o Bentre-mawr i Fynyddygarreg am chwarter wedi tri. Bob prynhawn, fe fydde un crwtyn bach yn aros yn boenus o ddiamynedd i'r bws unllawr gwyrdd 'na gyrraedd y sgwâr, ac ar ôl cyrraedd, cael gweld y Jac Gravell talsyth yn disgyn o'r bws, a sŵn ei sgidie'n clepian ar y pafin. Yr eiliad y gwelwn i e'n ddiogel 'nôl o'i waith, fe fydden i'n rhedeg canllath neu fwy i gyrraedd y tŷ o'i flaen i ddatgan fod gŵr y tŷ ar fin cyrraedd. Ambell brynhawn, pan na welwn i e'n disgyn o'r bws, rwy'n cofio nawr yr ofn a'r panic wrth feddwl fod

Edrych yn angylaidd ond ie, y fi yn bedair oed sy yn y llun!

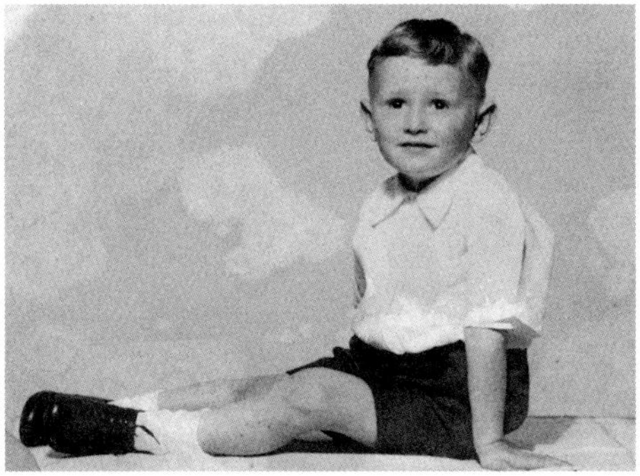

rhywbeth wedi digwydd yn y gwaith. Ond wedyn byddwn yn sylweddoli fod 'Nhad, fel pawb arall o dro i dro, yn manteisio ar y cyfle i weithio mlân, ar weithio dwbler – sef gweithio dwy shifft yn dilyn ei gilydd, heb doriad. Ond roedd sŵn pedole'r sgidie na'n dal i fod yn fiwsig i glust crwtyn pum mlwydd oed ar ddiwedd prynhawn. Roedd 'Nhad yn arfer prynu'r sgitshe oddi wrth werthwr oedd ers blynydde yn berchen ar stondin wrth y tŵr cloc yn hen farchnad Caerfyrddin, a doedd 'na ddim yn rhoi mwy o bleser i mi na chael ambell daith i'r dre ar fws Eynons Trimsaran ar brynhawn Mercher – 'Nhad wedi'i wisgo'n deidi, ac yn cario pâr o sgidie mewn bag, yn mynd â nhw i gael eu pedoli, ac yna, uchafbwynt y diwrnod i fi oedd cael prynu llond bolied o ffagots a pys oddi ar un o'r stondine eraill yn y farchnad. Roedd yn ddiwrnod hollol wahanol, a 'Nhad yn ei ddillad gore, nid yn ei ddillad gwaith, sef y cap fflat, y got drom ddu, y plocyn pren o dan un gesail ar gyfer coed tân, a'r bocs bwyd onglog o dan y gesail arall – y cap ar dro ar ei ben, a joien o faco yn cael ei chnoi yn ei geg. Fel pob mab i'w dad, ro'n i am gopïo pob dim roedd 'Nhad yn ei wneud: roedd e'n smocio ac ro'n inne â 'mryd ar smocio; roedd e'n cnoi baco, ac anghofia i fyth y profiad o gnoi llond dau fys o'r Franklins Shag, a finne ar y pryd yn ddim ond chwech oed! Wnes i erioed ymgais i wneud hynny fyth wedyn!

Ro'n i'n arfer edrych mlân at gael llaeth amser chware yn yr ysgol, ac roedd y profiad o fwyta cinio ysgol yn rhyfeddol i grwt na welodd fwy na thri o bobol wrth y ford cyn hynny. Fel yn hanes pob plentyn arall, roedd Nadolig ym Mynyddygarreg yn adeg arbennig iawn – ac un o'r anrhegion cynta y medra i gofio ei dderbyn gan Siôn Corn (neu Santa, fel roedd e i mi) oedd ceffyl pren. Yr unig beth oedd yn 'y mhoeni i ar y pryd oedd – a gwnes i'n siŵr 'mod i'n mynegi'r pryder yn gyhoeddus, er mawr ofid i oedolion ar y pryd – a oedd y ceffyl hwn yn cachu? Does gen i ddim cof i mi gael ateb un ffordd na'r llall! Mae un peth yn wir, ceffyl iawn neu beidio, roedd e'n ddigon 'iawn' i mi dreulio orie ac orie ar ei gefn. Fe freuddwydies sawl tro fod Cymro bach ar gefn ceffyl pren yn gallu gorchfygu pawb wrth farchogaeth drwy'r Gorllewin Gwyllt. Fuodd 'na erioed well ceffyl – a dwy ddolen yn glustie iddo. Roedd y freuddwyd yn fwy byw achos fe gês siwt Davy Crockett oddi wrth Santa hefyd. Un o ganeuon cofiadwy'r cyfnod oedd y gân deyrnged i'r arloeswr anturus hwnnw, a bob bore Sadwrn ar y radio, bydde rhaglen *Children's Favourites* yn chware'r record, a finne, yn fy niniweidrwydd, yn credu'n gydwybodol mai Mam oedd wedi anfon y cais i mewn bob tro.

Cyfarfod â Sion Corn ym marchnad Caerfyrddin – braidd yn ansicr o'r gŵr barfog.

Ymhen blwyddyn neu ddwy, fe ddes yn ddigon hen i gael eistedd am orie gyda 'Nhad a gwylio'i ymgais i ddal peneuried gwyllt. Rhoi'r *finch* dof yn ei gaets yng nghlawdd yr ardd, a chân hwnnw wedyn yn denu'r rhai gwyllt ato. 'Nhad wedyn yn llwyddo i fridio, a delio â'r adar 'ma â thynerwch rhyfeddol, o gofio ei fod yn ŵr mor nerthol.

Yna, a finne'n teimlo'n dipyn o ddyn, cael rhoi ychydig o help i lanhau a bwydo'r adar bob diwrnod. Roedd ambell brynhawn Sadwrn pan na fydde 'Nhad o gwmpas, a finne'n methu deall pam nes imi sylweddoli ei fod e'n chware rybgi, i Bontyberem bellach. Os oedd e'n gweithio ar y shifft fore, fe fydde fe'n amal yn dod lan o'r pwll ym Mhentre-mawr ac yn mynd yn syth i gyfarfod â'r tîm yn nhafarn y Pelican ym Mhontyberem (sy'n glwb rygbi bellach) ac ynte heb olchi'r dwst na'r llwch glo oddi ar ei ddwylo a'i wyneb. Cafodd ei ddewis i chware dros Undeb Gorllewin Cymru, ond yn anffodus fe dorrodd ei ysgwydd yn y gêm honno a fu ei yrfa ar y cae rygbi ddim yn hir yn dod i ben ar ôl hynny. Roedd llawer o'i ffrindie'n chware i Glwb Pontyberem, yn ogystal â chydweithio ym Mhentre-mawr, ac roedd 'na berthynas ryfedd o glòs rhyngddyn nhw, yn rhannol falle oherwydd y perygl parhaol roedd pob un ohonyn nhw'n ei rannu bob dydd, a'r gwmnïaeth ddifyr oedd i'w chael adeg gêm.

Fe fues am flynyddoedd yn gwylio 'Nhad yn gadael y tŷ, gwn baril-dwbwl dan ei fraich a'r ffuret yn ei sach, a gwên ar ei wyneb wrth iddo fynd allan i hela. Finne'n ceisio cael perswâd arno i adael i fi ymuno ag e er mwyn i fi gael cyfle i ddal y gwn; ond ches i ddim cyffwrdd â'r baril nes 'mod i'n ddeg oed.

Tîm Rygbi Pontyberem 1950/51. Jac Gravell (Dad) yn bumed o'r dde yn y rhes ôl.

'Nôl yn yr ysgol, does gen i ddim cof fod pêl-droed yn cael ei chware yno o gwbwl. Petai rhywun yn dod â phêl socer gydag e i'r ysgol, y peth naturiol i'w wneud fydde codi'r bêl a rhedeg â hi. Roedd pawb ar yr aelwyd yn gweld rygbi yn rhan o batrwm naturiol bywyd, gyda 'Nhad yn chware, Ron, brawd Mam, yn gefnwr i Gydweli – a phan ges i bâr o sgidie rygbi oddi wrth fy ewyrth Ron ar 'y mhen-blwydd yn flwydd oed – cyn i mi ddechre cerdded – roedd hi'n amlwg beth oedd i'w ddisgwyl oddi wrth ddynion y teulu! Roedd fy ewyrth Ron a 'Nhad yn ffrindie ers blynyddoedd, ymhell cyn i 'Nhad a Mam gyfarfod o gwbwl. Bydde'r sgwrs yn troi'n amal iawn at gampe bois y Strade, tîm Cymru ac, wrth gwrs, arwyr 'Nhad, sef pobol fel Cliff Morgan, Bleddyn Williams ac R. H. Williams. Roedd y radio yn gyfrwng i mi gael 'y nghyflwyno i'r gêm yn ifanc iawn, gan fod lleisie G. V. Wynne Jones, Gilbert Bennett ac Alun Williams i'w clywed yn sylwebu yn Saesneg ar un o'r geme bob prynhawn Sadwrn. Roedd hyn, a'r trafod a'r seiadu wedyn, yn siŵr o fod yn rhan o'm haddysg rygbi i, er nad o'n i'n ymwybodol o hynny o gwbwl ar y pryd.

Rwy'n cofio'n iawn fod pob Nadolig yn dod â'i bêl rygbi, a'r bêl yr adeg honno yn debycach i falŵn na'r fersiwn hirgrwn modern, a ninne'n blant yn berffeth hapus i fynd ati i chware yn y stryd. Ond ymhen tymor neu ddau, fe ddatblygodd ein stadiwm ni – Cae'r Post, Mynyddygarreg – sef y cae oedd y tu ôl i Swyddfa'r Post. Hwn oedd ein Parc y Strade neu Barc yr Arfau, yn ôl y galw. Fan hyn y cynrychioles i Gymru am y tro cynta, ac roedd yn rhaid cael dau dîm i wneud y chware'n ddiddorol. Does gen i ddim cof i mi gynrychioli neb ond Cymru ac, yn sicr ddigon, wnaeth Cymru erioed golli ar Gae'r Post! Os oedd rhywun arall ar y blân, yna fe ddôi'r alwad am ginio neu wely i achub y dydd! Roedd hynny'n gyfleus, gan fod y cae ei hun y tu ôl i dai cyngor Heol Gwelfor. Os nad oedd gêm fawr mlân yno, roedd y mynydd a'i redyn tal yn ein gwahodd i chware Cowboi ac Indiad, ac i adeiladu ein cuddfanne ar lethre'r garreg galch uwchlaw'r ysgol. Ond ryw ben bob dydd, fe fydde Cae'r Post yn ein denu naill ai i chware gêm o griced neu rygbi. Yn y dyddie cynnar hynny, roedd y bechgyn hŷn yn arfer chware yno – a finne'n amal iawn yn 'y nghael fy hunan yn ffordd pawb. Ond o flwyddyn i flwyddyn dôi mwy a mwy o gyfle i mi. Rwy'n cofio gwylio a cheisio ymuno â bois fel Terry Roberts, Eirwyn, John Roberts, John Llechdwni, Mike a Wyndham Morgan y Post. Un noson, a hithe'n dechre tywyllu, cafodd Wyndham y Post fenthyg 'y mhêl rygbi i ar gyfer ei gêm. Ro'n i eisie mynd adre ond yn ofni y cawn stŵr gan 'Nhad am fynd adre heb y bêl. Ond roedd e'n gwybod yn iawn y bydde'r bêl yn dod 'nôl yn saff.

Roedd Wyndham yn arwr mawr i mi bryd hynny. Ble bynnag y byddwn i o gwmpas y tŷ fe fyddwn yn siŵr o glywed troed Wyndham yn taro yn erbyn lledr y bêl, a'r eiliad y clywn i'r sŵn hwnnw, bant â fi am Gae'r Post ar unwaith. Wnaeth Wyndham erioed chware dros Gymru na'r Llewod, na hyd yn oed

Lanelli, ond i mi y pryd hwnnw roedd e'n cynrychioli popeth oedd yn dda yn y gêm, a bu'n chware'n rheolaidd dros glybie yng Nghynghrair y Gorllewin, fel Cydweli, Caerfyrddin a Phontyberem. Yn yr un stryd â ni, roedd rhieni Gordon Lewis yn byw: weles i ddim llawer o Gordon erioed, ond ro'n i'n llefaru ei enw â pharchedig ofn – wedi'r cwbwl, onid fe oedd un o'r sêr a fu'n chware fel canolwr i Abertawe cyn mynd i Leigh i chware rygbi'r Gogledd?

Un o sefydliade pwysig Mynyddygarreg oedd y Band Pres, o dan arweiniad D. T. Gravelle, band a oedd yn enwog ar hyd a lled Cymru. Roedd yn arferol i bob crwt a chroten yn y pentre ymuno â'r band, a dyna wnes inne pan o'n i'n tynnu at yr un ar ddeg oed – a'm harwr i yn aelod blaenllaw o'r band yn barod, Wyndham Morgan ar y trombôn, a'i dad, Jim, yn chware'r un offeryn. Ymhen rhai blynyddoedd, cefes y wefr o wrando ar Wyndham yn ennill yr unawd offerynnol yn yr Eisteddfod Genedlaethol fwy nag unwaith.

D.T. oedd ein Malcolm Sargent ni, ac rwy'n cofio gorfod dysgu'r node a'r *scales* o dan ei lyged barcud e. Ond doedd gen i mo'r gallu na'r brwdfrydedd i aros yn y band am hir iawn, er i mi fwynhau'r cyfnod yno, y fi a 'nghornet. Ac roedd 'na gymeriade diddorol yno hefyd: D. T. ei hun, yn arweinydd ac yn ddiacon, Hywel Morgan, a Dai Davies, tad y gantores Janet Rees Davies. Roedd Dai yn gweithio gyda 'Nhad ac yn llawn silicosis, druan, ac roedd tipyn o dyle ganddo i'w ddringo i gyrraedd sied y band. Fe alla i weld Dai nawr – yn cerdded decllath, yn pwyso ar y wal am ei anadl am dipyn, yna brwydro'i ffordd mlân am ddecllath arall, ac yn cael saib arall eto. Roedd ei daith yr holl ffordd i'r bandrŵm yn bwl ac yn stop o hyd. Dyna pryd y sylweddoles i beth yn hollol yr oedd gweithio o dan ddaear yn ei olygu o ran iechyd – tynnu anadl, cerdded, stopio a thagu. Rwy'n dal i synnu sut y galle rhywun fel Dai godi digon o nerth o'i fegin i chwythu offeryn pres, ond roedd golygfa fel hon yn dod â realiti bywyd yn greulon o glir i ni'r bechgyn a fydde'n ymgasglu tu fâs i'r Swyddfa Bost. Fe ddês i 'nabod Dai yn dda, gan mai 'ngwaith i oedd mynd â'r llif-goed ato i'w hogi.

Dechreues fynd ar y Sul i'r Ysgol Sul (nid o ran dewis!) yng nghapel Methodist Horeb. Y gweinidog oedd y Parchg Gwyn Davies Jones, ond fy athro Ysgol Sul i oedd Beynon Glanhiraeth, ffermwr uchel ei barch o'r ardal. Pan ddeue'n amser cywain gwair, fe fydde llawer o'r ardal yn tyrru yno i gynnig help, ac rwy'n cofio'n dda mynd i Lanhiraeth gyda 'Nhad. Fy ngorchwyl i oedd rolio'r bêls gwair at ei gilydd a'm dyhead oedd cael aros i swper ar ddiwedd y dydd. Roedd hynny'n union fel cael bod mewn gwledd yn yr hen blasdai slawer dydd – cael bwyta'r cigoedd a'r bara, a chael blas bach slei o'r jwg gwrw ar yr un pryd. Fe fydde'r dynion yn mynd o un fferm i'r llall i helpu, a finne, adeg gwylie'r ysgol, yn cael bod yn gysgod i 'Nhad ar fferm Gwenllian a fferm Penygroes.

Yn ystod yr hafe hynny, roedd 'y nglan môr i yn cael ei gyfyngu i Lan-y-fferi neu San Ishmael, ac wrth gwrs, cerdded o Fynyddygarreg oedd yr arfer. Ond un flwyddyn fe ges fynd ar 'y ngwylie yr holl ffordd i Gapel Hendre, ger Rhydaman – at Eileen a Hedley, chwaer a brawd-yng-nghyfraith 'Nhad, ac i fi, roedd hynny'r un fath â mynd i ben draw'r byd. Er i mi gael croeso mawr yno, mi dreulies y rhan fwya o'r wythnos yn gofyn am fynd adre. Fe gawson ni fynd am drip un-diwrnod i Borthcawl yng nghar Wncwl Ron – Anglia glas oedd e – ac am amser wedyn fe ges fy atgoffa droeon i mi holi, ymhell cyn cyrraedd Porthcawl, pryd y bydden ni'n cael mynd adre! Do'n i ddim eisie mynd o Fynyddygarreg, ac rwy'n dal i fod yn deithiwr digon sâl heddi.

'Nôl yn yr ysgol, fe ymddeolodd y prifathro, Hefin Evans, a daeth Hywel Gravelle yn ei le – ffrind agos arall i 'Nhad a fe hefyd oedd yr athro chwaraeon. Fe drefnwyd y mabolgampe cynta rhwng ysgolion Cydweli, Glan-y-fferi a Mynyddygarreg yn ystod y blynyddoedd hynny, ac fe enilles y ras wyth-deg-llath ar y parc yng Nghydweli. Cofio hefyd cael chware criced dros yr ysgol yn erbyn Cydweli ar gae criced iawn – nid ar lethr unigryw Cae'r Post! Y pryd hwnnw roedd agwedd rhieni a'r cyhoedd at athrawon yn hollol wahanol i'r hyn yw e bellach. Roedd 'na barch atyn nhw a'u swyddi. Er bod Hywel a 'Nhad yn ffrindie, bydde 'Nhad wastad yn ei alw'n Mr Gravelle yn 'y ngŵydd i, a chafodd hynny ddylanwad mawr arna i. Falle mai rhywbeth mor elfennol â chwrteisi oedd e, ond mae hynny'n rhywbeth sy'n werth ei gael.

Ddechre'r 1960au, fe orfodwyd y crwt o Fynyddygarreg i wynebu'r trawma a elwir yn y byd addysg yn *Eleven Plus*. Pan ddaeth y canlyniad doedd y marcie ddim yn ddigon uchel i mi fynd i'r *Gram* yng Nghaerfyrddin. Tra oedd nifer o'm ffrindie gore i yn mynd fan'no, ro'n i'n paratoi i fynd i'r ysgol uwchradd yn Mhorth Tywyn. Dwi'n meddwl mai dyma'r siom fawr gynta i mi ei phrofi, ac mae blas hallt dagre'n dal i f'atgoffa i o'r siom honno weithie. Ceisiodd pawb fy argyhoeddi i y cawn i gyfle i sefyll y *Thirteen Plus*, ond roedd bod yn dair ar ddeg oed yn ymddangos yn bell i ffwrdd.

Ers rhyw dair blynedd roedd y tri ohonon ni wedi symud o'r tai cyngor i fwthyn Brynhyfryd. 'Nhad oedd yn teimlo bod yn rhaid iddo gael ei ryddid ar ben y mynydd. Daeth y bwthyn yn rhydd ar rent: bwthyn â bancyn o'i flaen oedd e, a thros y blynyddoedd fe ddaeth y banc yn adnabyddus fel banc Raymond (ond nid yn yr un anadl â Banc Lloyds, credwch fi!) Roedd y symud unwaith eto yn dipyn o rwyg i Mam, gan ei bod hi wrth ei bodd yn Heol Gwelfor, ond roedd hwn yn gyfle i ddechre ar rent ac yna i brynu tŷ. Roedd y lle yn ddelfrydol i 'Nhad: roedd digon o le eto i gadw anifeilied ac ieir, a chan fod y mynydd bron yn y drws, galle fe a Mac y spaniel fynd ar sgowt i hela.

Fe fyddwn i'n dweud fod hela'n rhyw fath ar gyffur i 'Nhad – dyna'r amser roedd e hapusa a thawela ei feddwl. Roedd ganddo ddiddordeb ysol mewn gynne. Bob tro y bydden ni'n mynd i Gaerfyrddin, fe fydde'n troi mewn i siop Jackie Dark y *gunsmith* i edrych ar y gynne. Ar ôl gofyn a gofyn a gawn i saethu'r gwn, fe ges i addewid y cawn i saethu pan fyddwn i'n ddeg oed. Ar ôl hir, hir aros, fe ddaeth 'y nghyfle. 'Nhad yn stwffio padin meddal y tu mewn i 'nghot, ac yn egluro i mi sut oedd y gwn yn gweithio yn iawn. Roedd y ddau ohonon ni, a Mac, allan ar y mynydd, a Mac a'i drwyn yng nghanol y drain a'r mieri, ei gynffon e'n mynd fel trên, a 'Nhad yn egluro i mi fod y ci wedi trwyno cwningen a'i bod hi'n debyg o ddod allan o'r drain ar draws y bancyn. Fe ddysges yn fuan iawn fod gan 'Nhad ryw ffurf ar nawfed synnwyr mor bell ag yr oedd anifeilied yn bod. Roedd e'n deall. Fe ges brawf o hynny dro ar ôl tro yn y blynyddoedd oedd i ddod. Fe gododd Mac y gwningen ac fe saethodd allan yn union fel y rhybuddiodd 'Nhad. Clywes ei lais yn gweiddi, caeais fy llyged a thanio'r gwn – teimles ergyd ar fy ysgwydd, drewdod y cetrys yn fy ffroene, a chlyche'n canu yn 'y nghlustie. Agores fy llyged a gweld 'Nhad, yn wên o glust i glust, yn godi'r gwningen i'r awyr – ro'n i wedi ymuno â'r helfa! Dyna ddechre ar rywbeth roddodd wefr i mi ar hyd y blynyddoedd ac a lwyddodd hefyd i 'nghadw i'n grwt o Fynyddygarreg. Rhaid i mi bellach gael byw o fewn cyrraedd y Mynydd ac o fewn cyrraedd gwynt y rhedyn.

Yn amal iawn o hynny mlân bydde 'Nhad a finne'n mynd mas yn gynnar ar fore Sadwrn i hela gyda'n gilydd. Un peth fuodd yn syndod i mi erioed oedd ei wrthwynebiad llwyr i hela ar y Sul. Doedd e ddim yn gapelwr mawr – yn wir, does gen i ddim cof amdano'n mynd i'r capel erioed – ond pan fyddwn i'n ceisio'i berswadio i ddod i hela, gwrthod yn bendant wnâi 'Nhad. O dipyn i beth fe ddatblyges i fod yn eitha saethwr â'r gwn, ac yn amal iawn fi oedd â'r cyfrifoldeb o ofalu amdano. Galle 'Nhad wedyn ganolbwyntio ar ei brif ddiddordeb – y ffurets. Tu ôl i'r tŷ yn Brynhyfryd roedd dwy neu dair hen odyn galch oedd bellach yn adfail. Manteisiodd 'Nhad ar eu siâp a'u ffurf i droi un ohonyn nhw yn sied i'r ieir a'r llall yn gartre i'r ffurets, heb sôn am y casgliad o golomennod dof a gafr neu ddwy. Roedd bywyd yn braf a phlentyndod yn baradwys.

Ond roedd pennod fy mhlentyndod i ym Mynyddygarreg yn dirwyn i ben. Ond do'n i ddim yn hollol barod i godi 'ngwreiddie chwaith: ryw ddeuddydd cyn diwedd gwylie'r haf a dechre'r tymor newydd, roedd criw o fois, a finne yn eu plith, wedi gwasgu i mewn i'r ciosg wrth y Swyddfa Bost. Yn y wasgfa, fe rwyges 'y mraich ar ddarn o

Yng nghwmni Mam a Dad adeg y Nadolig – yn saith mlwydd oed ac yn 'nabod Santa'n dda erbyn hyn.

wydr oedd ar ôl mewn ffenest wedi'i thorri. Roedd y gwaed yn llifo, ac mewn panic, rhuthres at y Swyddfa Bost. Yno, Maggie, druan, yn cael brwydr fach bersonol wrth geisio ffonio am y doctor cyn iddi lewygu. Ac yn lle dechre ar 'y ngyrfa mewn ysgol newydd, bues yn eistedd am wythnos gyfan ym Mrynhyfryd yn cyfri'r pwythe yn 'y ngarddwrn. Mae'n siŵr gen i mai bryd hynny y dechreuodd fy arfer o fod ychydig yn hwyr yn cyrraedd pob man!

Bylchiad ar y tu fas yn erbyn yr hen elyn – Castell-nedd.

3

Lessons History

O'r cychwyn cynta fe ges i'n fagu mewn awyrgylch o ddwyieithrwydd. Rwy'n ymwybodol iawn heddi o'r sefyllfa lle mae llawer o riaint yn poeni ynglŷn ag anfon eu plant i ysgolion cyfrwng Cymraeg am fod un neu hyd yn oed y ddau riant yn ddi-Gymraeg, ond alla i yn fy myw weld beth yw'r gofid na ble mae'r broblem. Ro'dd Mam wedi'i magu mewn awyrgylch hollol Seisnig, ond Cymro i'r carn o'dd 'Nhad – Cymro tawel, naturiol. Bydde Mam a finne'n siarad Saesneg â'n gilydd. Fuodd 'na 'rioed broblem iaith fel y cyfryw rhyngddom ni. Pan o'n i'n blentyn roedd y system addysg, i bob pwrpas, yn gyfundrefn Seisnig a rhaid oedd cydymffurfio. Ond bellach gyda'r holl ddablygiadau mae modd i bob plentyn gael addysg drwy gyfrwng y Gymraeg.

Doedd 'na'r un ysgol 'Gymraeg' i mi fynd iddi yn y cyfnod hwnnw, ac ar ôl methu cyrraedd safon ddigon uchel i fynd i'r Ysgol Ramadeg yng Nghaerfyrddin, i'r Ysgol Uwchradd yn Mhorth Tywyn y ces i 'nghyfeirio, gan ddisgwyl am ail gyfle yn dair ar ddeg oed. Er i'r methiant hwnnw siomi 'Nhad, roedd e wedi gosod ei fryd ar gael prentisiaeth i mi, naill ai fel saer neu fecanic pan fydden i'n gadael ysgol.

Ym mis Medi 1963, ces fy hunan ar y bws yn ymuno â'r chwech arall o'r un dosbarth yn yr ysgol gynradd. Ro'dd dillad ysgol amdana i: cot fach ddu, crys llwyd, trowsus llwyd, tei goch a du, cap bach â phig. Ac ofn! Rwy'n cofio'r ofn y bore hwnnw fel rwy'n cofio'r ofn pan ddechreues y bore cynta yn yr ysgol gynradd. Ond do'n i ddim am dywallt dagre o fla'n pawb ym Mhorth Tywyn!

Un o'r bobol a lwyddodd i leihau fy ofne'n sylweddol yr wythnos honno oedd Peter Leyton, crwtyn bach o Sais oedd wedi symud i Bedair Heol gyda'i deulu. A'r bore cynta hwnnw, fe gerddes i lawr Wern Terrace am ddeng muned wedi wyth yng nghwmni Peter i ddal bws Eynons, cyrraedd yr ysgol a chael fy arwain i'r Assembly, a phrofiad newydd i mi oedd bod mewn neuadd yn cynnwys bron pum cant o blant, gyda'r athrawon i gyd ar y llwyfan.

Ac yna'n cael fy nghyflwyno i'm dosbarth – 1A, ac yn y flwyddyn roedd 'na ddau athro a gafodd gryn ddylanwad arna i: Ceri Rosser, yr athro Bywydeg, ac Alwyn Nolan, yr athro Addysg Gorfforol. Alwyn oedd y person a'm cyflwynodd i'r gêm rygbi go iawn, er i mi dreulio digon o'm hamser yn chware ar Gae'r Post am flynyddoedd cyn hynny a chael 'y nhywys droeon i Barc y Strade gan 'Nhad.

Fe ddes i syweddoli yn fuan iawn nad oedd gwaith coed yn bwnc fydde'n apelio ata i: crefftwr llaw dde yn meddu ar ddwy law chwith o'n i, a daeth yn amlwg o fewn gwers neu ddwy na fydden i'n debyg o wneud marc yn y byd hwnnw. Ar y llaw arall, ro'n i'n mwynhau gwersi bioleg – am wn i am fod gen i ddiddordeb byw mewn anifeiliaid a natur ers y dyddie cynnar. At hynny, mi ges athro arbennig yn Ceri Rosser, ac fe ddatblygodd y berthynas rhwng disgybl ac athro yn gyfeillgarwch flynyddoedd yn ddiweddarach, yn rhannol oherwydd ei ddiddordeb mawr e ym myd rygbi ac yn 'y nghyrfa i yn benodol.

Er nad oedd Ceri yn derbyn dim nonsens gan blant, roedd e'n fachan ffein iawn yn y bôn. Fe fues yn ddigon ffodus yn ystod y tymor cynta hwnnw i gael 'y newis i chwarae fel blaenasgellwr yn nhîm dan bedair ar ddeg oed yr ysgol. Fe fydde ambell sesiwn ymarfer yn torri ar draws y wers fioleg. 'Na, chei di ddim mynd,' oedd ei ymateb cynta bob tro, ond rhyw funud neu ddwy yn ddiweddarach bydde'n dweud, 'Bant â ti, a phaid dod 'nôl fan hyn wedi torri dy goes.' Doedd gwers yn y gampfa ddim yn apelio ata i o gwbwl, ac rwy'n gallu cofio'r gwynt yn y gampfa y funud 'ma – cyfuniad o chwys a chŵyr – a gweld y rhesi o sgidie cynfas du roedd yn rhaid i ni eu gwisgo. Ro'n i'n ansicr iawn yn y gampfa, ond ar y cae fe wyddwn i fod gen i rywbeth i'w gynnig a do'n i'n ofni na neb na dim. Fe sylweddolodd Alwyn Nolan hynny o fewn dim amser, a bu ynte yn gefnogol iawn i'r crwt o Fynyddygarreg oedd yn barod i daclo pawb a phob un heb boeni am faint ei wrthwynebwr.

Rwy'n cofio ar ddiwedd y tymor i 'Nhad gyhoeddi'n glir beth oedd ei obeithion e ar 'y nghyfer i. Roedd e am i mi fod yn faswr fel Cliff Morgan ac ar yr un pryd yn wibiwr canllath mewn athlete. Ddois i ddim i ben â gwireddu'r naill ddymuniad na'r llall! Canolwr fuodd fy safle mewn rygbi, a rhyw redwr dros glwydi fues i mewn athlete yn ystod 'y ngyrfa ysgol. Fe wnaeth e ei ore i 'nhroi i'n wibiwr; pan fydde'r ddau ohonon ni allan ar y mynydd yn hela, yn sydyn, fe fydde hi'n 'down tŵls' – y gwn i lawr, y ffuret yn y sach, y rhwydi'n ddiogel, a gorchymyn i Mac ofalu am y cyfan – a 'Nhad yn taflu sialens i mi am ras dros bedwar ugain llath. Ar y dechre, fe fydde'n ennill bob tro, ond fesul blwyddyn, fe gynydde 'nghyflymdra inne, hyd nes y byddwn yn llwyddo i gael y gore arno – a'i wên wedyn yn dangos fod hynny'n ei blesio'n rhyfeddol. Roedd yn ŵr cydnerth a ffit, a bydde'n cerdded milltiroedd lawer ac yn dal i chware rygbi bob Sadwrn.

Ond yn ystod yr haf hwnnw, cyn i mi ddechre yn yr Ysgol Uwchradd, daeth tro ar fyd. Roedd 'Nhad

'Nhad – yr arwr mawr yn ystod dyddie plentyndod.

bellach yn 'riparwr', yn berson oedd yn trwsio offer ac ati o dan ddaear. Un diwrnod cafodd ei alw i ffâs lle'r oedd 'na gwymp sylweddol wedi digwydd. Sylweddolodd fod angen symud darn o fetel eithriadol o drwm, a heb feddwl ddwywaith aeth ati i godi'r pwyse. Saethodd poen difrifol drwy ei gefn. Fedre fe ddim symud na braich na throed – roedd e wedi'i barlysu'n llwyr yr eiliad honno.

A hithe'n wylie haf, ro'n i'n digwydd bod gartre y diwrnod arbennig hwnnw. Tua diwedd y prynhawn rwy'n cofio'i weld e'n dod tuag at y tŷ. Roedd e'n llythrennol ar ei bedwar: yn codi a chymryd cam neu ddau arall cyn mynd i lawr eto ar ei bedwar. Ês allan i gwrdd ag e a sylweddoli ei fod mewn poen dychrynllyd. Galwyd am y meddyg a rhoddwyd 'Nhad ar gwrs o dabledi De Witts (beth bynnag oedd rheini) i geisio lleddfu'r boen yn ei gefn. Ymhen mis neu bump wythnos, fe ddechreuodd y boen gilio, a 'nôl a 'Nhad i'r gwaith. Ond ymhen ychydig wythnose, dychwelodd y boen a sylweddolwyd bod nifer o ddisgie yn ei gefn wedi'u niweidio, a chyn pen dim fe fu raid iddo wisgo corset i geisio cadw'i gefn yn syth. Daeth yn gyfnod bellach pan oedd yn rhaid iddo ddiodde poen parhaol. Daeth y radio yn ffrind agos iddo ac roedd wrth ei fodd yn gwrando ar chwaraeon o bob math, yn enwedig bocsio. Prynodd ddau bâr o fenig bocsio i mi, ac fe dreuliodd Peter Leyton a finne orie lawer yn esgus bod yn bencampwyr byd, a hyd yn oed heddi mae 'ngwybodaeth i am yrfa Rocky Marciano yn dipyn helaethach na 'ngwybodaeth i am byncie'r ysgol.

Un peth na lwyddes i erioed i'w goncro hyd y dydd heddi yw ofn tywyllwch – er i 'Nhad drio popeth. Amal i dro pan fydde'r ddau ohonon ni'n dod 'nôl yn hwyr y prynhawn, a hithe ar fin tywyllu, fe fydde 'Nhad yn mynnu ein bod ni'n gwahanu: fe'n dilyn un llwybr, a finne'n dilyn llwybr arall. Fi erbyn hyn oedd â'r cyfrifoldeb o gario'r gwn a dwi wedi meddwl droeon, ac wedi diolch hefyd, na wnaeth 'na neb fy herio i wrth imi fynd heibio Glanhiraeth ar fy rhuthr ofnus, gan y bydde'n hollol bosibl y byddwn i, yn fy ofn, wedi defnyddio'r gwn. Roedd y tywyllwch, fel y diwrnod cynta yn yr ysgol, yn llawn dirgelion ac yn bwydo fy ofne. Eto i gyd, doedd arholiade'r ysgol ddim yn peri cymaint o ofn na gofid i mi y pryd hwnnw, ac fe wnes yn ddigon da i sicrhau y byddwn yn cael sefyll y *Thirteen Plus* y flwyddyn ganlynol. Cododd hynny galonne Mam a 'Nhad, ac fe ymdreches fwyfwy er eu mwyn nhw. Bob hyn a hyn, pan fyddwn yn camymddwyn, bydde 'Nhad yn fy nisgyblu'n llym iawn, ac amal i dro fe fydde 'nghlust yn canu am orie ar ôl cael bonclust ganddo fe. Ond mae 'na un peth dwi'n gallu ei ddweud yn onest – na wnes i erioed ddweud celwydd wrtho, yn rhannol oherwydd bydde'r gosb am ddweud celwydd yn waeth, ond yn bennaf am fod gen i'r parch mwyaf iddo fe.

Yn ystod y flwyddyn ddilynol, roedd 'y mryd yn gyfan gwbwl ar basio'r *Thirteen Plus*, achos roedd cael y cyfle i fynd i'r *Gram* yng Nghaerfyrddin yn uchelgais gen i – yr uchelgais fwya ges i 'rioed, falle, ac eithrio chware rygbi dros Gymru. Mae bore canlyniade'r arholiad yn dal yn fyw yn y cof. Yn ystod y gwasanaeth boreol yn yr ysgol, cyhoeddodd Mr Williams, y dirprwy brifathro, fod dau neu dri wedi bod yn llwyddiannus – ac yn eu plith roedd Raymond Gravell. Bu cloch diwedd y prynhawn yn hir iawn yn canu, a bu raid gwrando ar gynghorion lu athrawon Porth Tywyn ynglŷn â beth oedd o mlân i, sef gwaith caled ac ymdrech. Ond o'r diwedd, dyma gyrraedd adre, a thynnu coes 'Nhad, gan ddweud nad o'n i wedi pasio – ond roedd y wên ar 'y ngwyneb i yn ddigon i ddatgelu'r balchder. A daeth gwên i'w wyneb ynte o gael y newyddion 'mod i'n mynd i'r *Gram*. Dyma'r foment gynta i mi flasu llwyddiant, a blasu'r pleser roedd y llwyddiant hwnnw yn ei roi i'm rhieni. Roedd y berthynas rhyngo' i a 'Nhad yn un glòs iawn ac rwy'n cofio treulio orie yn ei gwmni yn gwneud dim ond siarad â'n gilydd. Yn ystod y cyfnod hwnnw, wrth ofalu am y ffuret, y geifr a'r cwningod, y cefes i addysg am ryw yn gyflawn gan 'Nhad, yn ogystal â rhybuddion ynglŷn â'r ffordd i ymddwyn yng nghwmni merched.

Bydde geme'r ysgol yn cael eu chware ar brynhawn Mercher, ac felly fe fydde'r penwythnose yn rhydd i mi dreulio'r amser yn crwydro i'r mynydd i hela gyda 'Nhad. Roedd e erbyn hyn yn llawer arafach ei gerddediad ac yn gorfod aros bob rhyw hanner canllath i bwyso ar wal gerrig neu foncyff coeden er mwyn lleddfu rhywfaint ar y boen. Serch hynny, gwaethygu roedd cyflwr 'Nhad. Cafodd ei roi mewn plastar o'i wddw hyd at ei glun. Roedd pob symudiad yn boen a phob poen yn ingol. Fe fydde fe'n treulio diwrnode ar ei gefn ar ei wely, mewn poen parhaol, hyd nes y bydde, yn ei wylltineb, yn codi i geisio rhywfaint o esmwythâd. Y fi, yr haf hwnnw, fu'n llenwi ei le ar y ffermydd lleol yn helpu gyda'r cynhaea gwair. Bob hyn a hyn, fe ildiai'r boen yn ddigonol iddo gymryd un tro bach allan i'r mynydd yn 'y nghwmni i, a Mac wrth ein sodle, ond ar ôl ychydig game, 'Cer di mlân,' fydde hi, gyda gorchmynion pendant ble i fynd i chwilio am gwningod. Bu'n gwisgo'r plastar am bron i chwe mis, ac roedd y profiad yn gymaint o boen meddwl ag o boen corfforol iddo. Roedd hyd yn oed y pethe syml – fel mynd i'r tŷ bach – yn ofid iddo. Fi fydde'n gorfod ei helpu i gadw'n lân a'i ymolchi. Mewn ffordd, falle fod hyn i gyd wedi dod â'r ddau ohonon ni yn agosach at ein gilydd, ond rwy'n hollol sicr yn 'y meddwl fod trosglwyddo cyfrifoldebe i mi a Mam – cario llwythi o lo, er enghraifft, ac edrych ar ôl yr anifeilied – wedi ychwanegu at ei boen meddyliol. Er 'mod i erbyn hyn yn ymwybodol fod rhywbeth mwy difrifol na phoen cefn cyffredin yn ei boeni, wnes i ddim sylweddoli pa mor ddrwg oedd ei gyflwr nes iddo f'anfon i i ofyn i Albert James, brawd Mam-gu, i'w helpu gyda'r ardd.

Albert James fydde'n arfer torri 'ngwallt y pryd hwnnw, a hynny'n ddi-dâl, ond bod 'Nhad yn rhoi pacyn o Woodbines i fi i'w roi iddo bob hyn a hyn. Chware teg iddo, fe ddaeth Albert, a dyna lle buodd 'Nhad yn pwyso ar ochor y tŷ yn rhoi gorchmynion i Albert a finne. Bydde Albert yn ei morio hi, yn ei lais dwfn, cyfoethog, drwy 'Arafa Don' a 'Hen ŵr eisteddai wrth y tân'.

Ymhen ychydig fisoedd, bu raid i mi ddweud wrth 'Nhad fod Albert wedi marw. Roedd 'Nhad unwaith eto yn gaeth i'w wely a dyna'r tro cynta 'rioed i mi ei weld e'n llefen – roedd y dagre'n rhedeg lawr ei ruddie, a finne'n grwt tair ar ddeg oed heb yr un syniad sut i ymateb na beth i'w wneud. Fe dorrodd i lawr yn llwyr. Roedd yn ddiwedd y byd iddo – nid yn unig roedd e wedi methu gwneud

Tîm Athlete'r *Gram* yng Nghaerfyrddin 1966. Roy Bergiers yw'r cynta ar y chwith yn y rhes flaen a finne reit tu ôl i'r Prifathro Bryn Howell, M.A. (ar y dde).

Tîm Rygbi dan 15 *Gram* Caerfyrddin – tymor 1966/67. Y fi yn cael fy ethol yn gapten ar y tîm.

yr ardd yr haf hwnnw ond roedd ei gynorthwywr bellach wedi mynd. Nesa at Mam, yr ardd oedd ei drysor penna. Nid 'Dere i weld y celfi newydd', neu'r 'car newydd' oedd hi – ond 'Dere i weld y cine bêns'. Dyna oedd un o'r pyncie trafod mwya poblogaidd ymhlith llawer o'r glowyr – cymharu llysie a chymharu llwyddiant a methiant cnyde.

Ymhen ychydig wythnose, ro'n i yn 'y nghot fach las tywyll, gyda bathodyn y *Gram* a'r ddihareb 'Nid da lle gellir gwell' arno, yn teithio i gyfeiriad gwahanol i ddechre mewn ysgol newydd. Bws Eynons y bore hwnnw yn stopio y tu allan i gatie heyrn y *Gram*, a'r ffordd yn arwain drwy'r gatie i fyny at yr ysgol hynafol, enwog. Cefes fynd i ddosbarth 4W – W yn dynodi'r ffrwd Gymraeg – ac fel yn ysgol Porth Tywyn, dilynes res o fechgyn i'r gwasanaeth boreol. Yno roedd y prifathro, Ben Howell, yn ei ŵn llaes du. Ro'n i wedi clywed llawer am Ben Howell oddi wrth rai o fechgyn eraill y pentre oedd yn y *Gram* – ond nawr roedd y dyn chwedlonol yma'n sefyll ar y llwyfan o mlân i. Ces gwrdd hefyd â'm hathro dosbarth am y tro cynta, Glyndwr Walker, ac fe wnaeth e bopeth i wneud i mi deimlo'n gartrefol. Ro'n i'n ymwybodol o draddodiad rygbi'r ysgol hefyd, a chyn bo hir fe ddes wyneb yn wyneb ag Elwyn Roberts, yr athro Ymarfer Corff.

Roedd gan Elwyn syniade pendant am rygbi, nid yn unig fel camp i ymgymryd â hi ond fel gweithgaredd a fydde'n help i ddatblygu personoliaeth a chymeriad plentyn. Nid ennill er mwyn ennill oedd y peth pwysig mewn rygbi i Elwyn Roberts, ond chware'r gêm yn agored, yn gelfydd, a gyda steil. Fydden ni ddim yn gweld lygad yn llygad bob tro, ond fel yr aeth yr amser yn ei flaen fe ddaeth y ddau ohonon ni yn agosach at ein gilydd. Ro'n i wedi magu'r syniad mai Sais llwyr oedd Elwyn, ond ymhen tipyn, sylweddoles mai mab i löwr o Lyn Ebwy oedd e, ac mae'n siŵr fod y ffaith honno wedi'n tynnu ni'n nes at ein gilydd. Fe benderfynodd 'mod i'n meddu ar rywfaint o allu ar y maes rygbi, a dyma fy nanfon i i chware fel mewnwr yn y prawf i dîm ardal Caerfyrddin yng nghystadleuaeth y Darian Dewar. Roedd y tîm o dan ofalaeth Brynmor Roberts a Glyn Davies, dau a fu'n ddylanwad mawr arna i yn ystod y tymor hwnnw.

Roedd y stafell wisgo ym Mharc Caerfyrddin o dan yr eisteddle, ac mae sŵn y styds yn dal i seinio yn 'y nghlustie i nawr wrth i ni redeg mas i'r cae yn ein cryse gwyrdd i ddechre'r gêm honno, yn erbyn ysgolion Mynydd Mawr, os cofia i'n iawn. Rhyw ddeg munud ar ôl i'r gêm ddechre, pwy weles i'n pwyso ar y reilen ddur o gwmpas y cae ond 'Nhad. Am ryw reswm na fedra i mo'i egluro'n iawn, fe deimles yn gas iawn ato am ddod yno i 'ngwylio i'n chware. Falle y dylwn fod wedi sylweddoli fod y gêm yn golygu tipyn i 'Nhad, ond dyna fe, crwt penstiff yn ei arddege o'n i ac yn teimlo rhyw embaras yng nghwmni bechgyn eraill am fod 'Nhad wedi dod i 'ngweld i'n chware. Ar ddiwedd y gêm, er mawr gywilydd i mi, fe ddangoses 'y nicter yn berffeth glir ac fe ddwedes nad o'n i eisie'i weld e'n 'y 'ngwylio i'n chware byth mwy. 'Reit, ddŵa i fyth 'to,' medde fe . . . a ddaeth e ddim chwaith. Roedd fy ymateb wedi bod yn dipyn o sioc . . . ac yn siom iddo. Yn amal fe fydden ni'n ymladd â'n gilydd gartre, ond rhywbeth hollol breifat oedd yr adege hynny. Roedd y gêm, am wn i, yn berfformiad cyhoeddus i mi, ac o'r herwydd, roedd cael 'Nhad yno'n gwylio yn 'y ngwneud i'n llai pwysig yn 'y ngolwg i. Roedd 'Nhad yn ddyn oedd yn cadw at ei air. Os 'Na' oedd ei ymateb, yna 'Na' fydde'r gair ola – fydde 'na fyth droi 'nôl wedyn. Os bydde fe'n addo cwrdd â fi am bump o'r gloch, fe fydde fe yno am bump ar ei ben. Felly, ro'n i'n gwybod fod 'ddŵa i fyth 'to' yn golygu hynny.

Ond er y geirie croes y dydd Sadwrn hwnnw ar Barc Caerfyrddin, fe fydde'r holi yr un mor frwd ar ôl i fi gyrraedd adre ar ôl pob gêm. Roedd e'n llawn awydd i gael gwybod sut aeth pethe yn y gêm, sut gêm gefes i, sut oedd fy nhaclo, a beth am y pasio? Fe ddaeth y cwestiwn ola yn dipyn o jôc rhwng y ddau ohonon ni, achos er mai mewnwr o'n i, roedd safon 'y mhasio i yn ofnadwy y pryd hwnnw. Roy Bergiers oedd y maswr ac mae'n amlwg ei fod e wedi'i fendithio â phâr o ddwylo diogel iawn, o gofio'r bêl anniben ro'n i'n ei thaflu tuag ato o dro i dro. Ar ôl pob un o'r geme gartre fe fydden ni'n cael pryd o fwyd yn *restaurant* Morgans yn Heol Awst yng Nghaerfyrddin. Siop tships oedd hi, mewn gwirionedd, ond i fan'no y bydde Glyn Davies a Brynmor

Roberts yn ein harwain ni o'r Parc, heibio i dafarn y Milford, a chael eistedd i lawr am bryd o fwyd cyllell a fforc – roedd hynny'n gwneud i ni deimlo'n bwysig iawn! Aeth hanner cynta'r tymor hwnnw'n rhyfeddol o dda i'r crwt pedair ar ddeg oed, a thua'r Nadolig cês fy newis i chware yn y prawf cynta i dîm ysgolion Cymru, i'w gynnal y mis Ionawr canlynol.

Roedd 'y mywyd i'n llawn, a 'Nhad wrth ei fodd yn fy llongyfarch i. Ond doedd popeth ddim yn iawn chwaith. Roedd cefn 'Nhad wedi gwaethygu ac wrth edrych 'nôl fe alla i weld fod pethe'n pwyso'n drwm iawn ar ei feddwl. Rwy'n hollol glir 'y meddwl nawr fod 'Nhad eisoes wedi gwneud y penderfyniad i orffen pob dim erbyn y Nadolig hwnnw. Roedd ei ddyddie hela i bob pwrpas wedi dod i ben, a phur anaml y bydde fe'n mynd â'r gwn o'r tŷ. Pan âi e am dro i'r mynydd, dim ond y ci fydde'n cael mynd gydag e. Chlywes i mo 'Nhad a Mam erioed yn cweryla â'i gilydd, yn sicr ddim yn 'y ngŵydd i, ac er bod gen i gof clywed lleisie'n codi ambell dro ar ôl i fi fynd i 'ngwely, fydde 'na byth air croes rhyngddyn nhw o mlân i. Roedd y ddau yn glynu'n dynn wrth y rheol syml o beidio â mynd i gysgu yn dal dig wrth ei gilydd. Wnes i 'rioed alw Mam yn 'ti': roedd hi wastad yn 'chi', a hynny achos fod 'Nhad yn pregethu beunydd: 'Un mam gei di byth; parcha hi.' Wnes i erioed feddwl fod hynny'n bwysig ar y pryd, ac yn wir, 'ti' o'n i'n ei ddefnyddio bob tro wrth siarad â 'Nhad. Roedd y ddau yn caru ei gilydd yn fawr. Ond erbyn hyn, roedd 'Nhad yn teimlo ei fod wedi colli ei hunan-barch achos fod popeth tu hwnt i'w allu. Roedd e bron â bod yn ddiymadferth. Yr unig beth oedd ar ôl iddo oedd fy holi i am y gêm ar ôl i fi gyrraedd adre bob dydd Sadwrn.

Lawer iawn yn ddiweddarach, fe sylweddoles mai un o'r prif brobleme oedd ei anallu i rannu'r gofidie oedd yn pwyso arno. Rwy'n eitha siŵr iddo fynd drwy uffern yn ystod y misoedd hynny, rhwng y boen gorfforol a'r gwewyr meddyliol, a hynny heb neb i rannu'r baich. Roedd e wedi prynu Brynhyfryd am drichant o bunnoedd ac wedi gobeithio ail-wneud y bwthyn a chael stafell ymolchi iawn, yn union yn ôl ei addewid i Mam wrth adael Heol Gwelfor. Ond, ag ynte bellach yn methu gweithio, a heb arian gwerth sôn amdano yn dod i'r tŷ, roedd yn amhosib iddo gyflawni ei addewidion. Cyn ei ddamwain, bu am flynyddoedd yn gweithio shifftie dwbwl, bob tro y câi gyfle, er mwyn casglu'r arian i brynu Brynhyfryd a'i adnewyddu, ond nawr roedd ei freuddwydion yn chwilfriw.

Ar yr ail Sadwrn yn Ionawr ro'n i'n chware yn y prawf yn Rhydaman. Roedd hi'n brynhawn oer a'r maes yn fwd i gyd, ac fe gês chware mewn dwy ran o dair o'r prawf: un cyfnod yn nhîm y gwynion a'r llall yn nhîm y cochion. Wnes i ddim disgleirio, ond wnes i ddim gwneud cawl o bethe chwaith, er 'mod i'n cofio i rywun rwygo 'nghrys i'n rhacs mewn un sgarmes. Ar ddiwedd y prawf ro'n nhw'n cyhoeddi enwe'r chwaraewyr a fydde'n cynrychioli gorllewin Cymru yn y prawf nesa. Dewiswyd fi yn chwaraewr wrth gefn i'r cochion ar gyfer y prawf hwnnw. Cyrhaeddes adre ychydig cyn iddi dywyllu, gan ddisgwyl gweld 'Nhad a'i gael yn holi tipyn sut hwyl a gafwyd, ond er syndod, doedd dim sôn amdano. Eglurodd Mam ei fod wedi penderfynu mynd allan gyda'i ddryll ganol y prynhawn. Syndod i mi i radde oedd clywed hynny, gan mai fi ers amser bellach oedd yn cael cario'r dryll, ond dyna fe, falle'i fod e'n teimlo'n well nag arfer ac wedi mynd am bwl o hela i'r mynydd. Wnes i, na Mam, yn sicr, ddim meddwl llawer mwy am y peth. Roedd e wedi mynd â Mac gydag e, ac felly dyma eistedd i roi hanes y prawf i Mam a disgwyl 'Nhad adre. Wedi iddi nosi fe deimle'r ddau ohonon ni yn anesmwyth iawn. Aeth yn wyth o'r gloch, ac erbyn hyn, ro'n i'n cymryd tro bach i gefn y tŷ o bryd i'w gilydd i daflu golwg i fyny i'r mynydd i weld a welwn unrhyw sôn amdano. Ond doedd dim byd ond cysgodion tywyll y mynydd i'w gweld.

Erbyn hanner awr wedi naw, mi wyddwn fod rhywbeth mawr o'i le. Roedd Mam, druan, wedi cynhyrfu drwyddi ac yn cerdded yn ôl a blân o un stafell i'r llall, o ddrws i ddrws, gan geisio cuddio'i gofid oddi wrtha i. Fe benderfynes yn y diwedd fod yn rhaid mynd i chwilio amdano. Galwes heibio i Dai Evans a John Dennis i ofyn am eu cwmni a'u cymorth nhw, gan nad oedd Mam yn barod i mi fynd i'r mynydd ar 'y mhen fy hunan ac, i fod yn hollol onest, roedd y syniad o fynd i ganol y tywyllwch yn codi arswyd arna i. Erbyn hyn, ro'n i'n gredinol fod damwain wedi digwydd, a dyma ddechre'r siwrne waetha y bu raid i mi ei hwynebu erioed. Roedd Dai a John yn dilyn gyda'u lampe, ond o'r eiliad y cyrhaeddes i'r mynydd, wnes i ddim troi 'nôl unwaith. Wnes i ddim meddwl am foment i ble'r o'n i'n mynd; roedd fel petawn i'n cael 'y nhynnu bob cam o'r ffordd. Wnaeth e ddim croesi 'meddwl i i chwilio fan hyn neu fan arall ar y ffordd, na chyfeirio gole lamp at ryw lwyn neu fôn clawdd chwaith. Roedd hen sied wair Rhydian, mab y gof, ar ochor y mynydd, ond mi gerddes yn syth heibio honno a mlân at y fan lle'r oedd 'Nhad, mewn pant bach yn y ddaear, ar dop y mynydd. Ro'n i wedi bod yn gweiddi 'Dadi' a 'Mac' yr holl ffordd ar ôl gadael y tŷ, ac fel y down i'n agos at dop y mynydd, fe glywn sŵn Mac yn rhedeg ata i drwy'r rhedyn. Neidiodd i fyny, gan geisio fy llyfu, ac yna 'y nhynnu i mlân at y fan lle'r oedd 'Nhad yn gorwedd.

Fu ruthres mlân, ond wrth gwrdd â'i ddillad ro'n i'n gwybod fod y cyfan drosodd. Rwy'n cofio fod yr eiliad nesa gyda'r eiliad hira i mi ei phrofi 'rioed, yr eiliad fer honno rhwng darganfod corff 'Nhad a thorri i lawr yn gyfan gwbwl. Ces fy arwain 'nôl i'r pentre i dŷ Audrey a Dai, ac aeth John a Dai i dorri'r newyddion i Mam. Yn ôl yr hanes, cafwyd cryn drafferth i godi'r corff gan fod yr hen Mac ffyddlon yn ei warchod. Bu raid i Ifan Gravell, cefnder 'Nhad, gael help rhai o ddynion y pentre i dynnu Mac oddi wrth ei orchwyl ola dros 'Nhad. Ni fedrwn wynebu'r dasg o ddweud wrth Mam: ro'n i'n ormod o gachwr i wneud hynny, ac mae'r ffaith i mi fethu gwneud 'y nyletswydd yn dal i frifo. Y noson honno, fe aeth Mam a finne draw i dŷ John ac Eirwen, ffrindie i'r teulu, i gysgu'r nos. Gorfododd y doctor y ddau ohonon ni i lyncu tabledi cysgu, a'r cof ola sy gen i o'r noson honno yw gorwedd yn y gwely wrth ochor Mam a begian arni i gau ei llyged a cheisio cysgu. Wn i ddim, ond mae gen i deimlad na fedrodd hi gysgu dim y noson honno, hyd yn oed gyda chymorth tabledi'r doctor. Rwy'n gallu gweld ei llyged nawr, yn agored led y pen ac wedi'u hoelio ar un man ar y nenfwd. 'Ddwedodd hi ddim gair. Roedd marwolaeth 'Nhad yn ddiwedd y byd iddi hi ac ro'n i hefyd yn deilchion. Sut allwn i ofalu am Mam; sut allwn i wynebu fory heb 'Nhad? Am ddiwrnode wedyn bu dwsine o bobol yn galw ac fe fu raid i fi egluro iddyn nhw ac mewn cwest beth ddigwyddodd ar y noson drychinebus honno pan saethodd 'Nhad ei hunan yn farw â'i wn baril-dwbwl.

Mae 'na ddau ddigwyddiad yn ystod y dyddie ar ôl marwolaeth 'Nhad a wnaeth i mi ailystyried popeth. Y cynta oedd pan ddaeth y corff 'nôl i'r tŷ, a finne'n mynnu cael gweld 'Nhad a chyffwrdd ei wyneb. Yr eiliad honno fe wyddwn nad 'Nhad oedd hwn yn yr arch, rhyw gragen neu rywbeth oedd e, ond nid 'Nhad. Yr ail oedd diwrnod yr angladd. Roedd Mam, druan, yn methu wynebu'r cyfan. Daeth cannoedd ar gannoedd o bobol ynghyd i gydymdeimlo â hi ac i dalu gwrogaeth i ddyn oedd mor boblogaidd ymhlith ei ffrindie a'i gydweithwyr, ac roedd ein dyled ni'n dau yn fawr i'r Parchg Gwyn Davies Jones, y gweinidog, am lywio'r gwasanaeth mor fedrus yn y capel. Pan gefes fy arwain i'r fynwent ac i lan y bedd, methes ddal yn hwy a bues yn beichio wylo am orie ar ôl hynny. Fe dorrodd y llifddore'n llwyr pan sylweddoles 'mod i wedi colli rhywbeth cwbwl arbennig, sef cynghorwr, ffrind, brawd a thad. Bu'r dagre yn ddagre hallt am flynyddoedd wedi hynny.

Bylchiad ar y Strade ddechrau'r 1970au, yn erbyn yr Harlequins. Anodd credu 'mod i wedi cynrychioli'r Saeson rhonc hyn yn Ffrainc yn 1974!

4

Colli

Cyfnod o fod, nid byw, fu'r wythnose yn dilyn y drychineb. Roedd darganfod 'Nhad yn gorff yn freuddwyd hunllefus a ddeue 'nôl i mi bob tro y byddwn yn cau fy llyged, a phe byddwn i wedi cael dewis, fyddwn i ddim wedi wynebu pobol o gwbwl. Ond perswadiwyd fi gan Glyn Davies a Brynmor Roberts i deithio i Lunden i chware dros dîm dan bymtheg sir Gaerfyrddin yn erbyn siroedd Llunden yn Esher. Ces le i aros yng nghartre un o 'ngwrthwynebwyr, mewnwr bach o'r enw Mark Wynter – ac fe aeth e mlân i chwarae fel mewnwr i dîm ysgolion Lloegr. A chredwch neu beidio, un o'n canolwyr ni yn y gêm honno oedd Meredydd James, a ddaeth i amlygrwydd yn ddiweddarach fel aelod o reng flaen a chapten tîm Pen-y-bont. Er yr holl hwyl a'r cyfeillgarwch o 'nghwmpas i ar y bws i Lunden, fe fyddwn i'n llithro i mewn i fyd bach preifat bob hyn a hyn. Ar y ffordd 'nôl roedd un o'r bechgyn, oedd yn berchen ar beiriant casét, yn chwarae cân Simon a Garfunkel '*Homeward Bound*', a dôi llif o atgofion a theimlade 'nôl i mi wrth deithio 'nôl i wynebu'r teulu a chymdogion.

Y Llun canlynol, es 'nôl i'r *Gram*, yn groes i'r graen yn llwyr, gan nad o'n i, mewn gwirionedd, yn barod i wynebu pobol. Er hynny, roedd un athro yn arbennig a lwyddodd i'm helpu i ddod dros fy nheimlade, ac mae fy niolch i

Glyndwr Walker, am ei gyfeillgarwch a'i gyngor yn ystod y cyfnod hwnnw, yn fwy nag y galla i ei gofnodi ar bapur. Aeth allan o'i ffordd i chwilio amdana i er mwyn cynnig gair byr o gysur a chodi 'nghalon. Ar ben hynny, roedd chware bob bore Sadwrn dros dîm yr ardal yn eli ychwanegol ar y clwyf. Ond roedd cyrraedd y tŷ ar ddiwedd y prynhawn yn dal i fod yn brofiad poenus, gan fod rhyw dawelwch annaturiol yn meddiannu Brynhyfryd. Ar hyd y blynyddoedd, ro'n i wedi hen arfer cydio yn y dryll a mynd allan i'r mynydd i hela; mynd ati wedyn i lanhau a datgymalu'r dryll, a chael boddhad mawr wrth drin y cyfan. Ond yn awr daeth hyn i gyd i ben. Roedd Mam wedi penderfynu na chawn gyffwrdd â'r dryll na mynd yn agos ato. I Mam, roedd y dryll yn symbol o rywbeth a lwyddodd i ddwyn rhywbeth annwyl oddi wrthi ac erbyn hyn rwy'n gallu amgyffred ei gofid a'i phoen. Ond i mi, doedd gan y dryll ddim ond cysylltiad arwynebol â'r drychineb. Wedi'r cwbwl, roedd 'Nhad wedi gwneud y penderfyniad i orffen ei boen a'i ddioddefaint, ac yn rhyfedd iawn rwy'n dal i gredu heddi fod y dryll, mewn ffordd od iawn, wedi bod yn gyfaill agos iddo. Pe na bai'r dryll ar gael, fe fydde wedi defnyddio ffordd arall i orffen ei fywyd.

Er 'mod i wrth 'y modd yng nghwmni pobol, rwy'n mwynhau bod ar 'y mhen fy hunan yng nghanol natur, yn breuddwydio ar ddihun mae'n siŵr, gan fod yr unigrwydd a'r llonyddwch meddwl yn gymorth yn amal i gau'r byd a'i brobleme allan am gyfnod. O'r dyddie hynny mlân, aeth Mam yn llawer mwy carcus ohono' i, a phe bawn i'n cyrraedd 'nôl yn hwyr o rywle, fe fydde'r gofid yn dangos ar ei hwyneb bob amser. Des i sylweddoli fod yn rhaid cadw at 'y ngair gyda Mam, ac os byddwn yn dweud y byddwn yn cyrraedd adre ar ryw amser arbennig bydde'n rhaid glynu wrth hynny. Flynyddoedd yn ddiweddarach fe ddysges lawer am Mam am y tro cynta. Collodd ei thad yn ifanc (wedi boddi yn aber y Gwendraeth), ei brawd ar ôl cystudd caled, ac yna ei gŵr. Gadawodd pob un o'r digwyddiade hyn greithie dwfn arni, ac fe fu raid iddi droi yn gymeriad cryfach a chaletach o'r herwydd. O fewn ychydig fisoedd, mi sylweddolodd nad oedd modd iddi fy magu i ar bensiwn gwidw ac fe benderfynodd fod yn rhaid iddi ennill arian i'n cynnal. Cafodd waith yn y ffatri Opticals yng Nghydweli, a thrwy ddod i arfer â gadael y tŷ bob dydd lleddfwyd tipyn ar ei hiraeth.

Yn yr ysgol, ro'n i'n wynebu fy arholiade cynta, ac wedi cyrraedd y pwynt lle ro'n i wedi colli pob diddordeb mewn gwaith ysgol. Yr unig gof sy gen i o fwynhau dim yn ystod y cyfnod hwnnw oedd darllen *Cysgod y Cryman* ac *Yn ôl i Leifior* gan Islwyn Ffowc Elis, ar gyfer Lefel O, a'r mwynhad hwnnw o bosib yn deillio o'r diddordeb oedd gen i ym mywyd y wlad. Ches i ddim mwynhad o ddarllen nac o astudio unrhyw beth arall, ac fe ddaeth hynny'n eglur pan ges i adroddiad blynyddol yr ysgol! Yr haf hwnnw, fel llawer o fechgyn eraill, fe es ati i chwilio am waith dros dro, a llwyddo i gael cyfle i labro gyda chwmni MLM yng Nghydweli.

Gwaith digon caled oedd twrio gwteri a chloddio ar gyfer gosod pibe dŵr a charthffosiaeth, ond peth dymunol oedd cael y cyfle i ddod yn gyfarwydd â rhai o fanne hyfryd Shir Gâr, fel Meidrim a Thre-lech, ac yn enwedig lle bach bendigedig yn yr un ardal, Gelli-wen. Y peth pwysig yr haf hwnnw oedd 'mod i'n gwneud fy rhan fach i ddod ag arian i'r tŷ. Roedd Mam yn gweithio yng nghanol rhyw bowdwr coch a ddefnyddid i wneud lensie gwydr ar gyfer sbectole – '*rouge*' oedd y gair am y gwaith hwnnw – ac rwy'n gallu ei gweld hi nawr yn cyrraedd adre o'r gwaith a'i ffedog yn goch i gyd. Fe gafodd y gwaith hwnnw effaith ddrwg ar ei dwylo yn y diwedd, gan beri iddi roi'r gore i'r gwaith ymhen dwy flynedd. Gwaethygodd clefyd y gwynegon a'i gorfodi i fynd am driniaeth reolaidd yn ysbyty Glangwili yng Nghaerfyrddin.

Mwynhad pur oedd fy wythnose gydag MLM yr haf hwnnw, yn dysgu tyfu'n ddyn drwy weithio gyda dynion llawer hŷn na mi, a nifer ohonyn nhw wedi bod yn ffrindie â 'Nhad. Chware teg, fe wnaethon nhw ofalu amdana i yn arbennig o dda. Er hynny, daeth mis Medi yn llawer rhy fuan, a rhaid oedd diosg y dillad gwaith a'u newid am y got fach ddu a'r tei ysgol i wynebu blwyddyn y Lefel O yn nosbarth 5W. Ond rygbi oedd yn mynd â 'mryd. Penderfynodd Elwyn

Roberts, yr athro Ymarfer Corff, na fydde'r bechgyn yn cael chware dros dîm yr ardal mwyach. Yn hytrach, fe fydde'r ysgol yn rhedeg ei thîm ei hunan. Er ei fod yn sylweddoli na fydde cyfle i fi ennill 'y nghap i dîm ysgolion Cymru, perswadiodd fi yn ddigon hawdd mai chware i'r ysgol oedd y peth pwysica, a phenodwyd fi yn gapten ar y tîm. Hefyd, fe ges gyfle i chware gêm neu ddwy yn ystod y tymor i dîm cynta'r ysgol, ac roedd cael chware gyda bechgyn ifainc deunaw a phedair ar bymtheg oed yn dipyn o naid i mi. Mae un gêm yn ystod y tymor hwnnw wedi aros yn fyw yn 'y nghof, sef gêm yn erbyn Ysgol Llanbed. Es i lawr ar y bêl ar yr union eiliad pan oedd un o chwaraewyr Llanbed wedi penderfynu cicio'r bêl yr holl ffordd i Aberaeron. Mae arna i ofn mai 'nannedd i aeth i gyfeiriad Aberaeron y bore hwnnw! Treulies benwythnos mewn tipyn o boen, a'r bore Llun canlynol tynnodd Bertram Rees, y deintydd, bedwar bonyn dant allan, a finne am wythnose wedyn yn ymwybodol iawn 'mod i'n edrych yn debyg i Draciwla – peth diflas iawn i grwt pymtheg oed oedd yn ceisio denu sylw ambell i ferch!

Yng nghanol y prysurdeb hwn, cawn fy atgoffa yn achlysurol fod arholiade Lefel O ar fin cyrraedd, ond er cywilydd parhaol i fi, wnes i ddim ymdrechu llawer wrth baratoi ar gyfer y saith pwnc ro'n i'n eu sefyll. Dymuniad Mam oedd 'y ngweld i'n hapus a gofalu na fyddwn i'n mynd oddi ar y *rails*. Felly, wnaeth hi 'rioed 'y ngwthio i at waith ysgol, ond petai 'Nhad yn dal yn fyw, mae'n bosib y bydde pethe wedi bod yn wahanol.

Rwy'n cofio chware, ryw noson cyn arholiad, mewn cystadleuaeth saith-bob-ochor yng Nglan-y-fferi, a chael ergyd ar fy mhen-glin. Chwyddodd honno fel pwmpen ac fe ês i'r arholiad y bore canlynol â chymorth ffon. Roedd Ben Howell, y prifathro, yn methu deall pam roedd angen ffon arna i, a llwyddes i osgoi gorfod dweud dim am fy hanes y noson cynt. All neb ddweud bod y canlyniade ges i yn yr arholiade wedi siglo'r byd academaidd, ond fe lwyddes i basio yn y Gymraeg. Ond peth pwysicach i mi ar y pryd oedd cael haf arall o weithio ac ennill cyflog gyda chwmni MLM.

Yn ystod mis Awst fe benderfynes y byddwn yn mynd 'nôl i'r ysgol, ac fe ges ymuno â dosbarth newydd oedd yn cael ei ffurfio i dderbyn criw na fu'n llwyddiannus yn yr arholiade. Fe fu 5X – fel y gradde hynny ar ffilmie'r sinema – yn dipyn o X i'r athrawon y flwyddyn honno. Daeth cynllun newydd y Dystysgrif Addysg Uwch (y CSE) i fodolaeth, ac ro'n i'n un o'r *guinea pigs* y flwyddyn honno, ynghyd â Charlie Thomas a ddaeth yn gyd-chwaraewr ar y Strade yn ddiweddarach. (Charlie yw tad Imogen, y ferch brydferth a fu'n seren ar y rhaglen deledu *Big Brother*). Ro'n i'n sylweddoli 'mod i'n rhy ifanc i gymryd at unrhyw fath ar brentisiaeth, ond yn fwy na hynny, roedd cael y cyfle i chware yn nhîm cynta'r ysgol yn fwy o atyniad na dim arall. O fewn wythnos i ddechre'r tymor, ro'n i'n fewnwr yn y tîm cynta, a'r capten y tymor hwnnw oedd yr asgellwr D. A. Morgan. Y maswr oedd Roy Bergiers, a ddaeth yn gyd-ganolwr â mi ar y Strade a thros Gymru, ac fe gafwyd tymor llwyddiannus unwaith eto. Uchafbwynt y tymor i mi oedd cael teithio ganol wythnos i chware gêm yn erbyn Coleg Oriel yn Rhydychen. Roedd yr ymweliad hwnnw yn gofiadwy am ein bod yn chware yn erbyn tîm o ddynion, ac wrth gwrs yn cael ein trin fel dynion gan ein gwrthwynebwyr. Y fi, yn sicr, oedd babi'r tîm, ac mae tafarn y Bear yn Rhydychen wedi'i serio ar 'y nghof, gan i mi ymuno â rhai llawer hŷn na mi am beint neu ddau o gwrw. Y canlyniad oedd i mi golli 'nannedd gosod yn rhywle yn Rhydychen y noson honno.

Finne, Roy Bergiers, Gareth Roberts a Richard Moriarty yn trio'n gore glas i ddala Bill Osborne yn y gêm rhwng Gorllewin Cymru a Seland Newydd yn 1978.

Roedd y broses o dyfu'n ddyn yn

Phil yn gwau hud a lledrith ar y Strade yn erbyn Northampton. Nigel Howells o'r Hendy tu fas iddo ac Alun Davies, Roger Powell, Derek a JJ yn bloeddio, 'Cer d'unan, Phil'.

gallu bod yn boenus ar adege. Yn ystod y tymor hwnnw, fel unig aelod o ddosbarth 5X yn nhîm cynta'r ysgol, fe ddes i sylweddoli fod rygbi yn gêm oedd yn gofyn am dipyn o feddwl a dadansoddi – ac roedd Elwyn Roberts yn meddwl yn ddwys am y gêm. Pan ddaeth hi'n amser chware yn erbyn Ysgol Ramadeg Llanelli – y gêm fawr rhwng y ddwy ysgol – fe ges fy newis yn wythwr, a hynny am fod Elwyn wedi penderfynu mai dyna oedd y ffordd i rwystro canolwr Ysgol Llanelli rhag ennill y gêm. Y canolwr hwnnw oedd Keith Hughes, a fydde'n aelod o dîm y Cymry yn Llunden a thîm Cymru ymhen ychydig flynyddoedd. Roedd fy nhaclo wastad wedi bod yn elfen gref o'm chware a thrwy redeg ar draws y cae – yn null Alun Pask dros Gymru – fe lwyddes i daclo Keith Hughes yn galed a'i gadw'n dawel drwy'r gêm. A'n tîm ni a gariodd y dydd.

Ar ddiwedd y tymor hwnnw, fe ges fy newis yn ganolwr i'r ysgol am y tro cynta, a chael cap hefyd am gynrychioli tîm sir Gaerfyrddin yn erbyn siroedd Llunden. Yn goron ar y tymor, cynghorwyd fi gan Elwyn Roberts i fynd i'r Strade i ymarfer gyda thîm saith-bob-ochor Llanelli – yno fe gwrddes â Phil Bennett am y tro cynta. Hwn oedd 'y nghysylltiad cynta i â Chlwb Llanelli, ac fe dreulies y nosweithie hynny ar y Strade yn chware yn erbyn y saith dethol oedd yn cynrychioli Llanelli. Mwy o ymarfer taclo i mi! 'Nôl yn yr ysgol, penderfynes o'r diwedd fod yn rhaid i mi ennill rhyw gymwystere, a gydag ychydig bach mwy o ymdrech llwyddes i basio chwe phwnc yn y TAU. Ond unwaith yn rhagor, ro'n i'n gorfod penderfynu ynglŷn â'm dyfodol. Oedd hi'n werth i mi fynd 'nôl i'r ysgol, a finne bron yn ddwy ar bymtheg? Llwyddes i osgoi'r penderfyniad am ddeufis drwy gnocio ar ddrws y *washeries* yng Nghoedbach, rhwng Cydweli a Thrimsaran, a gofyn am waith dros dro yn golchi glo. Fe fu'r deufis hwnnw yn help i fi benderfynu, gan imi fwynhau cwmni'r oedolion yn fawr, a chael croeso gan bobol fel Jacko Hurley a Hughie Walters a fu'n ffrindie agos â 'Nhad cyn iddo farw. Fy ngwaith i oedd cyrraedd y lle yn gynnar yn y bore, cynne'r tân a glanhau'r cantîn yn barod i'r gweithwyr; yna, i lawr i'r *wash* i gynorthwyo, yn ôl y galw. Doedd 'na ddim cawodydd ar gyfyl y lle, felly byddwn yn cyrraedd adre, ar ôl cerdded dwy filltir, yn llwch glo o 'mhen i'm sodle, a chael bath o flân y tân, yn union fel y gwnâi 'Nhad.

Yn ystod y misoedd hynny y tyfodd yr hedyn o Gymreictod oedd yno' i – roedd yn flwyddyn yr arwisgo, a chaneuon Dafydd Iwan wedi cynhyrfu rhyw wythïen yn fy isymwybod i. Bues yn ei wylio ac yn gwrando arno ar raglen *Y Dydd* ar y teledu, ond 'Carlo' a 'Chroeso Chwe-Deg-Nain' oedd y ddwy gân a wnaeth i fi sylweddoli ein bod ni'n genedl ar wahân, a bod ein hiaith a'n diwylliant a'n ffordd o fyw mor wahanol i eiddo cenhedloedd eraill. Hoffter y caneuon oedd y sbardun cynta, ond wedyn datblygodd yr ymwybod i fod yn rhywbeth dyfnach o lawer. Ar nos Sadwrn, fodd bynnag, byddwn yn dilyn llawer o'm ffrindie i'r ddawns naill ai yn Neuadd San Pedr neu'r 'Barracks' yng Nghaerfyrddin. Yno cwrddes â merch o Feidrim oedd yn gweithio i'r Awdurdod Iechyd. Ei henw oedd Aurona Rees, ac fe fages ddigon o hyder i ofyn iddi am ddawns. Ar ddiwedd y noson, roedd hi'n dal y bws ola adre i Feidrim am ddeg o'r gloch, a finne'n dal y bws ola am ddeng munud i ddeg i gyfeiriad Mynyddygarreg!

Cynhaliwyd y gystadleuaeth saith-bob-ochor yng Nghwm Gwendraeth yr haf hwnnw i ddathlu'r arwisgo – dyna oedd yr esgus, beth bynnag – ac fe ffurfiwyd tîm ganddon ni ym Mynyddygarreg. Drwy lwc, fe lwyddon ni i ennill Cwpan Her Felinfoel, sef y gystadleuaeth i ieuenctid. Yno, yn gwylio'r rownd derfynol, roedd Peter Rees, cadeirydd Clwb Rygbi Llanelli. Daeth ata i i ofyn i mi ddod i chware i dîm ieuenctid Llanelli os na fyddwn am fynd 'nôl i'r ysgol. Fe benderfynes yn sydyn iawn, doedd dim mynd 'nôl i'r ysgol i fod! Rhaid oedd chwilio am waith, ac ar ôl crwydro a holi tipyn ces gynnig gwaith dros dro gan David Sayers, ffrind i'r diweddar Bert Peel, gyda Bwrdd Trydan De Cymru, yn mynd fel mesurwr o gwmpas siope ac adeilade cyhoeddus Llanelli. Fe ddes yn arbenigwr ar ddal un pen o dâp mesur a chofnodi ffigure ar gannoedd o dudalenne o bapur. Ar y maes rygbi, wedi nifer o geme prawf yn y tîm ieuenctid, ces 'y newis yn ganolwr i dîm y dre a dyma ddechre tymor a fu'n llwyddiant ysgubol i'r tîm ac i finne.

Cyn y Nadolig daeth dau newydd da: ces swydd barhaol fel labrwr gyda'r Bwrdd Trydan a ches 'y newis i chware dros dîm y Gorllewin, gyda Gareth Jenkins yn gapten, ar gyfer prawf cynta tîm ieuenctid Cymru yn Aberafan. Mae'n amlwg i bethe fynd yn weddol, gan i mi gael 'y newis ar gyfer y prawf terfynol yng Nghaerffili. Fuodd erioed ddiwrnod gwaeth ar gyfer gêm rygbi; bu'n bwrw'n drwm am ddiwrnode, ac ar brynhawn y gêm pistyllodd y glaw yn drymach fyth. Ond drwy lwc eto, fe lwyddes i wneud argraff ar y dewiswyr a'r hyfforddwr Ieuan Evans. Ces fy newis i gynrychioli tîm ieuenctid Cymru ar faes San Helen yn Abertawe yn erbyn tîm ysgolion Cymru. Ro'n i'n ffodus iawn fod Glanmor, brawd hyna Aurona, mor barod i 'nghario i yn ei gar ar sawl achlysur yn ystod y tymor hwnnw, ac roedd ei garedigrwydd yn fwy na derbyniol, gan y bydde fe'n 'y nghludo i'r holl ffordd 'nôl i gartre Aurona ym Meidrim ar ôl gêm! Ar noson y gêm yn erbyn tîm ysgolion Cymru, roedd pawb yn y pentre yn dymuno'n dda i mi, ac fe deithiodd cefnogaeth sylweddol i Abertawe. Yno, dan y llifoleuade, sgories gais buddugol y noson – a braf oedd cael darllen yr hanes yn y papur bore trannoeth. Y gêm nesa oedd yn erbyn yr English Colts yn Abertyleri, ac yna, yng ngêm ola'r tymor ces fy nghap cynta yn erbyn Ffrainc yn Figeac. Roedd hynny'n dipyn o brofiad i mi; cael teithio i wlad dramor, a phrofi'r wefr gynta o fynd mewn awyren i Baris ac yna dros nos ar drên i lawr i dde Ffrainc. Ar ôl cyrraedd Figeac ar y Sadwrn, yn barod ar gyfer y gêm ar y Sul, daeth Bryn y Chemist o Bont-iets, oedd ar bwyllgor y tîm ieuenctid, i'm stafell yn y gwesty i ddangos y cap ro'n i ar fin ei ennill. Gêm ryngwladol go iawn oedd hon i mi o'r diwedd, ac roedd hi'n dipyn o wefr cael gwisgo'r cap coch am y tro cynta.

Pan oedd y ddau dîm yn sefyll yn ddwy res cyn y gic cynta, o flaen yr eisteddle cymharol fychan ar y maes, mi ges siom aruthrol wrth i'r band chware nid 'Hen Wlad fy Nhadau', ond '*God Save the Queen*'! Suddodd 'y nghalon ac aeth gwefr o ddicter drwy 'nghorff. Rhaid cyfadde 'mod i wedi gwylltio'n rhacs, ac o bosib mi deimlodd canolwyr Ffrainc bob tacl yn galetach weddill y

Y dyddie 'ma ry'n ni'n meddwl amdano fel hyfforddwr ond dewch i ni gael bod yn onest – ro'dd Gareth Jenkins yn yffach o chwaraewr da.

Ieuan Evans, hyfforddwr cynta Llanelli.

prynhawn hwnnw ar ôl i 'nghenedlaetholdeb i gael ei danio. O gofio pa mor anodd a chaled yw pob gêm yn erbyn Ffrainc ar bob lefel, roedd y canlyniad o chwe phwynt yr un yn ganlyniad boddhaol iawn.

Y dyfarnwr yn y gêm honno oedd Larry Lamb, un o ddyfarnwyr gore Lloegr, ond doedd hynny'n golygu dim i mi ar y pryd. Y noson honno, a finne'n profi rhinwedde a gwendide gwin Ffrengig am y tro cynta, dyma fi'n troi at ŵr golygus, trwsiadus wrth y bar yn y gwesty, ac mewn Saesneg ag acen Ffrengig (gan obeithio y bydde'r Ffrancwr yn deall yn well, wrth gwrs!) yn gofyn iddo egluro i mi gefndir y tei arbennig roedd e'n ei gwisgo. Cefes ateb, yn y Saesneg mwyaf coeth posib, mai hon oedd tei Cymdeithas Dyfarnwyr Lloegr, ac mai fe fu'n dyfarnu yn y gêm yn ystod y prynhawn. Edrychodd yn amheus arna i pan awgrymes nad o'n i wedi'i 'nabod e yn ei ddillad! Fe'm hatgoffodd o'r digwyddiad droeon ar ôl hynny.

'Nôl ar y Strade, os cofia i'n iawn, fe enillwyd pob cystadleuaeth y flwyddyn honno. Ar ddiwedd y tymor rhyngwladol cafodd nifer ohonon ni'r cyfle i ymarfer gyda'r tîm cynta o dan hyfforddiant y meistr, Carwyn James. Profiad i'w drysori i grwt ifanc oedd cael gwrando ar Carwyn ac ufuddhau i'w orchmynion. Ym mis Ebrill 1970, ces fy nghyfle cynta i chware dros dîm cynta Llanelli yn erbyn Clwb Rygbi Llanbedr Pont Steffan – y man lle colles i bedwar dant blaen ychydig flynyddoedd cyn hynny. Gwahoddwyd Llanelli i Lanbed i ddathlu agor y llifoleuade yn swyddogol. Gan ei bod yn gêm ganol wythnos, roedd nifer o'r chwaraewyr profiadol yn methu teithio ac fe ges i'r cyfle i wisgo'r crys sgarlad am y tro cynta. Ar ôl y gêm fe fu tipyn o gymdeithasu yn Llanbed cyn dechre'r daith yn ôl, ac erbyn hynny roedd hi'n bwrw glaw yn drwm. Roedd hi'n orie mân y bore erbyn i ni gyrraedd Cydweli, a finne'n llawer rhy swil i ddweud wrth Peter Rees, y cadeirydd, fod gen i ddwy filltir a hanner i'w cerdded eto. Ro'n i'n wlyb at 'y nghroen erbyn cyrraedd adre tua thri o'r gloch y bore. Ond er gwaetha'r tywydd, ro'n i wedi dechre dringo'r ysgol ym myd rygbi.

5

Strade

Yn ystod haf 1970, ces fy atgoffa fod y Clwb yn ailgydio yn yr ymarfer ar y Strade tua diwedd Gorffennaf; felly, dyma roi ychydig mwy o gŵyr nag arfer ar y sgidie, jyst rhag ofn; wedi'r cwbwl, mae'r pethe bach yn bwysig yn amal iawn. Ar ôl y sesiwn ymarfer cynta, a hithe'n noson gynnes o Orffennaf, es i mewn i'r Clwb am beint ar ôl cael cawod, a chael cyfle i sgwrsio â'r cadeirydd, Peter Rees. Fe ddwedes wrtho 'mod i'n bwriadu chware yng ngeme prawf Clwb Cydweli ymhen ychydig wythnose, gan nad o'n i'n gweld cyfle i chware dros Glwb Llanelli. Ei ateb e oedd ei fod e'n berffeth siŵr y cawn i ddigon o gyfle i wisgo'r crys sgarlad ar y Strade. Yr wythnos ganlynol, daeth Clive John (brawd Barry) mlân ato' i yn yr ymarfer a dweud yr un peth ac, wrth gwrs, roedd clywed hyn o ene'r capten yn dipyn o hwb i'r galon, ac yn peri i mi feddwl fod gobaith cael ambell gêm wedi'r cwbwl.

Cartre Clwb Rygbi Llanelli oddi ar yr 1880au – Parc y Strade. Mae'n anodd meddwl fod y clwb yn ffarwelio â'r safle.

Y pryd hwnnw, ym mis Awst 1970, wnes i ddim breuddwydio y byddwn yn cynrychioli Llanelli ddeg ar hugain o weithie yn ystod y tymor. Yn draddodiadol, gêm swyddogol gynta Llanelli oedd y gêm ar y Strade yn erbyn Pontypridd. Ro'n i ar ben fy nigon pan weles fy enw ar y rhestr i chware yn y canol. Dyma'r foment fawr wedi cyrraedd: nid gêm ddiwedd tymor fydde hon, ond gêm ddosbarth cynta, a hynny o flaen torf y Strade, a'r crwt o Fynyddygarreg yn gorfod wynebu bechgyn profiadol iawn fel Joe Smith, Colin Riley a Ritchie Hope. Do'n i, hyd yn oed yn y dyddie hynny, ddim yn or-hoff o ymarfer, ond bob nos fe fyddwn yn 'y ngorfodi fy hunan i redeg tair neu bedair milltir o gwmpas y mynydd, ac yna'n dadwneud llawer o'r gwaith da drwy fynd am beint i dafarn y Greenfield yn y pentre. Ar y nos Wener cyn y gêm, rwy'n cofio troi i mewn, yn ôl fy arfer, a'r cwsmeried rheolaidd i gyd yno'n dymuno'n dda i mi ar gyfer drannoeth ac yn 'y ngorchymyn i beidio ag yfed y noson honno! Ac eithrio pan o'n i'n cynrychioli Cymru, doedd 'na'r un wefr i'w chymharu â rhedeg mas ar gae'r Strade o flaen torf enfawr. Fe ges gêm dda yn erbyn Pontypridd, ac fe fu'r gohebwyr rygbi yn garedig iawn eu sylwade am fy nhaclo caled yn ogystal â'r ffordd y llwyddes i greu cais i'r asgellwr, Andy Hill, ar ochor y Pwll o'r maes. Ond ro'n i'n ymwybodol iawn o'r gwendide yn fy ngallu i basio pêl y pryd hwnnw – fel y ces wybod gan ambell i asgellwr pigog yn ystod y tymor hwnnw – ond fedre neb feirniadu fy ymroddiad llwyr pan oedd taclo yn y cwestiwn. Falle bod ymarfer yn erbyn bechgyn dipyn hŷn na fi ar Gae'r Post wedi talu'r ffordd, gan mai 'nghryfder i wrth daclo oedd wedi tynnu sylw fy athrawon ysgol hefyd.

Carwyn James oedd yr hyfforddwr ar y Strade y tymor hwnnw, ac fe lwyddodd i berswadio Tom Hudson i'w gynorthwyo. Mi ddes yn hoff iawn o Tom, petai ond am un peth: fydde fe byth yn gofyn i'r chwaraewyr wneud dim na alle fe'i hunan mo'i wneud hefyd. Y pryd hwnnw roedd yn ddarlithydd yng Ngholeg y Brifysgol, Abertawe, ac roedd yn ffodus fod ganddo chwaraewyr rygbi cynhyrfus a dawnus fel John Thomas, Gwyn Ashby ac Allan Lewis (a oedd yn fyfyriwr yng Ngholeg Loughborough ar y pryd) i'w hyfforddi ar y Strade.

Petawn i'n gorfod dewis y chwaraewr mwya talentog ar ddechre'r 1970au, fe fyddwn i'n rhoi Allan Lewis ymhell ar y blaen. Ar y pryd, roedd yn dangos y ddawn a fydde'n siŵr o fod wedi ei gario i mewn i dîm Cymru a'r Llewod heb ddim amheuaeth. Ond ychydig cyn y Nadolig yn 1970, ro'n ni'n chware yn erbyn Abertawe ar Barc y Strade, Allan Lewis a finne yn y canol, Phil Bennett yn faswr, a Roy Mathias ar yr asgell. Yn ystod y gêm, cafodd Allan ei daclo'n eithriadol o galed – wna i fyth anghofio'r glec na'r sgrech a ddaeth o'i ene. Stopiodd y gêm yn stond – ni fu raid i'r dyfarnwr hyd yn oed chwythu'i chwib; roedd coes Alan wedi'i thorri yn erchyll o gas, a'r unig beth a glywn i oedd sŵn cwningen yn sgrechian mewn poen pan fyddwn wedi'i saethu ond heb ei lladd. Profiad brawychus i mi oedd anaf Allan, a'i weld yn cael ei gario oddi ar y cae ar *stretcher*, yn dal i weiddi mewn poen. Ro'n i wedi fy hoelio i'r fan a'r lle, ac fe fu raid i Phil Bennett fy llusgo oddi yno. Gêm sy wedi aros yn y cof yw honno, gan i bump o chwaraewyr orfod gadael y maes. Er hynny, fydde neb wedi dweud ei bod hi'n gêm frwnt. Roedd hi'n gêm galed, yn bendant, ond rwy'n credu fod y gêm yn nechre'r 1970au yn galetach o dipyn nag ar ganol y 1980au. Roedd 'na ambell i ffŵl o gwmpas y pryd hwnnw, fel heddi, ond roedd y dyfarnwyr bryd hynny'n medru gwahaniaethu rhwng chware brwnt a chware caled. Fodd bynnag, collodd Cymru wasanaeth un o'r canolwyr mwya talentog y prynhawn hwnnw, ac roedd yr anaf mor ddrwg fel na lwyddodd Allan i gyrraedd ffitrwydd dosbarth cynta ar ôl hynny.

Oni bai am anaf fydde Allan Lewis wedi 'ware i Gymru a'r Llewod. Ffrind annwyl.

Yn y misoedd cynnar hynny gyda Llanelli, fe sylweddoles 'mod i'n grwt oedd yn chware mewn gêm i ddynion. Roedd pob dim ar y maes yn digwydd yn llawer cynt, ac yn sicr roedd y gêm yn llawer mwy corfforol nag oedd gêm y tîme ieuenctid. Ar ben hyn i gyd, roedd torf y Strade yn disgwyl llawer mwy oddi wrth y chwaraewyr; wedi'r cwbwl, mae'r berthynas rhwng y cefnogwyr a'r chwaraewyr ar y Strade yn unigryw – os rhywbeth, mae'r cefnogwyr yn meddiannu'r chwaraewyr ac yn hawlio'r safon ucha posib oddi wrth bob un ar y cae. Y rheswm penna pam y ces i fy nerbyn ar y Strade oedd fy ngallu i daclo'n gadarn. Roedd tacl gref yn ennill bron cymaint o gymeradwyaeth â chais pert. Sylweddoles hefyd, wrth ddarllen adroddiade o'r geme, beth oedd nerth a dylanwad y wasg. O fewn dim amser, roedd 'na ambell i ohebydd, Bleddyn Williams yn un, yn sôn amdana i fel rhywun a ddyle gael prawf dros Gymru, ond fe wyddwn i'n iawn 'mod i 'mhell o fod yn barod i ddringo un safon yn uwch eto. Roedd gen i ffordd bell iawn i fynd, 'tase rhai pobol ddim ond yn edrych ar y ffordd ro'n i'n pasio'r bêl! Ond roedd clywed cefnogwyr y Strade, yn arbennig y genhedlaeth hŷn, yn sôn am wrhydri taclwyr caled fel Albert Jenkins, ac yn ddiweddarach Cyril Davies a Terry Davies, yn hwb mawr i mi, ac yn enwedig eu clywed yn fy rhoi i yn yr un cae â nhw.

Bu chware dros Glwb Llanelli yn fodd i fyw i fi y tymor hwnnw, ond roedd cael fy newis i chware dros Shir Gâr yn fonws ychwanegol. Rhaid i fi gyfadde fod chware dros y sir wedi rhoi llawer mwy o bleser i fi'n bersonol nag a wnaeth i lawer o chwaraewyr eraill. Wedi'r cwbwl, yn wahanol i'r arfer yn Lloegr, doedd 'na ddim statws uchel iawn yn perthyn i gystadleuaeth y siroedd am gwpan y *Western Mail*. Ond roedd cynrychioli'r filltir sgwâr yn bwysig i fi. Ces fy newis i chware yn erbyn Sir Frycheiniog ym Mrynaman. Bu raid i John Thomas a finne ofyn i Carwyn am ganiatâd i chware. Fe gawson fynd ar yr amod ein bod ni'n dau yn teithio'n syth yn ôl i'r Strade i ymarfer gyda'r nos ar ôl chware y prynhawn hwnnw ym Mrynaman. A chan fod Carwyn wedi dweud, doedd dim dewis ganddon ni o gwbwl; erbyn meddwl, fyddwn i byth wedi meiddio anufuddhau, gan mai fi oedd babi'r tîm ar y pryd. Er hynny, roedd gwisgo crys y sir yn gam pwysig, ac fe ges bleser mawr wrth chware yn y geme hynny gydol fy ngyrfa. Drwy gynrychioli'r sir y ces i 'nghyfle cynta i deithio i Ogledd Cymru, a syrthio dros 'y mhen a 'nghlustie mewn cariad â'r fro i'r gogledd o Fachynlleth. Ond stori arall yw honno.

Un o uchafbwyntie'r tymor cynta hwnnw oedd chware am y tro cynta ar Barc yr Arfau yn erbyn Caerdydd. Roedd hon yn gêm bwysig bob tro, gan ei bod, ar un olwg, yn frwydr rhwng y gorllewin a'r dwyrain, a'r tro yma yn fwy fyth felly, gan fod elfen ychwanegol o sbeis wedi'i hychwanegu at flas y gêm. Yn rheng ôl Llanelli, roedd y ddau frawd, Clive ac Alan John, yn chware, tra oedd y trydydd brawd, Barry, yn faswr Caerdydd. Yn ystod yr wythnos cyn y gêm, fe fu'r wasg wrth ei bodd yn sôn am y 'frwydr deuluol' oedd o'n blaene ni. Roedd yr awyrgylch yn drydanol ar ddechre'r gêm. Yn y lein gynta fe aeth yn wrthdaro ffyrnig rhwng Alan John a John Hickey, aelod o reng ôl Caerdydd. Wrth wylio'r ymrafael, sylweddoles unwaith eto 'mod i'n chware mewn gêm i ddynion. Fe ddysges wers arall yn gynnar iawn hefyd pan giciodd Phil Bennett y bêl yn uchel iawn ac i mewn i ddwy ar hugain Caerdydd. Oddi tani, gyda'i ddwylo diogel, roedd Barry John. Carlames nerth 'y nghoese ato ond, erbyn i fi ei daclo, roedd troed gref Barry wedi anfon y bêl yn ôl ymhell dros ein penne a thros y ffin. Roedd hi'n dacl hwyr ac, yn naturiol, fe ymddiheures wrtho. Chwerthin yn iach wnaeth Barry, ond ces lond ceg o dafod gan Phil Bennett am nad oedd y dacl yn hanner digon caled. Llwyddodd Llanelli i groesi'r llinell gais deirgwaith y prynhawn hwnnw, ond treuliodd Clive ac Alan eu prynhawn cyfan yn cwrso cysgod eu brawd bach o gwmpas porfa Parc yr Arfau. Ar ddiwedd y gêm honno, roedd Barry yn wên o glust i glust, gan iddo gico pedair cic adlam a sicrhau buddugoliaeth i'r cryse gleision o ddeuddeg pwynt i naw.

Yn ystod y cyfnod cynnar hwnnw, bues yn eithriadol o ffodus o gael cyflogwyr oedd yn gefnogol iawn i'm hawydd i chware rygbi, ac ni fu 'rioed unrhyw anhawster i gael amser yn rhydd i gynrychioli'r Clwb neu'r sir. Yn wir, fe ymddangosai fy llun yn amlach yng nghylchgrawn y Bwrdd Trydan nag a wnâi yn y *Western Mail* a'r *Evening Post* gyda'i gilydd. Mae'n siŵr gen i 'mod i'n rhoi cyhoeddusrwydd iddyn nhw, ac wrth gwrs, roedd hynny'n fy siwtio i i'r dim! Ar ddiwedd y tymor, fe gyflwynwyd bathodyn chwaraewr y clwb i mi yn ystod y cinio blynyddol. Roedd yn rhaid chware o leia ddeg gêm ar hugain er mwyn ennill yr anrhydedd hwn, ac fe wisges y bathodyn gyda balchder o'r funud honno mlân. Yn ystod hanner ola tymor '70/71, roedd y sibrydion yn gryf iawn yn ardal Llanelli mai Carwyn, hyfforddwr y Clwb, fydde'n debyg o gael ei ddewis i arwain y Llewod i Seland Newydd yn ystod haf 1971; ar ben hynny roedd dyfalu mawr ar y Strade pa chwaraewyr fydde'n debyg o ymuno ag e.

Cafodd Carwyn ei ddewis yn hyfforddwr a phan gyhoeddwyd enwe'r garfan ar ddiwedd y tymor rhyngwladol roedd Delme Thomas a Derek Quinnell, dau aelod o Glwb Llanelli, yn eu plith – er nad oedd Quinnell hyd hynny wedi cynrychioli Cymru o gwbwl. Yn ôl y sôn, fe gafodd Barry Llewelyn ei wahodd i fynd ar y daith ond dewisodd beidio â mynd. Bu'r tymor yn un llwyddiannus i fi yn bersonol, ac yn ychwanegol at y bathodyn, fe enilles dlws am gipio pencampwriaeth y Cynghrair Llifoleuade drwy guro Glyn Ebwy yn y gêm derfynol ar y Strade.

Fi bellach oedd â chyfrifoldeb am yr ardd gartre – yn gwbwl groes i'm ewyllys – ond drwy drugaredd, fe ddaeth Glanmor i fyny o Feidrim i roi help llaw ac o leia fe blannwyd digon o dato i'n cadw i fynd am y gaeaf. Cystal cyfaddef nad oedd gwaith yr ardd yn apelio o gwbwl, ac oherwydd fod fy mywyd yn eitha llawn, rhwng y caru a'r rygbi, roedd yn hawdd iawn dod o hyd i esgus dros esgeuluso 'nyletswyddau yn yr ardd. Bu Barbara, chwaer 'Nhad, a'i gŵr, yn help mawr i Mam a finne yn y blynyddoedd ar ôl colli 'Nhad, ac fe fues yn pwyso'n drwm arnyn nhw'n amal iawn.

Bu'n haf cofiadwy i'r Llewod yn 1971, fel y gŵyr pawb bellach, ac fe ges inne flas ar wrando ar y sylwebaeth radio o bellter mawr, gan hanner breuddwydio y cawn inne rywdro'r cyfle i fynd ar daith gyda'r Llewod. Cês foddhad rhyfedd wrth ddilyn nid yn gymaint gampe'r olwyr a'r *prima donnas* ar y maes, ond chware Derek Quinnell a Delme Thomas yn arbennig, oherwydd erbyn hyn ro'n ni'n dipyn o ffrindie. Lawer tro rwy wedi dweud yn gyhoeddus 'mod i wastad wedi edrych lan at Delme – yn yr ystyr ore, er 'mod i hefyd wedi edrych lan ato yn llythrennol gan ei fod e'n chwe modfedd dros ei ddwylath! Roedd Delme wedi'i ddewis i chware dros y Llewod yn 1966 (cyn iddo chware i Gymru) ac ro'n i'n ddisgybl yn ysgol Caerfyrddin ar y pryd. Rwy'n cofio gweld llun ohono yn y *Western Mail*. Roedd e yn ei helmed galed ar ben polyn trydan

– yn gyhyre o un pen o'i gorff i'r llall – yn cyflawni ei waith i'r Bwrdd Trydan. Am ryw reswm, fe alwyd gweithwyr trydan i'r ysgol y pryd hwnnw, ac yn eu plith roedd Colin Philips, brawd-yng-nghyfraith Delme. Fe fues i a'r cryts ifainc eraill yn tynnu coes Colin Philips gan ddweud nad oedd siâp ar Delme fel chwaraewr. Gwylltiodd hwnnw'n rhacs. Ond y nos Sadwrn ganlynol, ro'n i'n disgwyl Aurona y tu allan i Woolworths yng Nghaerfyrddin pan weles i Colin, Delme ac un neu ddau arall yn cerdded tuag ata i – a dyma Colin yn troi ata i a dweud, 'Nawr 'te, boi, gwed wrth Delme beth ddwedest ti wrtho' i amdano fe.' Wnes i erioed weddïo mor galed am i balmant sgwâr Caerfyrddin agor a'm llyncu i'n llwyr. Mae'n siŵr fod fy wyneb i mor goch â 'ngwallt. 'O! dim ond jocan o'n i, Delme, onest nawr.' A'r cawr mwyn yn chwerthin yn braf, er rhyddhad mawr i grwt oedd yn llawn cywilydd.

Roedd Delme yn aelod blaenllaw o ail reng Llanelli pan gwrddes i ag e nesa ac, am ryw reswm, fe dyfodd perthynas glòs iawn rhyngddon ni yn fuan. Yr achos am hynny, yn rhannol, oedd ein Cymreictod, y ffaith fod y ddau ohonon ni'n gweithio i'r un cwmni, ac oherwydd 'mod i'n caru â merch o ardal Delme. Un o bentre Bancyfelin, ychydig filltiroedd o Feidrim, oedd Delme. Ond y pennaf reswm oedd mai ato fe y byddwn i'n troi am gyngor bob amser, a chware teg, mae'n siŵr 'mod i, yn fy ansicrwydd, wedi bod yn boen iddo'n amal gyda'r holl holi a wnawn. Bu'n gynghorwr da i mi, yn enwedig wrth ddangos sut i ddelio ag ambell sefyllfa. Roedd ei ffordd dawel e mor wahanol i 'ngwylltineb inne. Er y câi Delme ei bryfocio a'i ddyrnu gan wrthwynebwyr, wnes i 'rioed ei weld e'n taflu ergyd 'nôl – doedd e ddim ar y cae i ymladd, roedd e yno i neidio ac i ennill y bêl yn y leinie. Roedd 'na urddas rhyfeddol yn perthyn i'r dyn. Amal i dro, fe fyddwn i wedi colli 'mhen yn llwyr am ryw reswm neu'i gilydd, ac fe ddôi llais tawel ond cadarn Delme o rywle, 'Cŵla'i lawf, Gfaf bach,' gyda'i 'r' feddal yn swyno dyn bob amser. Roedd cryfder mawr yn ei dawelwch, ac roedd hynny'n rhoi nerth i ni'r bois ifanc yn y tîm. Pan fydde'r tîm yn chware oddi cartre, fe fydde Delme wastad yn eistedd yn un o seddi blaen y bws, a'i eirie

Rownd Gyn-Derfynol Cwpan Schweppes 1972. Y rhes gefn: Derek Quinnell, Roy Thomas, Alan James, Hefin Jenkins, Tony Crocker, Roy Mathias, Delme Thomas. Y rhes flaen: Clive John, Roger Davies, y fi, Barry Llewelyn, Phil Bennett, Brian Fowler. Yn eu cwrcwd: Selwyn Williams ac Andy Hill.

cynta fydde 'Defe i ishte fan hyn, Gfaf bach.' Fe fydden ni wedyn yn mynd ati i roi'r byd yn ei le, gan siarad am fridio adar – prif ddiddordeb y cawr.

Chwalwyd un cadwyn arall i mi yn ystod yr haf hwnnw pan fu Mac, y ci, farw. Roedd wedi heneiddio, ond fe gadwes i fynd ag e am dro i'r mynydd, er bod y troeon hynny wedi mynd yn fyrrach bob tro, gan nad oedd e'n gallu cerdded ymhell. Roedd 'Nhad wedi adeiladu cwt iddo yn yr ardd, a chadwyn weddol hir er mwyn iddo allu crwydro tipyn. Ond un bore, pan ês i mas i'w fwydo, roedd e wedi marw. Teimlwn fod presenoldeb Mac wedi cadw rhywfaint o 'Nhad o gwmpas y lle, ond torrwyd y llinyn hwnnw hefyd bellach, ac roedd tipyn o hiraeth a thristwch am gyfnod gan mai ci 'Nhad oedd e. Wn i ddim a wnaeth hynny esgor ar ryw fath o ryddhad, ond fe es â'r adar a'r trapie i Dai Rhydodyn, hen ffrind i 'Nhad, ac fe werthes y ffurets i helwyr lleol. Dyna ddiwedd cyfnod. Ro'n i'n treulio 'nyddie gwaith yn torri tylle i'r Bwrdd Trydan, ac er mai gwaith caib a rhaw oedd yn fy wynebu bob dydd, roedd tipyn o bleser hyd yn oed yn hynny. Ar wahân i gryfhau 'mreichie a 'nghorff, roedd 'na gwmnïaeth ddifyr iawn yno hefyd.

Pan gyrhaeddodd y Llewod arwrol yn ôl o Seland Newydd ym mis Awst – i fonllefe a chlod ac eilun-addoliaeth o bob cyfeiriad – ro'n i, a gweddill meidrolion tîm Llanelli, dan hyfforddiant Tom Hudson unwaith yn rhagor. Y noson gynta, fe'n twyllwyd i gredu na fydde'r cwrs ffitrwydd yn rhy ofnadwy, a threuliwyd hanner awr ar y cae yn loncian a phasio'r bêl o'r naill i'r llall, gan orffen gydag ymarferion cyffredinol. Trodd pawb i fyny i'r ail ymarfer mewn hwylie da; wedi'r cwbwl, fuodd y cynta ddim yn uffern. Dyna lle'r o'n ni i gyd yn siarad wrth newid pan ddaeth Tom i mewn, yn ddwylath a thair modfedd o ddyn, yn gyn-baratrwper, ac yn ŵr a ddaeth yn bedwerydd yn y Pentathlon yn y Mabolgampe Olympaidd yn Rhufain. Ei eirie cynta y noson honno oedd, 'Iawn, pawb yn barod i redeg ar yr hewl.' Roedd y cwrs yn ymestyn o Barc y Strade, ar hyd y briffordd i Borth Tywyn, ac i lawr i'r traeth gerllaw Pen-bre. Rhaid oedd cwblhau'r cwrs heb saib o gwbwl, gyda phatrwm o redeg hanner milltir, cerdded dau gan llath, rhedeg hanner milltir, ac yn y blaen. Ar ôl cyrraedd y traeth, ymarfer eto yno, a rhedeg i fyny ac i lawr y twyni tywod, cyn dechre ar y daith yn ôl i Barc y Strade eto. Rhyddhad mawr oedd cyrraedd y gatie mawr coch, ac edrych mlân at gawod ac ymlacio. Ond na, roedd hanner awr arall o ymarfer ar y cae i'w wynebu cyn gorffen y sesiwn ac, wrth gwrs, bydde dwy sesiwn bob wythnos, ar nos Lun a nos Fercher, yn ystod mis Awst. Does dim amheuaeth ynglŷn ag effeithiolrwydd y cwrs ffitrwydd, oherwydd cafodd y clwb flynyddoedd llwyddiannus iawn yn ystod cyfnod Tom fel hyfforddwr.

Fe fu tymor '71/72 yn llwyddiannus iawn eto yn hanes Llanelli, ac fe ychwanegwyd at ddiddordeb y tymor hwnnw yn sgîl penderfyniad Undeb Rygbi Cymru i ailddechre cystadleuaeth Cwpan Cymru am y tro cynta ers hanner cant ac wyth o flynyddoedd. Cipiwyd tlws y Cynghrair Llifoleuade unwaith yn rhagor, ac fe lwyddwyd i gyrraedd rownd derfynol y Cwpan ddechre Mai ar Barc yr Arfau yn erbyn y crysau duon o Gastell-nedd. Cynhaliwyd y gêm yr union ddiwrnod â'r gêm gwpan pêl-droed yn Wembley – penderfyniad hollol wallgo. Er bod deuddeng mil o dorf yn gwylio Castell-nedd yn rhoi crasfa i ni, rwy'n cofio teimlo fod Parc yr Arfau'n swnio ac yn edrych yn eitha gwag y prynhawn hwnnw. Tipyn o siom oedd cyrraedd y rownd derfynol a chael torf fydde'n cyfateb i brynhawn Sadwrn da ar y Strade. Roedd y canlyniad yn siom ychwanegol, er bod yn rhaid cyfadde i Gastell-nedd chware'n llawer iawn gwell na ni ar y dydd. Mae gen i gof clir am Dai Parker, maswr byrgoes Castell-nedd, yn croesi am gais pert ar ôl iddo ymddangos fel petai wedi rhedeg rhwng coese Roger Davies, cefnwr Llanelli! Yn ystod y tymor, ro'n ni wedi chware deirgwaith yn erbyn Castell-nedd, ac wedi ennill bob tro, ond y cryse duon gafodd yr oruchafiaeth a'r cwpan drwy ennill o bymtheg pwynt i naw.

Lleddfwyd y siom o golli i Gastell-nedd yng nghystadleuaeth y Cwpan gan y ffaith fod Clwb Llanelli wedi cael gwahoddiad i chware chwe gêm mewn tair wythnos yn haul poeth De Affrica yr haf hwnnw. I grwt ifanc roedd y cyfle i deithio i bellteroedd byd yn antur aruthrol. Fe garwn i nodi fan hyn fy ngwerthfawrogiad i Glwb Llanelli, nid yn unig am y gefnogaeth a'r cyfle, ond am y ffordd y bydde'r clwb yn trin ein chwaraewyr. Yn ystod yr holl flynyddoedd y bues i'n gysylltiedig â'r clwb, ni fu'n rhaid i mi dalu am unrhyw daith, bach neu fawr, boed i'r Tymbl neu i Twickenham neu i Transvaal. Dwi ddim yn teimlo bod arna i ddyled i'r clwb nac i rygbi, ond mae gen i lawer i fod yn ddiolchgar amdano; yn fy ffordd fy hunan, gobeithio 'mod i wedi cyfrannu cryn dipyn i gêm y cefes lawer o bleser o'i chware. Un o'r plesere hynny oedd y daith hon, ac er bod cynnwrf gwleidyddol wedi'i gorddi a chryn brotestio yn y wasg, rhaid dweud bod fy agwedd i yn un hollol hunanol, ac ro'n i'n edrych mlân at y daith yn awchus.

Rheolwr y daith oedd Handel Greville, cadeirydd y Clwb, a'r is-reolwr a'r hyfforddwr oedd Norman Gale. Gwrthododd Carwyn deithio i Dde Affrica ar egwyddor foesol, ac rwy'n siŵr fod pob un o'r chwaraewyr yn parchu ei ddaliade, er eu bod nhw, o bosib, yn anghytuno ag e. Yn wleidyddol, ro'n i'n hollol naïf ar y pryd, a wnaeth y dadleuon ddim dylanwadu arna i un ffordd na'r llall, gan mai mynd i chware rygbi oedd fy unig ddymuniad. Ychydig wythnose cyn y daith, cefes nodyn oddi wrth Ken Jones, ysgrifennydd y clwb, yn gofyn i fi fynd i siop ddillad Hodges yn Llanelli i fesur am drowsus, *blazer* a thei, a dau grys, yn arbennig ar gyfer y daith. Dyma'r tro cynta 'rioed i fi gael triniaeth debyg i hyn. Wythnos ar ôl hynny, ar noson ymarfer, daeth dynion y siop i'r Strade ar gyfer ffitio'r dillad, ac wythnos ar ôl hynny wedyn fe ddaeth y dillad a thynnwyd llunie swyddogol o'r tîm.

Y cof cliria sy gen i am y gêm gynta oedd maint blaenwyr Eastern Province; ro'n nhw'n anferth, ac yng nghwrs y gêm fe ddes yn agosach fyth i'r blaenwyr pan aeth hi'n ymrafael cas rhyngddyn nhw a ni. Wrth i fi drio rhwystro'r ymladd, fe blannodd aelod o reng flaen Eastern Province ei ddwrn ar 'y nhrwyn i a'i dorri, er na wyddwn i hynny ar y pryd. Ennill wnaeth Llanelli y prynhawn hwnnw, ac er gwaethaf trwyn reit boenus ro'n i'n blês ar y canlyniad wrth deithio o Port Elizabeth i Utson i chware yn erbyn South Western Districts. Yno y ces fy nghyflwyno i estrys am y tro cynta. Doedd 'na ddim llawer ohonyn nhw'n crwydro Mynyddygarreg, felly rhaid oedd manteisio ar y cyfle pleserus o gael marchogaeth estrys yn Ne Affrica. Doedd profiad y blaenwr, Chris Charles, ddim mor bleserus, oherwydd pan ddringodd e ar gefn yr estrys, fe aeth hwnnw yn syth i'r llawr mewn protest yn erbyn pwyse Chris, a gwrthod symud o'r fan. O ran y rygbi, ennill fu'n hanes ni yno hefyd, ond yna colli trydedd gêm y daith yn erbyn Boland – tîm eithriadol o gryf, cyn symud mlân eto i Bloemfontein i wynebu grym yr Orange Free State. Pan aethon ni allan i'r maes i chware'r gêm honno, fe droies at Roy Bergiers a dweud, 'Duw, edrych ar faint y blaenwr 'na fan'na.' A'i ateb e oedd, 'Nage blaenwr yw e, Grav, hwnna yw 'u canolwr nhw!' – ro'n i wedi dod wyneb yn wyneb â Iochi Yansen, un o'r canolwyr mwya cyhyrog a sgwâr dwi wedi cwrdd ag e 'rioed. Rhaid dweud nad oedd yn syndod mawr i ni golli'r ornest!

Mlân â ni o Bloemfontein am y gêm olaf yn Transvaal ac, i bob pwrpas, roedd hon yn gêm brawf, a finne'n chware 'mhedwaredd gêm ar y daith. Ro'n ni wedi cyrraedd y pwynt lle nad oedd ond pedwar ar ddeg ohonon ni'n holliach a hynny i wrthwynebu tîm oedd yn cynnwys Piet Greyling, un o'r blaenasgellwyr gore i redeg ar gae rygbi 'rioed, yn 'y marn i. Oherwydd yr anafiade, bu'n rhaid i Gareth Jenkins chware er gwaethaf anaf, ac o fewn byr amser aeth yn sgarmes rhyngddo fe a Piet Greyling, a finne, fel ffŵl, yn penderfynu rhoi 'mhig i fewn i helpu Gareth . . . wel, i'w gwahanu nhw. Ond fe ddaeth Ziggy Sauermann, aelod o'u rheng flaen nhw, o rywle, a weles i mo'r ergyd o gwbwl. Fe drawodd yr ergyd fi ar ochor 'y mhen a'r unig gof sy gen i yw bod 'y nghoese i wedi ymddwyn yn union fel coese ambell i focsiwr drwy grynu oddi tana i, a theimlwn fy hunan yn suddo'n araf i'r llawr. Dyna'r unig dro 'rioed i fi deimlo 'nghoese'n troi'n jeli oddi tana i. Dyna lle'r o'n i, ar 'y mhen-glinie, yn ceisio clirio 'mhen, a'r peth nesa dwi'n gofio yw gweld Chris Charles yn llythrennol hedfan drwy'r awyr i mewn i Sauermann ac, am ychydig funude, rygbi oedd y peth diwetha ar feddylie pawb.

Colli fu hanes Llanelli yn y gêm ola honno, a cholli pob cof am weddill y prynhawn fu'n hanes inne. Roedd gen i'r pen tost mwya ofnadwy gês i 'rioed, ac oherwydd ein bod ni mor uchel uwchlaw'r môr fe ddechreuodd 'y nhrwyn i waedu yn ystod y cinio ar ôl y gêm. Delme Thomas ddaeth i'r adwy eto y noson honno, gan fy arwain i'm stafell a'm rhoi i yn 'y ngwely, tra oedd pawb arall yn ei morio hi ar y noson ola; ro'n i'n ymwybodol o'r sŵn yn y pellter, ond tyfodd Delme yn 'y ngolwg i'r noson honno gan iddo adael y rhialtwch i gyd er mwyn cadw cwmni i fi. Cyn i fi suddo i drwmgwsg ces gysur o'i eirie pan ddwedodd, 'Gfaf, os fentrith rhywun drwy'r drws 'ma heno, fe ladda i e.' Pan ddihunes bore trannoeth ro'n i'n ddyn newydd ac yn barod i wynebu'r daith 'nôl i Gymru. A thaith gofiadwy iawn fuodd hi hefyd oherwydd un digwyddiad go arbennig. Fel yr oedd yr awyren yn glanio ym maes awyr Heathrow, cyhoeddodd Handel Greville fod angen i'r chwaraewyr aros ar ôl ar yr awyren am ychydig funude. Gwyddwn yn union pam, gan fod y sibrydion wedi dechre cyn hynny fod angen ethol capten i'r clwb ar gyfer blwyddyn y canmlwyddiant '72/73. Yn ystod y siwrne hir yn ôl, cefes gyfle i ddweud wrth y bachwr, Meirion Davies, 'mod i am enwebu Delme yn gapten, a chyn i fi orffen dweud, dyma Meirion yn ateb, 'Fe wna i dy eilio di.' Felly, ar ôl i'r teithwyr eraill adael yr awyren, dyma'r cadeirydd yn galw'r chwaraewyr i drefn, ac yn gofyn am enwebiade.

Cyn iddo orffen ei frawddeg, dyma fi'n gweiddi allan 'mod i am enwebu Delme Thomas, ac ar unwaith dyma Meirion yn eilio'r cynnig. Do'n i ddim wedi sôn o gwbwl wrth Delme ei bod yn fwriad gen i i'w enwebu, gan 'mod i'n berffeth siŵr y bydde fe wedi gwrthwynebu'n ffyrnig. Ond, yn 'y ngolwg i, doedd 'na'r un dewis arall gwell i'w wneud y pryd hwnnw.

Roedd pawb yn unfrydol. Delme oedd capten newydd Llanelli. Wedi inni ddisgyn o'r awyren, dyma Delme yn dod draw ata i, 'Beth gythrel ti 'di 'neud nawr 'to, Gfaf bach?' – a chredwch neu beidio, roedd 'na fôr o ddiolch yn ei lais. Roedd 'na ddyfnder o deimlad wrth iddo roi ei fraich ar fy ysgwydd i, a'r foment honno, wnes i 'rioed deimlo mor wylaidd ac eto mor falch 'mod i wedi ei enwebu. Wedi'r cwbwl, fe fuodd ei ofal amdana i ar y daith yn rhywbeth i'w drysori, ac am ryw reswm rwy'n meddwl i'r ddau ohonon ni gael y teimlad fod 'na rywbeth mawr yn debyg o ddigwydd y tymor hwnnw ym mlwyddyn y canmlwyddiant.

Ar y rhaglen deledu *Heno* yn dathlu'r Ŵyl yng nghwmni ffrindie : Dafydd, Delme, Derek a Caryl.

6

Carwyn

Un a fu'n ddylanwad mawr arna' i – yr anghymarol Carwyn James.

Does dim angen i fi ymddiheuro fan hyn am roi sylw i'r person mwya dylanwadol yn y byd rygbi, y person ddylanwadodd fwya arna i fel unigolyn, ac a ddylanwadodd mewn sawl ffordd arall ar y byd Cymraeg a Chymreig. Y tro cynta 'rioed i fi glywed enw Carwyn James oedd gartre ar yr aelwyd, pan fydde 'Nhad yn cyfeirio ato yn yr un anadl â Cliff Morgan, ac yn gallu adrodd gyda balchder ei fod wedi chware yn erbyn Carwyn mewn gêm rhwng tîm Pontyberem a Chefneithin. Bydde'n cyfeirio'n amal at ddewiniaeth Carwyn wrth ochor-gamu, ac yn arbennig wrth ffug-basio. Lawer i dro, nid y gwrthwynebydd yn unig fydde'n cael ei dwyllo, gan y bydde ambell i ganolwr yn llythrennol yn teimlo'i hunan yn derbyn pas oddi wrth Carwyn, a chael bod Carwyn wedi mynd i gyfeiriad hollol wahanol. Roedd ei chware, yn ôl 'Nhad, yn gallu bod yn wefreiddiol ar brydie, ac roedd ganddo allu rhyfeddol i greu amser iddo'i hunan wrth roi cic adlam yn berffeth rhwng y pyst. Aeth Carwyn mlân i chware i Lanelli, a Cliff Morgan i Gaerdydd, yn yr un cyfnod yn y 1950au, ac fel ar sawl cyfnod yn y byd rygbi yng Nghymru, dyna ddechre'r hen ddadleuon brwd rhwng y gorllewin a'r dwyrain ynglŷn â phwy oedd y maswr gore. Yn ddiweddarach, fe gafwyd Barry John v David Watkins, Phil Bennett v Barry John, Gareth Davies v Phil Bennett, Malcolm Dacey v Gareth Davies, Neil

Jenkins v Arwel Thomas – ac mi fydde gwledydd eraill yn falch iawn o gael gafael ar gynllunie ffatri maswyr Max Boyce. Ond yn y 1950au, Cliff Morgan oedd dewis y 'Pump Mawr', a bu raid i Carwyn fodloni ar ddau gap yn unig gan gynnwys un fel canolwr yn erbyn Ffrainc.

Y tro cynta i fi gwrdd â Carwyn oedd ar y Strade, yn ystod 'y mlwyddyn ola yn yr ysgol, pan aeth nifer ohonon ni i ymarfer gyda'r tîm saith-bob-ochor, o dan hyfforddiant Hywel Thomas. Roedd Carwyn wedi cael gyrfa ddisglair iawn ei hunan fel chwaraewr yn y gêm saith-bob-ochr, ac wedi arwain tîm y Cymry yn Llunden i fuddugoliaeth yn Twickenham yn y Middlesex Sevens; felly, oherwydd ei ddawn, a'i fod wedi dechre fel hyfforddwr ar Glwb Llanelli, fe fydde'n troi i mewn i'r ymarfer i gynnig ei gyngor a'i brofiad. Dod i'w 'nabod yn well wedyn pan o'n i'n chware i'r tîm ieuenctid ar y Strade, a'i weld yn amal iawn ar ochor y cae ar noson ymarfer, yn taflu ei linyn mesur dros rai ohonon ni'r chwaraewyr. Teimlai ei fod yn ddyletswydd arno, fel hyfforddwr y clwb, i gadw llygad ar ddatblygiad yr ieuenctid o fewn y clwb – ac wrth edrych 'nôl at y cyfnod hwnnw, mae'n ddiddorol sylwi bod cymaint o aelode'r tîme ieuenctid wedi datblygu i fod yn enwe adnabyddus yn y tîm cynta, chwaraewyr fel Phil Bennett, Hefin Jenkins, Gareth Jenkins, David Nicholas ac eraill. Un o'r rhesyme am hyn oedd dawn Carwyn i hybu datblygiad a hyder yn y chwaraewyr, ar ôl 'nabod y deunydd crai a'r potensial ynddyn nhw.

Roedd yn gyfnod ymarfer cyn dechre'r tymor yn ystod haf 1970 pan ddes i wyneb yn wyneb â'r meistr yn iawn, dechre dod i'w 'nabod yn well, a sylweddoli, cyn pen dim, 'mod i yng nghwmni person go arbennig, person oedd yn cario'i genedligrwydd a'i genedlaetholdeb yn gyhoeddus. Dyna, yn anad dim, a'm denodd i ato, gan 'mod i erbyn hyn yn fwy ymwybodol o'm Cymreictod, a chaneuon Dafydd Iwan wedi dihuno rhywbeth yn ddwfn y tu mewn i mi. Yn gyson iawn, mi fyddwn i yn y stafell wisgo, cyn ymarfer neu cyn gêm, yn canu un o ganeuon Dafydd, ac yn sydyn, fe fydde llais tenor ysgafn Carwyn yn ymuno am linell neu ddwy o'r gytgan, dim mwy na hynny. Yn achlysurol, wrth roi ei sgwrs cyn gêm, fe fydde'n cyfeirio at 'y nghanu i, mewn ffordd ddireidus, ysgafn, yn amal iawn yn ychwanegu brawddeg neu ddwy ar ôl y gân fydde'n ddatganiad pendant o'i safbwynt personol e. Fel y dwedes i eisoes, wnaeth e 'rioed ymgais i guddio'i genedlaetholdeb; yn wir, fe aeth yn llawer pellach na hynny pan gytunodd i gael ei enwebu fel ymgeisydd Plaid Cymru yn yr Etholiad Cyffredinol – yn Llanelli, o bob man, crud sosialaeth. Ymhlith ei wrthwynebwyr oedd Denzil Davies, un a fu'n ddisgybl yn y *Gram* yng Nghaerfyrddin pan oedd Carwyn yn athro yno, ond yn fwy perthnasol yn wleidyddol, un a oedd wedi ennill mwyafrif o dair mil ar hugain yn yr etholiad blaenorol. O feddwl 'nôl, rwy'n siŵr na fydde gan Carwyn unrhyw ddyhead o gwbwl i gynrychioli etholaeth yn San Steffan, gan nad oedd yn wleidydd proffesiynol o gwbwl. Cymreictod emosiynol, diwylliannol oedd sbardun Carwyn, ac yn dawel bach, ei obaith mawr yn etholaeth Llanelli oedd chwifio'r ddraig yn uwch nag erioed o'r blaen, a sicrhau bod pobol yn ymwybodol o Blaid Cymru fel plaid wleidyddol realistig. Hyd yn oed yn ei gyfweliad am swydd hyfforddwr y Llewod i Seland Newydd, fedre Carwyn ddim osgoi pwysleisio'r ffaith mai Cymro oedd e, ei fod yn bwriadu sefyll lecsiwn, a'i fod yn barod i dderbyn *bets* gan y panel o ddewiswyr ar ganlyniad yr etholiad. Roedd 'na haenen drwchus o hiwmor yn perthyn i'r gŵr o Gefneithin.

Rhai o hoelion wyth Plaid Cymru yn y 1970au – Gwynfor a'r tri Dafydd (Iwan, Êl a Wigley).

Ar ôl un gêm ar y Strade, fe ddaeth Carwyn mlân ato'i ac awgrymu falle y dylwn i ddod i Gaerfyrddin y nos Sul ganlynol; roedd Plaid Cymru yn cynnal noson fawr yn hen sinema'r Lyric, gyda sêr y cyfnod, fel Tony ac Aloma, yn diddanu a Gwynfor Evans yn llywyddu. Dyna'r cyngerdd neu gyfarfod cyhoeddus cynta i mi 'rioed ei fynychu, a chael canu'r anthem ar ddiwedd y noson. Sôn wrth Carwyn yn yr ymarfer y nos Lun ganlynol, a hwnnw'n eitha blin na wnes i ddweud wrtho 'mod i yno, gan y bydde fe wedi 'ngwahodd i i'r llwyfan i sefyll gyda'r cawr a gipiodd etholaeth Caerfyrddin i ennill y sedd gynta 'rioed i'r Blaid yn San Steffan. Roedd y ffaith i Carwyn ddweud hynny yn dipyn o sioc i fi, a dweud y lleia, ond ar y pryd, fe ychwanegodd fwy o wrtaith i'r hade cenedlaetholdeb oedd eisoes wedi'u plannu yn fy isymwybod. Roedd y digwyddiade hyn i gyd gyda'i gilydd yn tynnu'r ddau ohonon ni'n nes at ein gilydd, er bod y ddau ohonon ni o genhedlaeth wahanol i'n gilydd.

Y sylwebydd a'r darlledwr David Parry Jones yn holi dau a fu'n gwbl dyngedfennol ym muddugoliaeth Llanelli yn erbyn y Crysau Duon yn 1972 – Delme a Carwyn.

O safbwynt rygbi, roedd Carwyn yn cael ei ddenu lawer mwy gan yr athrylith mewn chwaraewr, yr elfen gelfyddydol falle, ac yn ymateb yn haws o lawer i chware bois fel Barry John, J. J. Williams, Gerald Davies a Phil Bennett, nag i ryw foi oedd yn cael mwy o bleser drwy daclo a hyrddio'i hunan o gwmpas y cae. Roedd yn berson a fydde'n cael mwynhad wrth wylio'r *prima donna* yn hytrach na'r corws; eto i gyd, roedd ei allu ymenyddiol yn nherme rygbi yn ddigon eangfrydig i sylweddoli bod i'r corws y pwysigrwydd mwya er mwyn galluogi'r 'sêr' i gyflawni eu gorchestion hwythe. I radde, roedd Carwyn yn medru edrych ar dîm rygbi mewn terme celfyddydol: er bod y llifoleuade gan amlaf ar y dawnswyr bale, yr olwyr, ni fydde'r rhain yn neb heb ymroddiad y *rank and file*. Cryfder Carwyn oedd cael y *rank and file* i chware mor dda, fel bod hynny'n sicrhau'r llwyfan iawn i'r prif berfformwyr. Roedd yn ŵr sensitif, dwfn a alle werthfawrogi pwysigrwydd pob safle, ac ar ben hyn i gyd, roedd ganddo'r pŵer ychwanegol i ddelio â phob un, ar y cae neu oddi arno, fel unigolyn.

Rhinwedd fwya Carwyn oedd ei ddawn brin o fedru siarad â phawb, o brif weinidogion i byblicanod a phechaduried, a gwneud i bawb deimlo'n gyfforddus yn ei gwmni. Dôi'r ddawn yma i'r amlwg bob tro y bydden ni naill ai ar daith neu'n chware oddi cartre, oherwydd ble bynnag yr oedd Carwyn, roedd ganddo gynulleidfa. Ac ar ôl taith y Llewod yn 1971, yn naturiol ddigon, tyfodd ei gynulleidfa. Eto i gyd, fe deimlwn yn amal ei fod yn berson unig – wastad mewn cwmnïaeth ond eto yn ddigwmni, yn llawn hiwmor ond eto yn drist ac yn llawn cymhlethdode. Mi fydde wrth ei fodd yn dadansoddi perfformiad y tîm ar ôl gêm, ac roedd y dadansoddiad hwnnw mor gelfydd ag y bydde ei ddadansoddiad o ddarn o lenyddiaeth, neu ei ymateb i Gyfansoddiade'r Eisteddfod. Roedd ei driniaeth a'i ddadansoddiad o unigolion yn agoriad llygad, ac mi fydde, o fewn byr amser i gwrdd â rhywun, wedi gweithio allan yn union ffordd i drin y person hwnnw. Wnaeth e 'rioed weiddi yn siarp arna i ar y cae, a phan fyddwn i'n gadael y bêl o 'nwylo, neu yn gwneud cawl o bethe, fe ddôi geirie'r tenor ar draws y cae – 'hanner cant o *press-ups*, Gravell' – a dim mwy na hynny. Gydag eraill, fe fydde'n fwy bachog a brathog ei dafod, ac wrth gwrs, fe fydde'r driniaeth yn berffeth ar gyfer tynnu'r gore o'r chwaraewyr ar bob cynnig. Ychydig cyn y gic gynta, fe ddôi Carwyn i'r stafell wisgo, yn enwedig cyn y geme pwysig, ac yn eu tro, fe fydde pob chwaraewr yn derbyn cyngor ganddo, mewn ffordd breifat-gyhoeddus, i'r gradde bod pob chwaraewr yn ymwybodol mai cyngor i'r unigolyn oedd yn cael ei gynnig ganddo, ac yna cloi'r cyfan yn yr eiliade ola bob tro gyda'r geirie, 'Dechreuwch feddwl am y gêm, bois bach, gêm i'r meddwl yw hi yn gymaint â'r corff.'

Mae ffydd mewn person yn rhywbeth sy'n amhosib ei fesur, ond fe fyddwn i'n dweud bod pob un o'r chwaraewyr ar y Strade – ac ar ôl sgwrsio gyda rhai o Lewod '71, roedd yr un peth yn wir amdanyn nhw – yn barod i wneud unrhyw beth a ofynnai Carwyn iddyn nhw. 'Tase Carwyn yn dweud wrtho' i am hedfan o un ochor i'r cae i'r llall, fe fyddwn i'n argyhoeddedig bod hynny yn rhywbeth posib i'w wneud. Roedd pob un ohonon ni'n credu'n llwyr yn yr hyn oedd ganddo i'w ddweud, ac ar ôl iddo gyflawni'r hyn a wnaeth e gyda'r Llewod, roedd hyn yn fwy gwir fyth. Er hynny i gyd, cig a gwaed ac esgyrn oedd y dyn, a phan fydden ni'n cymdeithasu ar ôl y gêm, ac yn cael peint neu ddau, cyn diwedd y nos, fe fydde Carwyn yn siŵr o adael i'w lais tenor godi uwchlaw'r mwg, a'i morio hi gyda'r unig gân glywes i e 'rioed yn ei chanu – 'Myfanwy'. Ac fe fydde fe'n mynd drwy'r gân i gyd a'i ddwy lygad yn dynn ar gau, wedi cau popeth arall allan o'i fyd bach ei hunan. Ar y cae, fodd bynnag, y fe oedd y meistr, y fe oedd Gamaliel i ni, ac roedd ganddo'r ddawn o allu 'nabod gwendide chwaraewr ar y cae. O fewn wythnos neu ddwy i mi ddechre chware gyda thîm Llanelli, dyma fe'n troi ato' i ar ddiwedd un sesiwn ymarfer, wrth ein bod ni'n gadael y cae:

'Ray, beth o'r gloch wyt ti'n gorffen gwaith nos yfory?'

'Hanner awr wedi pedwar.'

'Reit, fe fydda i fan hyn i gwrdd â ti am bump o'r gloch i ga'l ymarfer pasio.'

Dala'r bêl mewn dwy law er mwyn creu amheuaeth.

Nid gofyn a allwn i fod yn y Strade erbyn pump o'r gloch, ond datganiad o fwriad – ac, wrth gwrs, mi fyddwn i yno erbyn pump, a 'nillad rygbi yn fy llaw. Ac yna treulio tri chwarter awr, gyda chymorth ambell i aelod o'r tîm ieuenctid, yn 'y ngael i i basio i'r chwith ac i'r dde, dro ar ôl tro. Ac fe aeth yr ymarfer arbenigol hyn mlân am wythnose lawer – fe gymerodd Carwyn yr amser a'r diddordeb i dreulio orie yn gwella 'ngêm i'n bersonol, ac mae 'niolch i'n fawr i'r gwron am ei gefnogaeth a'i anogaeth.

Fe fuodd Carwyn yn gyfrwng llu o newidiade gweinyddol o fewn Clwb Rygbi Llanelli, a'r newidiade hynny bob tro er lles y chwaraewyr. Roedd ganddo athroniaeth elfennol ynglŷn â hynny; os oedd torf yn talu am gael gweld y chwaraewyr, y chwaraewyr eu hunen oedd yr elfen bwysig, ac o'r herwydd rhaid oedd eu trin gyda pharch. Yr hen arfer, pan oedd Llanelli yn chware un o dîme

Llunden, oedd i'r tîm adael Llanelli ar fws yn gynnar ar fore Sadwrn, a chyn cyrraedd Llunden, stopio i gael brechdane neu fyrbryd o ryw fath. Oherwydd dylanwad Carwyn, newidiwyd y drefn – fe fydde'r tîm yn gadael ar y bws brynhawn Gwener, yn aros mewn gwesty yn Llunden ar y nos Wener ac yn cael pryd o fwyd a chyfle i ymlacio ar y bore Sadwrn cyn y gêm. Yn amal, bydde cyfle iddyn nhw aros yno hefyd ar y nos Sadwrn. Os bydde galwade arbennig am sesiyne ymarfer ychwanegol, lle nad oedd yn bosib gadael cyn bore Sadwrn, fydde ddim rhaid wynebu orie o deithio mewn bws – fe fydden ni'n teithio ar y trên, a bws yn ein disgwyl yng ngorsaf Paddington. Roedd statws bellach i'r chwaraewr o fewn y clwb, ac roedd pob aelod o'r garfan yn gwerthfawrogi'r hyn a wnaeth Carwyn i wneud y cyfan yn fwy o bleser fyth.

Daeth hefyd newid sylfaenol i'r patrwm o ddewis y tîm – nid rhyw bwyllgor-dewis dethol fydde'n gwneud y gwaith bellach: fe oedd yr hyfforddwr, ac o'r herwydd, ganddo fe roedd y llais cryfa. Bu pwyllgor y clwb yn ddigon doeth i roi'r rhyddid hwnnw iddo, ac wrth gwrs, fe brofwyd Carwyn yn iawn: nid oes ond eisie i rywun edrych ar y canlyniade yn y 1970au cynnar, gyda'r tîm yn cyrraedd rownd derfynol Cwpan Cymru bump o weithie, i weld un enghraifft yn unig o gysondeb safon o fewn y clwb.

Wedi'r llwyddiant digamsyniol yn Seland Newydd, ac ar y Strade, rwy'n gwybod i sicrwydd mai'r un dyhead arall oedd gan Carwyn oedd cael y cyfle i hyfforddi'r tîm cenedlaethol – a hynny, wrth gwrs, ar yr un amode. Yn anffodus, doedd gweinyddwyr y gêm yng Nghymru y pryd hwnnw ddim yn barod i blygu rheole a chyfansoddiad Undeb Rygbi Cymru, ac felly ni chafodd ei gais am y swydd hyfforddwr mo'i ystyried gan ei fod yn 'anghyfansoddiadol', yng ngolwg geidwadol yr *alickadoos*. Gwydde ynte'n iawn mai dyna fydde'u hymateb, ond gwydde ar yr un pryd mai dyna'r unig ffordd y galle fe weithredu fel hyfforddwr; ar lefel ryngwladol, collodd Undeb Rygbi Cymru y cyfle euraid hwn i dorri cwys newydd. Fe fuodd y cwbwl yn gryn siom i Carwyn, ond mi gafodd y cyfle wedyn, ar ôl cyfnod yn ddarlithydd yng Ngholeg y Drindod, i ddadansoddi'r gêm fel newyddiadurwr. Er ei hoffter o eirie, mae gen i ryw deimlad mai penyd oedd y broses o sgrifennu i Carwyn, a bod y syniad o dorri geirie ar bapur yr un mor boenus â thynnu gwaed. Gŵr llafar oedd e, ac mae'r cyfrynge yn dlotach o lawer heb ei sylwade adeiladol, cryno. Roedd ganddo'r gallu rhyfeddol i asesu sefyllfa o fewn gêm yn sydyn, ac o'r herwydd roedd yn llwyddo i greu dimensiwn na welwyd mohono gynt nac wedyn mewn sylwebaeth Gymraeg na Saesneg. Rwy'n fwy ymwybodol o'r grefft honno nawr, gan 'mod i'n ddigon ffodus i fod yn gweithio ar y cyfrynge, ond fydd gen i fyth mo'r weledigaeth na'r ddawn lafar a berthyne i Carwyn.

Yn ystod 1972, roedd y paratoi mawr ar gyfer dyfodiad y Cryse Duon wedi hen ddechre. Ei brif nod oedd sicrhau buddugoliaeth i Lanelli yn erbyn grym y tîm gore yn y byd. Profodd yn 1971 ei fod yn bosib tynnu caere'r cedyrn i'r llawr, ond gwnaeth hynny gyda'r casgliad mwya o ddonie creadigol a welodd rygbi ym Mhrydain erioed. Aeth ati 'nawr i wynebu sialens fwy o lawer, drwy gyflawni'r un gamp yn union gyda thîm clwb mewn tref gymharol fach yng ngorllewin Cymru. Dyma gyfnod pryd yr amlygwyd y ffydd oedd gan y chwaraewyr ynddo, oherwydd o'r dechre fe'n perswadiodd ni fod ganddon ni'r gallu i ennill, ac yna fe blannodd ym mhob un ohonon ni y syniad ein bod ni'n *mynd* i ennill. Wedi'r cwbwl, roedd eisoes record go arbennig gan Glwb Llanelli yn erbyn tîme tramor dros y blynyddoedd, ond yn Hydref 1972 fe fydde'r mynydd ucha ohonyn nhw i gyd yn aros am gael ei goncro. Ac wrth gwrs, arf pwysica Clwb Llanelli oedd ei hyfforddwr – hyfforddwr a oedd eisoes wedi profi, flwyddyn a hanner ynghynt, bod y Cryse Duon yn ddynol. Roedd y misoedd ar ôl i'r tîm gyrraedd 'nôl o Dde Affrica yn rhai llawn cyffro, a, heb amheuaeth ar un olwg, yr un gêm hon ym mis Hydref oedd yr unig gêm o bwys drwy'r tymor i gyd. Roedd y cyfle i ddathlu canmlwyddiant y clwb gyda buddugoliaeth yn erbyn y Cryse Duon yn rhywbeth i edrych mlân ato o dan arweiniad Delme Thomas.

Ni alle Carwyn fod yn hyfforddwr ar unrhyw glwb arall. Onid ar y Strade y dechreuodd ei yrfa dosbarth cyntaf, pan oedd yn dal yn ysgol y Gwendraeth? Ac onid ar y Strade y gorffennodd ei rygbi ar ôl mynd ar daith hanesyddol iawn gyda'r clwb, i chware ym Moscow yng Ngŵyl Geme Ieuenctid y Byd yn 1957? Fel hyfforddwr, fe deimle'r rheidrwydd i ddefnyddio pêl ar gyfer pob ymarfer, ac fe gafodd yr athroniaeth honno ei chadarnhau allan yn Seland Newydd yn 1971, pan ddywedodd Mike Gibson amdano: 'Credai Carwyn fod yn rhaid wrth bêl i sicrhau gallu i ymdrin â phêl . . . Gwnâi i ni ymarfer yn galed, ond mynnai fod pêl gennym bob tro, a'r amla fydden ni'n chware gyda phêl, y mwya y bydde'r bêl yn tyfu yn ymestyniad o'n breichie.' Dyma'r athroniaeth a sicrhaodd 'mod i wedi dod yn basiwr derbyniol, a dyma'r athroniaeth a sicrhaodd y tymhore mwya cynhyrfus ar y Strade ar ddechre'r 1970au.

Nid dim ond chwaraewyr Llanelli oedd o'r farn ei fod e'n feistr ar y gêm. Jyst gofynnwch i garfan y Llewod mas yn Seland Newydd yn 1971!

Llun sy'n adrodd cyfrolau. Delme yn ei seithfed ne!

7

9 – 3

Fel yr agosâi tymor 1972/73, roedd llyged pawb wedi'u hoelio ar ddiwrnod ola mis Hydref, gan mai dyna'r prynhawn Mawrth pan fydde tîm y Sosban yn wynebu grym y Cryse Duon.

Yn ystod Medi a dechre Hydref, fe ymddangoses gryn ddeg o weithie ar yr asgell, gydag ambell gêm yn y canol. Mae'n rhaid 'mod i wedi creu argraff ar rywun yn rhywle, gan i mi gael 'y newis i gynrychioli tîm B Cymru ar yr asgell ym mis Hydref (ddeg diwrnod cyn y gêm fawr ar y Strade) mewn gêm yn erbyn Ffrainc ar Barc yr Arfau. Dyma'r cyflwyniad cynta a ges i i'r blaenasgellwr tanllyd, Jean Pierre Rives. Y prynhawn hwnnw, fodd bynnag, y ni oedd y meistri, ac fe lwyddwyd i dorri crib y ceiliog Ffrengig yn gymharol hawdd. Wnes i ddim rhoi'r byd ar dân, ond mi lwyddes i chware fy rhan.

Yn dilyn llwyddiant Llewod '71, penderfynodd Ray 'Chico' Hopkins ymuno â ni, a gwnaeth Tommy David o Bontypridd a J.J. Williams o Ben-y-bont yr un penderfyniad. Fe greodd hyn garfan gryfach fyth, a'r cyfan o dan arweiniad brwd y cawr addfwyn, Delme Thomas. Bellach, roedd tri asgellwr ar y Strade – Andy Hill, JJ a minne; yn y canol roedd Roy Bergiers a Bernard Thomas; dyma finne'n dechre poeni eto am fy lle yn y tîm. Onid canolwr o'n i wedi'r cwbwl? Er i Carwyn ddweud droeon bod yn rhaid wrth asgellwr cadarn i wynebu Bryan Williams o dîm Seland Newydd, cyndyn iawn o'n i i ystyried fy hun yn asgellwr – er y byddwn wedi bod yn barod i chware fel bachwr 'tase hi'n fater o raid! Ta beth, yn ystod wythnose ola mis Medi, fe gafodd Bernard Thomas anaf i'w ben-glin, ac o dipyn i beth, fe orfodwyd y dewiswyr i'm chware i yn bartner i Roy yn y canol – a Roy eisoes wedi cynrychioli Cymru y tymor cynt. Gwnaeth yr anffawd i Bernard fy sicrhau yn awr y cawn i fy newis i'r tîm, ac fe ddechreuodd Roy a finne bartneriaeth a fu'n effeithiol iawn, tan i Roy dorri'i goes, a chwtogi'i yrfa'n gynnar iawn. Dechreuodd yr ymarfer a'r hyfforddi gynyddu yn raddol, ac roedd y cyfan wedi'i anelu at ddiwrnod ola Hydref. Ar nos Lun, fydden ni ddim mwyach yn rhedeg ar hyd hewlydd a thwyni tywod; yn hytrach, fe fydde Carwyn a Norman wedi trefnu i un o dîme'r gorllewin ddod i'r Strade, ac fe fydden ni'n wynebu Cydweli, y Tymbl, Sêr y Doc Newydd ac yn y blaen. Norman fydde â'r cyfrifoldeb penodol am y blaenwyr, a Carwyn gyda ni'r cefnwyr. Ar y nos Fercher, gan amla, bydde gêm swyddogol, ac felly hefyd ar brynhawn Sadwrn. Gyda'r pwyse ymarfer, fe fuodd Carwyn yn ddoeth iawn i wahodd hyfforddwyr profiadol eraill i gymryd sesiyne ar y Strade er mwyn gwneud yr ymarfer yn wahanol ac yn ffres bob tro. Daeth Ray Williams, a oedd yn drefnydd hyfforddi Undeb Rygbi Cymru; fe ddaeth Ieuan Evans hefyd yn ôl, gan ei fod e'n un a fuodd ar y Strade cyn dyddie Carwyn. Rhan o seicoleg Carwyn oedd y newidiade yma i gyd, ac yn sicr ro'n nhw'n effeithiol i'n cadw ni ar flaene ein traed fel carfan, gyda chryfdere'r gwahanol hyfforddwyr yn cael y dylanwad gore posib arnon ni chwaraewyr. Ry'n ni wedi clywed beirniadu ar hyfforddi yn gyffredinol dros y blynyddoedd, ond yn 'y marn i, pan fydd clwb yn ddigon ffodus i gael hyfforddwyr sy'n meddu ar athroniaeth iach, does dim gwella ar hynny, ac yn ddiamheuol, fe brofwyd hyn ar y Strade yn y 1970au cynnar.

Wythnos cyn y gêm, a Carwyn bellach yn ddarlithydd yng Ngholeg y Drindod, Caerfyrddin, cyfarfu'r dewiswyr, Carwyn, Norman, Delme a'r cadeirydd, Handel Greville, dros ginio yng ngwesty'r Llwyn Iorwg yng Nghaerfyrddin, a chyhoeddwyd tîm y Sgarlad: Roger Davies, J.J. Williams, Roy Bergiers, Ray Gravell, Andy Hill, Phil Bennett, Ray Hopkins, Barry Llewelyn, Roy Thomas, Tony Crocker, Delme Thomas (capten), Derek Quinnell, Tom David, Hefin Jenkins a Gareth Jenkins. Yr unig syndod neu siom yn eu dewis oedd fod ein mewnwr rheolaidd ni, Selwyn Williams, wedi methu ennill ei le, gan i Ray 'Chico' Hopkins ymuno â'r garfan. Ond fuodd 'na 'rioed well aelod o glwb na Sel bach, ac er ei fod e wedi teimlo'r siom, fuodd dim pall ar ei ymroddiad na'i frwdfrydedd fel aelod o'r garfan. Ymhell ar ôl i 'Chico' adael am borfeydd brasach y rygbi proffesiynol, daliodd Sel yn gyfrannwr medrus i'r clwb, ac fe ddaeth yn dipyn o ffefryn gan y dorf ar y Strade. Y Sadwrn cyn y gêm fawr ces brawf arall o drylwyredd Carwyn fel hyfforddwr. Galwyd y tîm a'r eilyddion i'r Strade yn gynnar y bore hwnnw, ac yno roedd bws yn ein haros i'n cario i Gaerloyw i wylio'r Cryse Duon yn eu gêm gynta o'r daith yn erbyn tîm siroedd gorllewin Lloegr. O berson na feddai ar allu trefniadau personol o gwbwl, bydde Carwyn yn hawlio trefniadaeth berffeth ar gyfer ei chwaraewyr bob amser – roedd cinio wedi'i baratoi ar ein cyfer mewn gwesty, ac yna cyfle i wylio'r gêm. Finne yn cael cyfle i weld y cewri o ben pella'r byd am y tro cynta ers i 'Nhad fy arwain i'r Strade 'nôl yn 1963. Bryd hynny, ymddangose'r chwaraewyr yn anferth i lyged plentyn, ond yng Nghaerloyw y prynhawn Sadwrn hwnnw – er iddyn nhw ennill eu gêm yn gymharol hawdd ac arddangos eu sgilie yn ddeuheuig – fe sylweddoles i mai meidrolion oedden nhw bob un, a'i *bod* yn bosib eu trechu. Yn y bws ar y ffordd 'nôl ar hyd arfordir de Cymru, cafwyd dadansoddiad manwl a threiddgar o'r gêm gan yr athrylith Jâms. O edrych yn ôl o bellter y presennol, fel petai, fe fyddwn i'n barod i ddweud mai'r trip i orllewin Lloegr y prynhawn hwnnw oedd y cam seicolegol pwysica iddo fe i gymryd yn ystod y paratoi i gyd. Yn ystod y siwrne adre, llwyddodd Carwyn, nid i amlygu cryfdere'r gwahanol chwaraewyr, ond i roi ei chwyddwydr ar wendide'r prif chwaraewyr. Erbyn i ni gyrraedd 'nôl i gysgod yr eisteddle ar Barc y Strade, roedd pob un ohonon ni'n ffyddiog – nid y *gallen* ni guro'r ymwelwyr, ond y *bydden* ni'n cyflawni'r gamp honno. Roedd hyn eto yn enghraifft o'r ddawn unigryw honno oedd gan Carwyn i greu ymdeimlad o berthyn ym mhob un ohonon ni, i fod â ffydd yn ein gilydd ar y cae, ac i gredu yn yr hyn a bregethe fe wrthon ni.

Roedd tre Llanelli a phob un o'r pentrefi drwy Ddyfed i gyd yn ferw o sôn a thrafod am y gêm, ac wrth gwrs, eu diddordeb yn cael ei fwydo gan y wasg – a phob darllenydd yn llyncu pob un ffaith am yr ymwelwyr! Roedd hynny yr un mor wir amdana inne hefyd, oherwydd pan gyhoeddodd y *Western Mail* lunie'r ymwelwyr, dyna fi'n bwrw ati i edrych yn fanwl ar daldra a phwyse fy ngwrthwynebydd. Fel arfer, os bydde 'ngwrthwynebydd i'n sylweddol o ran maint, byddwn inne'n dechre poeni. Ond gydag amser mi ddes i sylweddoli nad oedd diben rhoi gormod o goel ar rai o'r ffeithie a gyhoeddid yn y wasg – bydde ambell i chwaraewr yn dipyn llai na'r disgwyl pan ymddangose fe ar y cae! Gwyddwn, serch hynny, y bydde gêm galed o mlân i yn erbyn Seland Newydd, ac wrth weld cyhoeddi'r tîm hwnnw, sylweddoles fod ganddyn nhw dîm cadarn a pheryglus. Y tîm a ddewiswyd ganddyn nhw oedd: Joe Karam, Bryan Williams, Bruce Robertson, Mark Sayers, Duncan Hale, Bob Burgess, Lyn Colling, Keith Murdoch, Ron Urlich, Graham Whiting, Andy Haden, Peter Whiting, Alistair Scown, Alan Sutherland ac Ian Kirkpatrick yn gapten.

Mi ês i'r gwaith fel arfer ar y bore Llun, ac yno eto roedd y cyfan yn ferw o edrych mlân at yr yfory cynhyrfus. Yr un peth yn y siope ac ar y stryd – yr holi a'r chwilio am docyn, y dyfalu a'r darogan, a'r bwrlwm hwnnw'n lledu drwy'r gymdogaeth i gyd. Doedd 'na ddim dianc rhagddo, roedd y cyfan yn fara menyn, yn bob pryd bwyd, yn awyr i'w hanadlu, yn gwsg i'w gysgu. O edrych 'nôl ar 'y ngyrfa, mae 'na dair gêm sy'n sefyll yn glir yn y cof – fy nghap cynta dros Gymru, fy ail gap (am 'mod i'n cael chware ar Barc yr Arfau), a'r gêm hon ar Hydref 31, 1972. Tan yr wythnos honno, wnes i 'rioed brofi dim byd tebyg i'r awyrgylch drydanol, ddisgwylgar. I gyw o chwaraewr, roedd y cwbwl y tu hwnt i 'nirnadaeth i, oherwydd fel yr âi pob awr heibio, roedd y tensiwn yn cynyddu, a 'mol i'n troi a throi.

Un o'r brif bwyntie trafod yn ystod yr orie ola hynny, wrth gwrs, oedd bod tîm Seland Newydd yn dod 'nôl i Lanelli i gael rhyw fath ar *revenge* am i'r Llewod gipio'r gyfres yn 1971. Roedd llwyddiant y Llewod wedi dod yn gyfystyr â'r enw Carwyn James, a chan mai ef oedd hyfforddwr Llanelli hefyd, dyma gyfle i geisio talu'r pwyth yn ôl drwy roi cosfa i'w glwb. Roedd y teimlad hwn ym meddwl pobol (ond wnes i 'rioed ddarganfod a oedd y Cryse Duon eu hunen yn teimlo hynny!) ac o'r herwydd yn ychwanegu at y 'disgwyl'. Ymateb y chwaraewyr i hyn oedd ei dderbyn fel symbyliad ychwanegol i'n sbarduno ni mlân – os oedd angen mwy o sbardun arnon ni. Mae 'na un peth y mae'n rhaid ei gyfadde am gefnogwyr Llanelli, does 'na neb sy'n fwy unllygeidiog na nhw, ac yn gyffredinol, fe fyddan nhw'n disgwyl i'r clwb fod yn fuddugol yn ddi-ffael ar y Strade. Pan *na* ddigwyddith hynny . . . wel, does 'na ddim problem i ddod o hyd i'r 'rheswm', boed hwnnw'n ddyfarnwr dall, neu'n gorwynt yn chwythu i gyfeiriad y tîm yn ystod y ddwy hanner. Ar ôl dweud hynny, mae'r cefnogwyr yn gwerthfawrogi chware dawnus, cyffrous gan unrhyw dîm, ac maen nhw wedi dangos hynny dro ar ôl tro. Ac ar yr achlysur hwn, fel ar bob achlysur arall, felly, roedd y cefnogwyr pybyr yn grediniol bod y Sosban yn mynd i ennill ar y prynhawn Mawrth, a chyda'r tîm yn un a fydde'n cymharu'n ffafriol ag unrhyw dîm clwb drwy'r byd, roedd ffydd y cefnogwyr yn cael ei chryfhau. Ychwanegwch i'r stori enw Carwyn James fel hyfforddwr, ac mae ganddoch chi'r hanfodion i greu stori dylwyth teg o'r iawn ryw ac i osod Dafydd a Goliath yr ugeinfed ganrif yn dwt ym mhridd y Strade.

Gwawriodd y bore Mawrth, ac fe ymgasglodd y chwaraewyr i gyd ym Mharc y Strade erbyn hanner awr wedi deg. Roedd pob un yn ei fyd bach ei hunan wrth ymlwybro ar fws Eynons Trimsaran oedd yn aros amdanon ni wrth ddrws y stafelloedd gwisgo, a ninne wedi rhoi ein bagie ar y pegie arferol. Y bws yn ein cario wedyn tua'r gorllewin, allan o Lanelli, ac i gyfeiriad y Pwll, gan anelu am westy'r Ashburnham gerllaw'r cwrs golff enwog. Ar y prif fwrdd roedd y gwahoddedigion a'r capten, Delme Thomas – a wna i fyth anghofio'i ginio ynte. Rwy'n gweld y gweinwr nawr yn cario gwydr ato fe, a hwnnw'n llawn o sieri, ac yna'n torri dau wŷ i'r gwydr – a dyna'i ginio, dim-yw-dim arall. Fe wnaeth hyn f'atgoffa i o'r adeg pan fydde 'Nhad yn 'y ngorfodi i i lyncu wy wedi'i dorri i wydried o laeth, a'r teimlad o'r wy amrwd yn llithro i lawr 'y ngwddw yn dal i wneud i fi deimlo'n sâl. Ond dyna fe, mae'n amlwg fod gan Delme ffydd yn y gymysgfa erchyll 'na.

Yn ystod y cinio ei hunan, cafwyd gair neu ddau gan Ray Williams o Undeb Rygbi Cymru, felly hefyd gan y llywydd ac un neu ddau arall, gan orffen gyda gair gan Carwyn ei hunan. Un o'i frawddegau oedd: 'Os curwch chi'r *All Blacks* heddi, fe ddowch chi yn dduwie yn y dre 'ma. Fe fyddan nhw'n cofio amdanoch chi ymhen canrif. Wedi'r cwbwl, dim ond 15 fyddan nhw, byddwn ni'n 25,000!' Chafodd Delme ddim cyfle i siarad – ac rwy'n siŵr yn 'y meddwl fod hyn eto yn weithred fwriadol ar ran Carwyn. Roedd am gadw geirie Delme 'nôl tan y funud ola yn y stafell wisgo, gan mai Delme yn unig fydde'n cael siarad yn y fan honno.

Yn dilyn y cinio, fe gawson ni fel chwaraewyr ac eilyddion ein harwain i stafell ar wahân, ac yn y fan honno y cawson ni ein darlith ola gan Carwyn. Manylodd ar bob safle; dechre gyda'r cefnwr, Roger Davies, a rhoi siars iddo ynglŷn â delio â'r cicie uchel; y ddau asgellwr yn cael gorchymyn i redeg a chwrso ar ôl pob pêl, i roi'r ymwelwyr o dan bwyse ar bob achlysur; gorchymyn i Roy a finne yn y canol daclo a thaclo ac, os oedd angen, mwy o daclo, gyda'r awgrym ychwanegol 'mod i i atgoffa canolwyr Seland Newydd fod 'na rywun caletach na nhw ar y cae; Phil a 'Chico' yn cael gorchymyn i gicio'n llydan iawn pan ddôi'r cyfle er mwyn gorfodi cefnwr y Cryse Duon i droi a rhedeg, a'i droi tu chwith allan os oedd hynny'n bosib; atgoffa pob aelod o'r blaenwyr am ei gyfrifoldeb unigol, cyn annog pob un ohonyn nhw i fod ar dân o'r gic gynta hyd at y chwibaniad olaf; ac annog y rheng ôl i redeg a thaclo a sicrhau yr ail feddiant a fydde'n caniatáu i'r olwyr ddefnyddio'r bêl yn effeithiol. Roedd yn rhaid cwrdd haearn â haearn. Dyna'r theori bob tro, ond yn amal iawn nid yw'r theori a'r ymarferol yn cyd-dynnu.

Gyda geirie Carwyn yn ein clustie, fe adawyd y gwesty, a dechre'r daith 'nôl am y Strade. Awr a hanner oedd i fynd cyn y gêm. Cyrhaeddes y bws, ac eistedd yn y sedd flaen; fy meddwl ymhell, a 'nhu mewn yn corddi. Pan gyrhaeddodd Delme, eisteddodd wrth fy ochor – mae'n amlwg bod y capten wedi gweld ofn neu banic neu rywbeth yn fy wyneb. Yr eiliad nesa, roedd ei fraich am fy ysgwydd i'n dadol, yn dweud, 'Paid â worrian dim bygyr ôl, Gfaf bach – ma' popeth yn mynd i fod yn iawn, boi.' Roedd 'na rai cefnogwyr o gwmpas yr Ashburnham, ond pan ddechreuon ni'r siwrne, roedd dwy ochor yr hewl yn llawn o bobol yn cerdded i gyfeiriad y cae, yn fôr o wyn a choch, pawb yn chwifio sgarff neu faneri wrth i'r bws fynd heibio. Roedd yn brofiad i'w drysori. Dyna'r tro cynta a'r tro ola i mi weld cymaint o gefnogwyr yn cerdded o gyfeiriad Pen-bre a'r Pwll i gêm yn y Strade. Ro'n i yng nghanol rhywbeth go arbennig fan hyn – dyna'r unig beth a âi drwy 'meddwl i; oedd hi'n bosib fod hon yn rhywbeth mwy na gêm? Gallwn ddychmygu nawr sut roedd rhai o filwyr y Canol Oesoedd yn teimlo wrth fynd i'r frwydr. Mae'n rhaid cydnabod bod y gwaed yn cyflymu yn y gwythienne, hyd yn oed nawr wrth gofio 'nôl i'r eiliade hynny. Troi i mewn wedyn i'r hewl sy'n arwain at y ddwy gât goch – a'r hewl yn ddu gan gefnogwyr yn gwisgo hetie coch a gwyn ac yn y blân. Disgyn o'r bws, ac anelu yn syth am y stafell wisgo – ac yno, wedi'u gosod allan yn ddestlus, roedd crys coch newydd, trowsus a sane newydd – roedd 'na hyd yn oed arogl arbennig i'r dillad; dyma'r tro cynta 'rioed i fi wisgo dillad chware oedd wedi'u paratoi yn arbennig i'r clwb.

Pawb yn ei bwyse wedyn yn mynd ati'n raddol bach i newid, ac o fewn dim, Bert Peel, yn babwr o chwys, yn rhoi plastar ar goes hwn, yn rhwbio cyhyr poenus gan arall, yn ateb cais un arall am dablet i ddileu pen tost, ac ynte'n rasio o un gornel i'r llall, yn gwneud ei ore i gadw pob chwaraewr yn hapus ac yn gymharol dawel. Roedd ychydig dros hanner awr i fynd, a finne'n sefyll ar y sedd o dan y ffenest, yn gwylio'r dorf yn dal i arllwys i mewn i'r cae. Gweld ambell wyneb cyfarwydd yng nghanol y dorf, a cheisio osgoi cyswllt llygad – troi i ffwrdd, ac yna 'nôl eto i wylio Llanelli a'r byd yn cyrraedd y Strade. Rhywun yn dweud fod tîm Seland Newydd wedi cyrraedd yn eu bws, ond teimlo ei bod yn ddigon cynnar i'w gweld nhw ar y cae. Carwyn yn cerdded 'nôl a mlân yn ei siwt, a'r sigarét barhaol yn ei law, yn rhoi ambell air o gysur i hwn a hwn'co. Dim byd ffurfiol bellach. Roedd ei ddweud wedi'i ddweud; y gwneud oedd ar ôl. Daeth y llinynne i gyd at ei gilydd, ac yn yr awr a hanner nesa rhaid oedd i ni eu plethu yn wead o gyffro ac ymroddiad, i brofi bod gwaith Carwyn a Norman Gale dros y misoedd diwetha wedi taro'r nod.

Rwy'n cofio meddwl bod y munude nesa yn uffern i ni fel chwaraewyr. Mae'n rhaid eu bod nhw yn ddwbwl uffern i Norman a Carwyn, wedi gwneud eu paratoadau, a phob dim yn awr y tu hwnt i'w rheolaeth nhw yn llwyr. Dim ond eistedd 'nôl fedre'r ddau ei wneud – a bod yn ffyddiog yn y pymtheg oedd ar fin mynd allan i'r maes. Chwarter awr i fynd, a phawb yn cael eu clirio o'r stafell wisgo, ac eithrio'r tîm a Carwyn, a Delme â llewys ei grys coch wedi'u rolio i fyny hyd at fôn ei freichie, yn aros fel cawr yng nghanol y stafell, yn barod i ddechre araith y capten. Dyna'r sgwrs tîm fwya effeithiol a glywes i yn ystod fy holl yrfa yn chwarae rygbi gyda Chymru, y Llewod a'r Barbariaid. A bod yn hollol onest, dwi ddim yn meddwl y galle unrhyw un ohonon ni oedd yn aelod o'r tîm fod wedi derbyn sgwrs tîm arall debyg i honno. Fe fydde'r straen wedi bod yn ormod. Nid gor-ddweud mo hyn o gwbwl. Fe safe'r cawr yma yn edrych i fyw llygad pob un ohonon ni yn ei dro, a phob gair wedi'i anelu yn union fel saeth. Wnaeth e ddim codi'i lais ar unrhyw adeg; wnaeth e ddim sgrechian na gweiddi. Roedd yr holl beth bron yn sibrwd tanbaid wrth iddo wneud pob un ohonon ni yn ymwybodol o'r pethe oedd yn bwysig i ni fel unigolion – y teulu, gwragedd neu gariadon, ein ffrindie, ein pentrefi. Fe lwyddodd i ddod â darn o Fynyddygarreg i fewn i stafell wisgo Llanelli, fel y llwyddodd i ddod â darn o'r Felinfoel i olwg Phil Bennett, neu Gaerfyrddin i olwg Roy Bergiers. I'r stafell gymharol fach honno ar y prynhawn ola o Hydref, fe ddaeth e â'r holl bethe oedd yn bwysig i ni i gyd yn ein gwahanol ffyrdd. Aeth yn ei dro o gwmpas pob chwaraewr, ac erbyn iddo 'nghyrraedd i, roedd y dagre'n llifo i lawr 'y ngruddie; felly hefyd Phil Bennett – am yr unig dro, am wn i. Y ffactor bwysica i mi ynglŷn â'r eiliade hynny oedd y gonestrwydd, y diffuantrwydd yng ngeirie Delme. Doedd dim angen gofyn inni roi o'n gore i'r clwb er ei fwyn ef na Carwyn na neb ond ni ein hunen; roedd y prynhawn o'n blaene ni i wneud yr ymdrech er mwyn ein hanwylied, y rhai oedd yn bwysig i ni. 'Tase hi'n fater o raid fe fydde pob un ohonon ni wedi rhedeg drwy ddryse dur ar ei orchymyn. Ac yna, fe ddaeth yr araith i ben gyda'r deisyfiad mwya dwys, pan ddwedodd Delme y bydde fe'n barod i roi pob cap a enillodd gyda Chymru a'r Llewod yn eu hole, pe bai e ond yn cael yr un prynhawn hwn o orfoledd. Does gen i ddim amheuaeth nad oedd Delme yn credu'n llwyr yr hyn a ddwedodd e'r eiliad honno. Ddwy awr yn ddiweddarach, falle y bydde newid yn ei agwedd. Ond y foment honno oedd yn bwysig, ac fel y cyrhaeddodd y sgwrs ei huchafbwynt, fe ddaeth cnoc ar y drws, a llais y dyfarnwr, Mr Mike Titcombe o Loegr, yn gorchymyn i ni ymuno â thîm Seland Newydd. Ro'n i, fel gweddill y tîm, ar dân; roedd yn rhaid i mi gyrraedd y cae gan 'mod i'n llosgi o frwdfrydedd; dyma'r drws yn agor, ac allan â ni drwy'r twnnel bach tywyll oedd yn arwain i'r cae.

Roedd yn brynhawn cymylog, ac wrth i ni gyrraedd y cae, yr unig beth oedd yn 'y nharo i oedd anferthedd y dorf, yr holl ddüwch yma o bob ochor. Fe weles lawer yn cyrraedd i'r gêm gyda'u capie coch a gwyn, ond yr eiliad hon, môr o wynebe a düwch o bob cyfeiriad, a mur o sŵn wrth inni gyrraedd llwyfan ein theatr ni y prynhawn hwnnw. Dyma brofi naws y Coliseum yng Nghymru'r ugeinfed ganrif. Yn ystod yr eiliade hynny, fe ddaeth rhyw ofn mawr drosto' i o

Tîm Llanelli a faeddodd y Crysau Duon yn 1972 – ry' ni'n cofio'r XV ar y cae ond peidier ag anghofio'r eilyddion: Y rhes gefn (o'r chwith): Selwyn Williams, Alan James, Chris Charles, Bryan Llewelyn. Y rhes flaen: Gwyn Ashby a Meirion Davies.

deimlo 'mod i wedi fy amgylchynu'n llwyr, a'r unig beth oedd yn mynd drwy 'meddwl i oedd 'Sut fedra i ddianc o fan hyn?' Am gyfnod byr, ac am yr unig dro yn 'y mywyd, fe gês i bwl o glawstroffobia. Roedd elfen weledol y dorf yn llawer mwy brawychus na'r elfen sŵn, ac mae'r munude rhwng cyrraedd y maes a'r gic gynta ar goll yn llwyr. Fe gês fy llusgo 'nôl o 'mhanic gan chwiban y dyfarnwr yn dechre'r gêm, a ninne'n chware tuag at ben y dre o'r cae, ac yn anelu am y sgorfwrdd y tu ôl i'r pyst.

Ciciodd Phil Bennett gic gynta'r gêm, a honno'n un berffeth. Roedd fel petai'n hongian yn yr awyr, yn aros i flaenwyr Llanelli gyrraedd oddi tani. Weles i 'rioed mo blaenwyr Llanelli yn dechre gêm mor danllyd, gyda Barry Llewelyn yn arwain y rhuthr ffyrnica posib, nes sarnu blaenwyr Seland Newydd. Gweithredwyd geirie Carwyn, a gwasgwyd cymaint ar yr ymwelwyr yn y munude cynta, nes iddyn nhw dramgwyddo, a'r dyfarnwr yn rhoi cic gosb i ni. Dyma Phil yn gosod y bêl rhyw ddeugain llath o'r pyst, ac yn anelu; ar yr eiliad ola, fe wyrodd y bêl, taro'r post, a syrthio i ddwylo'r mewnwr Lyn Colling. Cym'rodd hwnnw eiliad cyn rhoi'r gic a fydde wedi danfon y bêl 'nôl dros y ffin – ond yn rhy hwyr. Roedd Roy a finne yn carlamu yr eiliad honno. Trawyd y bêl i lawr dros y llinell a syrthiodd Roy arni am gais i Lanelli. Ffrwydrodd y dorf. Tair munud o chware, a Llanelli ar y blaen – dau bwynt ychwanegol i ddod o drosiad Phil. Chwe phwynt i ddim. Rhuthrai'r rheng ôl i bob cyfeiriad, a doedd gan olwyr Seland Newydd ddim eiliad i feddwl cyn i gawod o gryse cochion ddisgyn arnyn nhw. Fe fu Delme Thomas yn gawr yn y leinie, gan sicrhau na fydde meddiant da o gwbwl gan yr ymwelwyr i weithio arno.

Ar ôl pum munud ar hugain, llwyddodd y Cryse Duon i ddod i hanner Llanelli, a phan gafodd un o'r rheng ôl ei ddal yn camochri, cafodd Joe Karam, y cefnwr, gyfle i gicio cic gosb o ddeugain llath. Dyna hi'n chwech i dri, ac o'r pwynt hwnnw mlân symudodd y gêm 'nôl a mlân rhwng y ddwy linell bump ar hugain, gyda Roy Thomas yn cau'r bwlch ar ochor dywyll y leinie, Tommy David yn cael y trecha ar Alistair Scown, a 'Chico' Hopkins, fel pêl rwber ei hun, ym mhobman, yn aros i wynebu olwyr a blaenwyr fel ei gilydd, a Roy a finne yn y canol yn gweld ton ar ôl ton o gryse duon yn dod tuag aton ni. Fel yr âi'r gêm yn ei blaen, cynyddu wnâi ein hyder ni, ac os rhywbeth, cynyddu wnâi'r teimlad o rwystredigaeth ymhlith blaenwyr Seland Newydd, wrth i'n gafael ni ar y gêm dynhau. Penderfynodd Keith Murdoch geisio newid siâp 'Chico' Hopkins – ond doedd Gareth Jenkins ddim am ganiatáu i Murdoch gael ei ffordd ei hunan bob tro. Fel gwobr am ei ymdrech, roedd gan Gareth Jenkins y ddwy lygad ddua weles i 'rioed – yn union fel panda o chwith. Ar ôl hanner awr o'r ail hanner, dyma gic gosb i ni o dan gysgod yr eisteddle, a thua hanner can medr o'r pyst. Andy Hill, yr asgellwr allblyg a'r sgoriwr rhydd, oedd i gynnig am y gôl, a chyn i'r gic gyrraedd diwedd ei thaith, a'n sgôr ninne gyrraedd naw pwynt, roedd Andy yn dawnsio jig ar hyd ochor y cae. Doedd dim colli i fod bellach. Ond roedd y taclo yn dal yr un mor bwysig, a rhyw bedair munud cyn diwedd y gêm bu raid i mi daclo Mark Sayer yn galed i'r llawr. Gyrrodd y blaenwyr droson ni, a throed Keith Murdoch unwaith yn rhagor yn dod i gysylltiad â 'mhen i, hyd nes 'mod i bron yn anymwybodol. Fe glywes chwib y dyfarnwr, a sylweddoli i Murdoch gael ei gosbi unwaith yn rhagor, ond wnes i ddim paratoi fy hun at yr hyn a ddigwyddodd nesa – y dyfarnwr hwnnw, Mike Titcombe, yn sgrechian yn 'y nghlust i ac yn gweiddi arna i i godi – gan mai dim ond tair munud o'r gêm oedd i fynd. Roedd 'y mhen i'n nofio, a niwl o flaen fy llyged, ond yn sydyn, roedd y dyfarnwr ei hunan yn fy helpu ar 'y nhraed – am nad oedd e eisie ymestyn y gêm eiliad yn fwy nag oedd raid. Codes yn fy hyrtwch, a chario mlân – er i mi gael o leia bedwar pwyth ar 'y mhen ar ddiwedd y gêm.

Joe Karam ar garlam yn y gêm rhwng Llanelli a'r Crysau Duon 1972.

Collodd y Cryse Duon wasanaeth eu hasgellwr, Brian Williams, a daeth Grant Batty i'r cae yn ei le. O fewn eiliade, dyma Phil Bennett yn llwyddo i wneud ffŵl o Batty. Daliodd gic hir oddi wrth Seland Newydd, ac ochorgamu mor gelfydd nes i Grant Betty hedfan drwy'r awyr a glanio'n fflat ar ei fol a'i drwyn. Y dyrfa, wrth gwrs, yn ymateb i'r digwyddiad ac i fedr Phil i reoli'r sefyllfa – yn ymwybodol bod hanes ar fin digwydd. Gwydde'r pymtheg ohonon ni mai eiliade yn unig oedd ar ôl; pan ddaeth cic arall gan yr ymwelwyr, dyma Phil unwaith yn rhagor yn dal y bêl ac yn ei chicio 'nôl dros y ffin. Mae'n siŵr gen i fod y bêl yn glanio pan drawyd Phil gan Alistair Scown mewn tacl hwyr. Fe aeth i'r llawr fel sach o dato ac ro'n i'n siŵr ei fod wedi ei anafu'n ddrwg. Yr eiliad honno, chwythwyd y chiwb ola', a dyma Phil Bennett yn bownsio ar ei draed – wedi gwella'n wyrthiol mewn canfed ran o eiliad. Weles i 'rioed mohono'n symud mor gyflym. Aeth y lle yn wallgo, y ni, bymtheg Llanelli, yn ceisio llongyfarch ein gilydd, rhai ohonon ni'n ceisio cael gafael ar rai o'r Cryse Duon i ysgwyd llaw, a miloedd o gefnogwyr Llanelli i gyd yn ceisio cael gafael ar Delme Thomas i'w goroni, ei gadeirio, ei ddyrchafu'n farchog – a beth bynnag arall fedren nhw ei wneud. Bu raid bod yn fodlon ar ei gario oddi ar y cae, gyda'i ddwy fraich gyhyrog i fyny yn yr awyr mewn arwydd o orfoledd. Yng nghanol y rhialtwch gwallgo hyn, fe stwffiwyd decpunt i ddwrn Gareth Jenkins wrth iddo frwydro'i ffordd oddi ar y cae . . . a'r gŵr busnes hael yn cynghori Gareth i fynd i'r siop gigydd agosa i brynu dau ddarn o stêc i roi ar y ddwy lygad ddu!

Sialens fwya'r prynhawn oedd ymladd ein ffordd 'nôl i'r stafell wisgo, ac ar ôl cyrraedd, cael bod teirgwaith mwy o'r cyhoedd a'r wasg yno nag oedd 'na o chwaraewyr. Dyna'r unig dro y gwles i Bleddyn Williams yn agos at stafelloedd gwisgo y Strade. O rywle, ymddangosodd poteli o siampên (mae'n amlwg bod rhywun arall â ffydd ynddon ni!), a chyda gwydried o siampên yn fy llaw y sefes yn llonydd er mwyn i Bert Peel ymarfer ei bwythe brodwaith ar dop 'y mhen. Mi gym'rodd gryn awr i bethe ddechre ymdawelu, ac i Carwyn James a Norman

BRACE'S - PROUD TO BE WELSH
LLANELLI
GOALS
TRIES
POINTS
2
1
9
SELANDNEWYDD
1
3
wrw
construction
BRACE'S
Bread

Gale gael cyfle i ddod o'n cwmpas ni i gyd i'n llongyfarch. Os oedd Jâms wedi tynnu Caledfwlch o'r graig yn Seland Newydd yn 1971, mi holltodd y graig yn rhubane y tro hwn, ac ar ôl newid a mynd i stafell y chwaraewyr am ddiod (y ddau dîm gyda'i gilydd), mi dderbynies amlen, a'r swm mwya a gês i erioed gan y Clwb – swm aruthrol y pryd hwnnw – decpunt o 'arian cwrw'. Dyna'r papur decpunt cynta i mi 'rioed afael ynddo – ac erbyn diwedd y noson honno, doedd fawr ohono ar ôl! Ond braidd yn ddiddweud oedd aelode'r Cryse Duon y noson honno; mae'n deg dweud eu bod nhw wedi cael siom enfawr. Doedd e ddim wedi croesi'u meddylie nhw am eiliad y gallen nhw gael eu trechu gan dîm clwb. Mae'n ddigon o ergyd i golli ar daith mewn gêm ryngwladol, ond roedd colli yn erbyn clwb, a hynny yn yr ail gêm ar y daith, yn ddiod chwerw iawn i'w chymryd. Roedd y cinio y noson honno i fyny'r grisie yng Nghlwb y Strade, ac rwy'n cofio Ian Kirkpatrick yn gwneud araith hyfryd iawn yn ystod y cinio, wrth iddo dorri cacen oedd ar siâp cae rygbi. 'Mae'n haws o lawer torri drwy'r gacen 'ma heno nag oedd hi i dorri drwy eich amddiffyn chi y prynhawn 'ma.' Roedd 'na debygrwydd rhyngddo fe a Delme Thomas, a'r ddau fel ei gilydd wedi ennill parch llawer o chwaraewyr a chefnogwyr. Yn fwy na hynny, roedd y ddau yn cynrychioli pethe gore'r gêm, yn eu gonestrwydd a'u diffuantrwydd, a'u hesiampl i'r ifanc. Roedd tawelwch ac urddas yn stamp ar y ddau ohonyn nhw.

Doedd gweddill chwaraewyr Seland Newydd ddim yn or-frwd i gymdeithasu ar noson eu siom, ac fe aethon nhw 'nôl yn dawel i'w gwesty yn gynnar gyda'r nos. Ni ellid dweud hynny am gefnogwyr a chwaraewyr Llanelli, oherwydd, wedi'r cwbwl, oni yfwyd y tafarndai'n sych?

120 o geisiau yn ystod fy ngyrfa ar y Strade a dyma un ohonyn nhw – yn erbyn Casnewydd ganol y 1970au; Gareth Jenkins a Dennis Davey yw'r ddau sy'n cysgodi. Ken Rowlands o Ynys-y-bŵl yw'r dyfarnwr.

8

Byd y Bêl

Ym mis Tachwedd 1972, wnes i 'rioed ddychmygu y byddwn i, yn y deuddeng mlynedd nesa, yn cael cyfle i weld Canada, yr Unol Daleithiau, Ynysoedd Môr y De, Hong Kong, Siapan, Awstralia a De Affrica, yn ogystal â rhan helaeth o Ffrainc a gwledydd Prydain. Hyn i gyd oherwydd bod gen i rywfaint o ddawn i ddelio â'r bêl hirgron. Roedd y chware'n rhoi pleser, ond ychwanegodd y teithio ddimensiwn newydd na fyddwn i 'rioed wedi'i brofi oni bai am y gêm, a'r dimensiwn hwnnw oedd cael cyfarfod a gwneud ffrindie â phobol o bedwar ban byd.

Roedd gweddill tymor rygbi 1972/73 yn hynod gofiadwy. Oherwydd arbenigrwydd y flwyddyn, roedd mwy o ddiddordeb o lawer yng nghystadleuaeth Cwpan Cymru, a'r gobaith oedd y bydden ni'n mynd gam ymhellach na'r tymor cynt, drwy gael y cwpan i Barc y Strade. Dechreuodd y sialens yn ddigon rhwydd, ond yn rownd yr un ar bymtheg ola, ro'n ni wedi'n dethol i deithio i'r Rhymni i wynebu'r tîm lleol. Ddyle'r Rhymni ddim bod yn rhwystr i'r tîm oedd wedi gorchfygu grym Seland Newydd ychydig fisoedd ynghynt!

Ond all neb fod yn sicr o ganlyniad gêm gwpan, a chael a chael fu hi i Lanelli gyrraedd yr wyth ola, gan iddyn nhw gael trafferth mawr i ennill yn erbyn Rhymni ar y Parc Coffa. O flaen torf o dros dair mil, roedd Llanelli'n colli'r gêm o naw pwynt i chwech, a dim ond ychydig funude o'r gêm yn weddill, pan lwyddodd Andy Hill i groesi am gais a droswyd gan Phil Bennett, eiliade yn unig o'r diwedd. Crafu fuodd hi i ennill o ddeuddeg pwynt i naw. Fe golles y gêm honno oherwydd anaf, ac anodd oedd i mi gredu'r sgôr wrth ddarllen y *Sporting Post* y noson honno. Gyda'r canlyniad yna, pell iawn oedd y gobeithion am gyrraedd y rownd derfynol, ond fe'n tynnwyd i wynebu Pen-y-bont yn rownd yr wyth ola, a hynny ar y Strade. Wrth edrych ar record Pen-y-bont yn ein herbyn, fe ddyle fod ganddon ni fantais seicolegol gref, gan mai ar un achlysur yn unig, a hynny yn 1950, y llwyddon nhw i'n trechu ni ar y Strade. Roedd yn gêm gofiadwy, gan mai hon oedd y gêm gwpan gynta pryd y cafodd chwaraewr ei ddanfon o'r maes. Y chwaraewr a wynebodd y gosb honno dan law'r dyfarnwr, Meirion Joseph, oedd asgellwr Pen-y-bont, Doug Schick, am iddo droseddu yn erbyn Andy Hill, a hynny pan oedd yr ymwelwyr yn ennill o dri phwynt i ddim. O'r digwyddiad hwnnw mlân, un tîm oedd ynddi, ac ar y diwedd, Llanelli aeth drwyddo i'r rownd gyn-derfynol, gyda sgôr o ddeg pwynt ar hugain i dri, a'r hawl i wynebu sialens tîm arall o gryse duon – ond cryse duon o Gastell-nedd y tro hwn, a'r gêm yn cael ei chware ar faes San Helen yn Abertawe.

Yn y rownd derfynol y tymor cynt, roedd blaenwyr Castell-nedd wedi llwyddo i roi crasfa go iawn i ni, ac wrth gwrs, roedd y wers honno'n glir yn ein meddylie wrth inni baratoi ar gyfer y gêm hon. Roedd torf sylweddol o bymtheng mil wedi troi i fewn i wylio'r gêm, ac unwaith eto, roedd yr arbenigwyr yn ddigon parod i farnu mai blaenwyr Castell-nedd fydde'r meistri. Am gyfnod helaeth, dyna, yn wir, oedd y sefyllfa, ond yn ffodus, ni throsglwyddwyd meistrolaeth y cryse duon yn bwyntie, ac eithrio cic gosb gan

John Poole. Ond tra oedd Llanelli yn dal yn y gêm wrth flaene eu bysedd, cafodd y cwbwl ei wyrdroi gan un symudiad cryf gan y blaenwyr, a Tommy David yn arddangos ei fedr a'i gryfder wrth garlamu dros linell gais Castell-nedd. Dyna ni drwodd i'r rownd derfynol am yr ail dymor o'r bron.

Caled iawn oedd y paratoi ar gyfer y rownd derfynol yn erbyn Caerdydd, ar Ebrill yr 28ain, ac roedd y wasg (gwasg Caerdydd, wrth gwrs!) yn unfryd unfarn taw dim ond un tîm fydde ynddi – ac nid Llanelli wrth gwrs. Roedd hyn i gyd yn ddigon i godi'r gwrychyn i'r gorllewin o Bont Llwchwr, ac fe fuodd Carwyn James a Norman Gale wrthi'n cynllunio a pharatoi mor drylwyr ag a wnaethent cyn gêm Seland Newydd 'nôl ym mis Hydref. Balchder oedd un o'r rhesyme am yr agwedd, oherwydd bydde ennill y cwpan yn uchafbwynt teilwng i flwyddyn y canmlwyddiant. Ffurfiwyd amserlen drom o hyfforddi, a'r dewiswyr yn eu doethineb yn rhoi saib i'r prif chwaraewyr bob hyn a hyn yn ystod yr wythnose ola cyn y gêm, er mwyn sicrhau brwdfrydedd pob aelod o'r garfan. Gwantan iawn oedd record Llanelli yn y geme yn erbyn Caerdydd – wedi'r cwbwl, dim ond un gêm ro'n ni wedi'i hennill mewn pedair blynedd ar ddeg, ac roedd hwn yn gyfle rhy dda i'w golli. Honnid y câi ein blaenwyr ni eu gwthio oddi ar Barc yr Arfau y prynhawn hwnnw, ac i sicrhau na fydde hynny'n digwydd, galwodd Carwyn a Norman ar wasanaeth R. H. Williams, y cawr o ail-rengwr a fu'n gapten ar Gymru ac yn chware i'r Llewod, a Howard 'Ash' Davies, cyn-brop y clwb. Roedd Carwyn a Norman fel dau gadfridog yn paratoi cynllunie ar gyfer brwydr fawr, a phythefnos cyn y ffeinal, bu'r tîm yn ymarfer bob nosweth am wythnos gyfan, fel bod y fyddin sgarlad yn barod am unrhyw symudiad posib o eiddo'r gelyn.

Roedd Ebrill yr 28ain yn Sadwrn bendigedig o wanwyn cynnes, y tywydd yn berffeth, a thipyn dros ddeng mil ar hugain wedi ymuno yn dorf hafaidd bron i wylio tîm Llanelli yn derbyn eu crasfa haeddiannol. Y gwir oedd bod Delme Thomas a'i gyd-flaenwyr yn fwy na pharod am yr ymrafael, a'r prop ifanc, Chris Charles, 'nôl yn y tîm ar ôl cael ei anfon o'r cae mewn gêm yn erbyn Castell-nedd. Am resyme sy ddim ond yn wybyddus i ddewiswyr Caerdydd, gadawyd y cryfa o'u rheng flaen, Mike Knill, allan o'r tîm; felly hefyd eu ciciwr gore, y Cymro o Lanbed, John Davies. Yn yr hanner cynta, roedd y sgrifen ar y wal o safbwynt tîm y ddinas, gan i Phil Bennett drosi tair cic gosb allan o dair, tra llwyddodd Caerdydd i ymateb gydag un gic adlam o droed Gareth Edwards. Naw i dri ar yr egwyl, a Gareth Edwards wedi cael ei rwystro rhag croesi am gais gan amddiffyn effeithiol rheng ôl Llanelli. Ni wireddwyd gobeithion Caerdydd am eu blaenwyr chwaith, gan i Delme Thomas godi'n uwch nag erioed yn y leinie y prynhawn hwnnw. Sicrhaodd ein rheng flaen feistrolaeth lwyr ar reng flaen y gleision, a chan i Derek Quinnell ei hyrddio'i hunan o gwmpas y cae roedd gofyn cael dau neu dri i'w daclo a'i rwystro. Fe alle cefnwyr y ddau dîm fod wedi aros yn y stafelloedd gwisgo am yr hanner cynta, gan mai brwydr bersonol rhwng y blaenwyr oedd hi am ddeugain munud cyfan, a Selwyn Williams yn ymddangos yn feistr ar y meistr Gareth Edwards.

Newidiodd patrwm y gêm yn llwyr yn yr ail hanner, gan ddechre gyda phedwaredd cic gosb Phil, cic o ddeg llath ar hugain. Daeth llif o feddiant o gyfeiriad y blaenwyr, ac ar ôl symudiad chwim, aeth y bêl i ddwylo'r gwibiwr J.J. Williams. Hwnnw'n rhedeg am ugain llath, cyn taflu'r bêl o'r tu mewn i'm dwylo i, a finne o fewn ychydig lathenni i'r llinell yn llwyddo i groesi, dan gario dau o olwyr ar 'y nghefn. Bron nad oes angen cofnodi i Phil drosi'r gais, gan iddo lwyddo saith gwaith gyda saith cic y prynhawn hwnnw. Er i Gaerdydd gael cais drwy law'r canolwr Alex Finlayson, dal i ddod 'nôl i'n dwylo ni roedd y bêl, a hynny dro ar ôl tro. Ac yn dilyn symudiad rhwng Sel a Tommy David, fe grewyd cais i JJ, a Phil yn ychwanegu'r ddau bwynt eto. Ond doedd gwŷr y sosban ddim wedi cwbwlhau eu gorchest, ac fe fylchodd Roy Bergiers mor effeithiol fel na fedre'r gleision rwystro'r wythwr, Hefin Jenkins, rhag croesi am gais arall, i'w throsi gan Phil, i roi deg pwynt ar hugain ar y sgôrfwrdd – yn erbyn saith pwynt Caerdydd.

Geirie Carwyn, wrth gael ei holi ar ôl y gêm, oedd y rhai a ddangose ei 'agwedde' ore – 'Mae paratoi yn hawlio agwedd meddwl bositif, ac fe

Petai Cwpan Heineken yn y 1970au, fe fydde'r Sgarlets wedi chwalu goreuon Ewrop.

benderfynon ni y bydden ni'n dal sgrym Caerdydd, doed a ddelo. Weles i mo'n chwaraewyr ni erioed mor siarp ar ddiwedd tymor.' Nid datganiad y bydde'r blaenwyr yn *ceisio* neu'n *ymdrechu* gwneud, ond datganiad y bydden nhw *yn* dal eu sgrym. Daliodd Delme y cwpan yn uchel iawn ar Barc yr Arfau y prynhawn hwnnw o Ebrill, a'r cwpan ar ei ffordd i'r Strade ym mlwyddyn y dathlu. Fe ddaeth haul y gwanwyn â gwên i bob un o gefnogwyr brwd y Strade a holl aelode'r tîm fel ei gilydd, yn arbennig felly o gofio i bedwarawd o Glwb Llanelli grwydro oddi ar y llwybr cul, ac ymuno â Chlwb Caerdydd yn ystod diwedd y 1960au – Robert Morgan, D. Ken Jones, D. Brian Davies, a'r anghymharol Barry John. Ar ben hyn, roedd ennill y cwpan yn ddechre ar rediad o gwpane – pum rownd derfynol mewn pum tymor! A llwyddiant drwy chware rygbi agored, cynhyrfus a chreadigol – dyma'r adladd a adawyd gan hyfforddiant athrylithgar pobol fel Ieuan Evans, Carwyn James a Norman Gale.

Un o'r atgofion pwysica sy gen i am dymor '73/74 oedd cael y cyfle i ddod i 'nabod yr annwyl ddiweddar Bert Peel, *physio* Clwb Llanelli, neu 'dyn y sbwng'. Yn ystod fy nyddie cynnar ar y Strade, rwy'n cofio'n dda i Bert droi ata i ar ôl un gêm, gan ddweud, 'Gravell, ti'n mynd i whare dros Gymru ryw ddiwrnod, boi – gronda di ar beth wi'n weud wrthot ti.' Mewn ffordd, falle i sylw Bert fod yn rhannol gyfrifol am greu'r penderfyniad yno'i i anelu at y nod hwnnw. Un peth sy'n berffeth siŵr, roedd gen i ffydd lwyr yn Bert fel triniwr anafiade, ac fe dreulies orie lawer yn cael triniaeth ganddo yn ei dŷ yn y Tymbl. Roedd yn ŵr ffraeth, yn meddu ar stôr o storïe at bob achlysur, ac ar daith, roedd yn gyfuniad o'r diplomydd a'r cymdeithaswr, yn barod i gynnal sgwrs gyda'r pwysica a'r lleia fel ei gilydd. Nid yn unig hynny – ar ei deithie ac yn ei ymwneud â thîme tramor, fe wnaeth Bert fwy o asio perthynas rhwng gwledydd na llawer i wleidydd neu ddiplomydd. Roedd e'n berson oedd yn mwynhau bywyd i'r eitha, wastad wedi gwisgo'n ddestlus, a hances sidan yn dangos ym mhoced ei got fach; fel pin mewn papur. O fewn dim amser, sylweddolodd yr hen golier 'mod i'n dipyn o heipocondriac, yn poeni'n barhaol am bob clais a briw. Rwy'n clywed ei lais e nawr yn pregethu – 'O, Gravell, bachan, yn dy ben di ma'r trafferth i gyd.' Eto i gyd, fe fydde'n trefnu i fi deithio i'r Tymbl i gael triniaeth, a chael croeso mawr gan Rene, ei wraig, ac ynte. Roedd Bert wedi sefydlu busnes trin anafiade iddo'i hunan, ac fe fydde rhes hir o bobol yn cael triniaeth ganddo fe. Rhaid oedd ffitio'r busnes i fewn i amser shifft y gwaith, gan ei fod e hefyd yn fforman yng ngwaith glo Cwmgwili, yn ogystal â bod ar y Strade ar gyfer pob gêm, ac yn teithio gyda'r tîm i geme oddi cartre. Roedd Bert wrth ei fodd wedyn yn hel atgofion am 'Nhad a'i gyfoedion, gan ei fod yn ei 'nabod nhw i gyd drwy gysylltiad y gwaith ym Mhentre-mawr, a chlybie rygbi Cwm Gwendraeth.

Mewn un gêm yn erbyn Moseley, fe dacles i Malcolm Swain (o Aberfan yn wreiddiol), ac fe rwygodd un o'i styds fy moch yn go ddrwg. Rhaid oedd gadael y cae ychydig cyn hanner amser, a Bert yn goruchwylio'r broses o roi deuddeg pwyth yn fy moch a 'ngên. Carwyn oedd yr hyfforddwr, ac wrth iddo ddod i'r stafell driniaeth ar hanner-amser, wnaeth e ddim gofyn i fi ailymuno â'r gêm, wnaeth e ddim hyd yn oed awgrymu hynny. Y cyfan ddywedodd e oedd bod fy angen i ar y cae. Wnes i ddim meddwl ddwywaith. Allan â fi, a darn o blastar yn cuddio'r clwyf, ac mi lwyddes i osgoi ergyd tan rhyw bum munud o'r diwedd pan gês 'y nhaclo'n uchel, a hynny'n ailagor y clwyf eto. Mwy o waith i Bert. Roedd teithio 'nôl yn y bws i Lanelli yn straen ychwanegol wrth i Bert fynd drwy ei *repertoire* o storïe, a finne'n gwneud 'y ngore i beidio â chwerthin – ond roedd hynny'n amhosib, ac wrth chwerthin dyma ddau neu dri o'r pwythe yn rhwygo eto. Oddi ar hynny, fe fues yn tynnu coes Bert fod ei jôcs e'n wahanol i rai pawb arall. Gan amla, tynnu dagre i'r llyged y bydd chwerthin yn ei wneud, ond tynnu pwythe o'r croen oedd arbenigrwydd ei jôcs e.

Y diweddar annwyl Bert Peel yn iacháu'r cleifion, Phil Bennett y tro hwn.

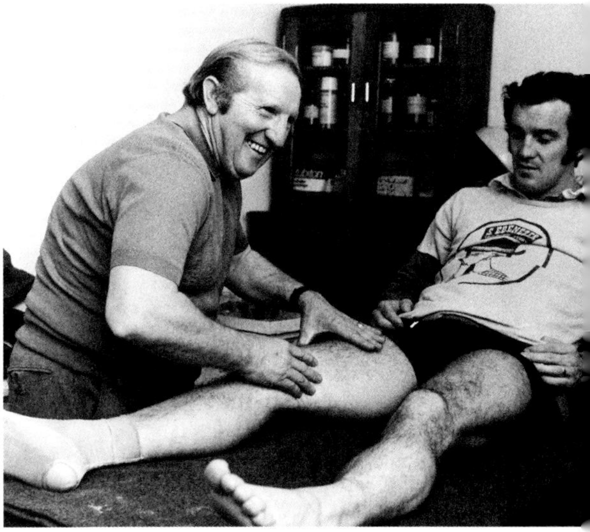

Dro arall, fe ges ergyd ar 'y nghoes, y *dead leg* sy'n gyfarwydd i chwaraewyr, ac yn ystod yr egwyl, dyma Bert yn rwbio'r goes gyda'i ddwylo medrus, ac yn dal i 'mherswadio i fod y boen wedi mynd. Finne'n mynd 'nôl ar y cae, yn ddi-boen, hyd nes sylweddoli ymhen pum neu ddeng munud fod Bert wedi bod yn rhoi triniaeth i'r goes iach! Dyna i chi ddawn i wella rhywun!

Fe fuodd cyfraniad Bert yn sylweddol i Glwb Llanelli, nid yn unig o safbwynt gofalu am anafiade, ond fe lwyddodd i ddod o hyd i beiriant effeithiol dros ben i lanhau sgidie'r chwaraewyr – heb sôn am ei wasanaeth fel cenhadwr i'r clwb ac i Gymru. Fwy nag unwaith, rwy'n cofio mynd at Bert cyn gêm, ac egluro iddo 'mod i'n diodde o ben tost ofnadwy. Bert yn nodio'i ben, ac yn troi at y bag du oedd ganddo, twrio yn y bag am eiliad neu ddwy a thynnu potel fach dywyll o dabledi allan, cyn rhoi dwy i mi a'm siarsio eu bod nhw'n gryf ddychrynllyd, a 'mod i'w llyncu nhw gyda gwydried o ddŵr tua ugain munud cyn y gêm. Rhaid dweud eu bod nhw'n effeithiol, gan i'r pen tost glirio'n llwyr bob tro. Roedd sawl blwyddyn wedi mynd heibio cyn y gwnes i, a llawer o chwaraewyr eraill, ddarganfod bod Bert yn prynu pwysi o Smarties ac yn treulio orie yn eu gwahanu nhw fesul liw a'u rhoi yn y poteli bach tywyll cyn eu dosbarthu yn ôl y galw i wella anhwyldere dibwys. Peth mawr yw ffydd! Roedd 'na un digwyddiad arall yn ystod y flwyddyn sy wedi aros yn glir yn y cof. Am ryw reswm ro'n i'n gweithio yn ardal Tairgwaith, ac ers diwrnod wedi bod yn diodde'n ofnadwy o gric yn y gwddw, a'r boen yn gwaethygu. Dyma chwilio am giosg i ffonio Bert, a Bert ar ben arall y ffôn yn cael yr hanes i gyd, wedyn yn gofyn:

'Ble wyt ti nawr, Gravell?'

'Mewn ciosg, rhwle yn Tairgwaith, Bert.'

'Tro i'r whith i edrych ar y *signpost*, Gravell.'

Finne'n gwneud hynny'n ddifeddwl, cric arall yn y gwddw, a llais Bert yn 'y nghlust yn dweud,

'Wel, Gravell, shwd mae e nawr?'

Oedd, roedd gan Bert y gallu i wella pobol hyd yn oed dros y ffôn!

Roedd elfen o hud yn sbwng Bert. Un adeg, o gwmpas y Pasg, ro'n ni'n chware yn erbyn tîm o fyfyrwyr o un o golege meddygol Llunden ar y Strade, ac fe wnes dacl galed ar eu canolwr nhw, mor galed nes oedd yn rhaid iddo dderbyn triniaeth gan Bert. Wrth iddo fe orwedd yn ei boen ar lawr, ro'n i'n ofni ei fod wedi torri ei goes, oherwydd pan gyrhaeddodd Bert, dyna lle'r oedd y myfyriwr yn gweiddi ac yn egluro i Bert ble'r oedd y boen.

'Where's the pain, boy, where's the pain?' medde Bert.

'My *rectus femorus*, my *rectus femorus*,' oedd ateb y myfyriwr.

Erbyn hyn, ro'n i'n siŵr ei fod wedi torri asgwrn, a dyma fynd at Bert, a gofyn iddo,

'Bert, ti ishe i fi nôl y *stretcher* i hwn?'

'*Stretcher*, myn yffarn i, cer i 'nôl *dictionary*.'

Sawl gwaith fe fu saith o chwaraewyr Llanelli yn cynrychioli gwaith glo Cwmgwili yn y Miners' Gala, a sawl tro fe enillon ni'r gystadleuaeth, ond bob tro yn chware yng nghryse Llanelli, gyda Bert yn rheolwr ar y tîm. Ond cynrychioli Bert roedd pob un ohonon ni. Ma 'na hanes i Bert lwyddo i wneud Barry John, yn gynnar yn ei yrfa, yn 'Special Constable John', er mwyn ei alluogi fe i chware i heddlu sir Gaerfyrddin yn achlysurol! Do, fe golles 'y nhymer gyda Bert fwy nag unwaith, am nad oedd yn ystyried 'y nghwyno i o ddifri, ond 'tase Bert gyda ni nawr, fe fyddwn i'n barod i gyfadde wrtho'n dawel bach – 'Bert, ti oedd yn iawn bob tro.' Roedd hi'n bleser i'w 'nabod. Roedd yn anrhydedd i gael 'y nghyfri'n ffrind iddo.

'Nôl ar y Strade, dechreuodd y gystadleuaeth gwpan eto, a chan mai ni oedd y deiliaid, roedd pawb ar dân eisie curo Llanelli. Yn y rownd gynta, fe lwyddwyd i sgori'n rhydd a rhwydd wrth guro Clwb Glyn-nedd o 66 pwynt i ddim. O'r un ardal y daeth y clwb i'n chware yn yr ail rownd hefyd, pan orfodwyd ni i deithio i'r Creunant i chware, a chael gêm eithriadol o galed, cyn cipio'r fuddugoliaeth o bedwar pwynt ar ddeg i naw. Cyn-ddisgyblion Ysgol Uwchradd Caerdydd oedd ein gwrthwynebwyr nesa, ac yna, yn yr wyth ola, wynebu'r tîm cynta o'r dosbarth cynta, yn Abertyleri, ac ennill eto o un pwynt ar bymtheg i dri. Ond yn y rownd gyn-derfynol, roedd yn rhaid ymladd yn erbyn grym Pont-y-pŵl, a hynny ar gae'r Talbot Athletig yn Aberafan. Trodd dros bymtheng mil o gefnogwyr i mewn i weld y frwydr y prynhawn hwnnw, ac roedd yn dipyn o wyrth i ni lwyddo i ennill, gan i flaenwyr Pont-y-pŵl ein chwalu ni'n rhacs. Yn anffodus, doedd eu cefnwr, Robin Williams, ddim ar ei ore, a methodd gyda sawl cic at y pyst. Ar y llaw arall, fe lwyddodd Delme sgorio un cais cofiadwy, ac yn bwysicach fyth, fe lwyddodd Andy Hill gicio'r cicie cosb. Fuon ni 'rioed yn fwy balch o glywed y chwib ola nag ar y prynhawn hwnnw.

Andy Hill oedd yr arf penna yn y rownd derfynol hefyd, yn erbyn Aberafan

Rhedeg fel milgi er mwyn cynorthwyo symudiad.

ar Ebrill yr 27ain, 1974. Fe lwyddodd gyda phedair cic gosb a'r Sgarlets yn fuddugol o 12–10. Y Dewiniaid, gyda llaw, hawliodd unig gais y gêm. Teg nodi hefyd bod Llanelli heb Phil Bennett, Roy Bergiers, J.J. Williams a Tommy David, gan eu bod nhw wedi'u dewis i deithio gyda'r Llewod i Dde Affrica. O gofio hyn, roedd perfformiad y tîm ifanc o flaen torf o bum mil ar hugain yn ganmoladwy. Fe ddyle Andy Hill fod wedi derbyn rhyddfraint bwrdeistref Llanelli, oherwydd fe gafodd ergyd ar ei ben yn ystod y gêm, a hynny'n peri iddo weld pedwar postyn yn lle dau bob tro roedd e'n cicio am y gôl. Lwc ei fod e wedi dewis y pâr cywir o byst bob tro! Roedd y cwpan i aros ar y Strade am flwyddyn arall.

Yn dilyn y tymor hwn, roedd pob un ohonon ni, ar wahân i'r Llewod, yn edrych mlân gyda brwdfrydedd at wneud dim am fis neu ddau, cyn ailgydio yn yr ymarfer i wynebu'r tîm o Fôr y De, y tîm o Tonga, yr Hydref canlynol. Am ychydig ddyddie ar ôl ennill y cwpan, llwyddes i anghofio pob dim am rygbi, tan i mi dderbyn neges frys yn y gwaith oddi wrth Handel Greville. Y neges oedd ei fod e wedi derbyn galwad ffôn oddi wrth gadeirydd Clwb Rygbi yr Harlequins – gŵr o Drimsaran yn wreiddiol, er syndod i mi – yn gofyn am gymorth i gryfhau'r tîm ar daith fer i dde Ffrainc, i chware dwy gêm, yn erbyn Pau a Toulouse. Oherwydd anafiade, ro'n nhw'n brin o ganolwr ac o reng ôl, ac felly mi gês i wahoddiad, yn ogystal â Gareth a Hefin Jenkins a Derek Quinnell. Ro'n i'n gwybod, ar ôl 'y mhrofiad gyda'r tîm ieuenctid a'r tîm B, mai caled fydde'r daith fer, ond ro'n i'n falch iawn, ar ôl derbyn y gwahoddiad, o gael fy hunan yn cadw cwmni yng nghanol y cae i ganolwr gwadd arall, Chris Wardlow o Northampton; roedd gen i lawer o barch i hwn, gan ei fod yn chwaraewr cryf, caled, yn chware mewn ffordd debyg iawn i fi. Capten y tîm oedd Earl Kirton, cyn-faswr Seland Newydd, ac o'r funud i fi gwrdd ag e yn Heathrow, roedd ganddo oren yn ei law dde, a hwnnw'n cael ei daflu a'i ddal yn barhaol, ac o dan y fraich arall, gopi o'r *Times*. Yr unig bryd na fydde fe'n cario'r oren a'r *Times* oedd yr adeg pan o'n ni'n chware.

Roedd y cwbwl wedi digwydd ar fyr rybudd, a'r tri ohonon ni o Lanelli yn teithio i Heathrow i gwrdd â thîm yr Harlequins. O fewn munude i ymuno â nhw yn y maes awyr, ro'n i yng nghanol creisis ieithyddol. Doedd neb o'r Quins yn 'y neall i'n siarad, ac roedd eu *chaps* a'u *spiffing* hwythe yn jôc fawr i finne. O'r funud gynta, roedd eu hagwedd nhw yn wahanol iawn i'm un i – eu tuedd nhw oedd chware'r gêm er mwyn pleser yn unig, ond pan aeth y gêm yn Pau yn ffyrnig, bu raid i un neu ddau o chwaraewyr y Quins newid eu hagwedd yn sydyn. Yn ein gwrthwynebu yn Toulouse, roedd chwaraewyr o safon Jean Pierre Rives, Villepreux, a Skrela, ac yn wahanol i'r traddodiad arferol, roedd y ddau dîm yn cael cinio cyn y gêm yn yr un lle. Yn ystod y daith, fe fues yn treulio llawer o amser yng nghwmni Earl Kirton, ac yn rhannu profiade – fi'n sôn am Gymru a'r Gymraeg, ac ynte'n sôn am y Maori a'i draddodiade. Bues yn ei holi a'i holi am yr *Haka* sy'n gyfarwydd i bawb sy'n dilyn y gêm, a chael eglurhad o'r ddawns a arferai gael ei pherfformio cyn i'r Maori gael eu harwain i'r frwydr. Noson y gêm yn Toulouse, ro'n ni i gyd yn cymdeithasu yn un o'r cafés yn y ddinas, pawb yn sgwrsio â'i gilydd, ac Earl Kirton yn dal â'r oren yn un llaw a'r *Times* ar y bwrdd o'i flaen. At ei gilydd, person preifat iawn oedd Earl, ond roedd pob un ohonon ni wedi cael gwydried neu ddau o'r gwin lleol. Yn sydyn, heb ddweud gair, cododd o'i gadair, a cherdded i ganol y llawr. Oddi ar y cae, dyma'r unig dro i fi gofio iddo adael yr oren o'i law! A dyma fe'n dechre:

'*Haka mata . . .*'

Roedd yr effaith ar y bobol yn y café yn syfrdanol, yn union fel rhes o lyfre yn cael eu gwthio drosodd; roedd y tawelwch yn llithro o un bwrdd i'r llall, hyd nes bod y stafell yn hollol dawel, ar wahân i'r siant o ene Earl Kirton. Roedd ei wyneb wedi newid yn llwyr, ac fel petai wedi ei drosglwyddo'n feddyliol o'r bistro yn Toulouse i Rotorua a'r seremoni baratoi ar gyfer brwydr.

'*Haka mata, Kamata . . .*'

Roedd y tawelwch yn fyddarol, a siant Earl yn adeiladu i uchafbwynt dramatig yr *Haka*, wrth i'r maswr pum troedfedd a hanner gyrraedd y waedd ola, gyda naid a'i cododd yn glir hollol o'r llawr. Ro'n i'n eistedd yn geg-agored, yn llyncu'r cyfan, gan deimlo bod Kirton yn cyflwyno rhywbeth hollol breifat i mi yn bersonol. Roedd y perfformiad yn wefreiddiol, ac ar ôl eiliade o dawelwch ar ddiwedd y perfformiad, daeth cymeradwyaeth oedd yn ddigon i godi'r to, ac o fewn eiliade roedd y gwin yn llifo, a'r oren 'nôl yn llaw'r Maori unwaith yn rhagor. Fe ddysges i un peth y noson honno – os y'ch chi eisie digon o win am ddim, perfformiwch yr *Haka*! A finne'n cael y wefr hon – yn Gymro, yn genedlaetholwr, yn chware i dîm oedd yn cynrychioli calon Seisnigrwydd yn llwyr – fe ddes i'r casgliad ei bod hi'n iawn i gael y Saeson yn byw drws nesa i fi, ond nid yn rhan o'r teulu. Roedd 'na gymaint o wahaniaethe, a'r unig bwynt cyffredin rhyngddon ni oedd y gêm – a hyd yn oed yn y fan honno, roedd ein hagwedde at y gêm fydoedd ar wahân.

Yr haf hwnnw, tipyn o bleser i ni, y rhai â chysylltiad â Chlwb Llanelli, oedd dilyn hynt y Llewod, a chael gwylio ffilmie o chware gwefreiddiol Phil Bennett a'i griw ar dir a meysydd caled De Affrica. Mi wydden ni na fydde'r Llewod o'r Strade yn debyg o chware am gyfnod ar ôl dod 'nôl o'r daith, ac y bydden ni'n dechre'r tymor heb JJ, David, Bennett a Bergiers. Un o'r uchafbwyntie oedd y gêm yn erbyn Tonga ar y Strade, ac ar y noson honno roedd wythwr addawol iawn yn chware i Lanelli, Phil Davies o Gaerfyrddin, a gollodd ei fywyd ymhen ychydig flynyddoedd mewn damwain car erchyll. Roedd iddo ddyfodol disglair na chafodd mo'i wireddu. Fe lwyddes i sgori cais reit o dan y pyst y noson honno, ond bu raid i mi adael y maes cyn diwedd y gêm ar ôl derbyn ergyd ar dop 'y mhen, a'r cyfan yn troi o 'nghwmpas i. Yn y dorf y noson honno roedd dau o'r dewiswyr, John Dawes a Keith Rowlands, ac fe ddaeth y ddau ata i ar ôl y gêm i ddweud gymaint roedden nhw wedi mwynhau fy chware i. Bellach, roedd yna wir obaith i wisgo crys coch Cymru.

9

Dros Gymru 'Ngwlad

Ar brynhawn Sadwrn, y 18fed o Ionawr 1975 ro'n i yng ngholiseum swnllyd y Parc des Princes ym Mharis yn wynebu un o dîmau gorau'r byd rygbi.

Os oedd y sŵn yn fyddarol pan ddaethon ni allan i'r stadiwm, fe achosodd y gic gynta i'r sŵn ddyblu, gan wneud i 'mhen i droi fel chwyrligwgan. Ychydig funude i fewn i'r gêm, roedd tafliad i'r lein, yn ein hanner ni o'r cae. Enillwyd y meddiant gan Alan Martin yn yr ail-reng, trosglwyddwyd y bêl i'r haneri Gareth Edwards a John Bevan ac i 'nwylo i. Llwyddes i ruthro heibio i freichie'r canolwr Roland Bertranne a rhyddhau Steve Fenwick. Mewn chwincad ro'dd y dewin Gerald Davies yn gwibio dros y llinell am gais i Gymru. Am ddechre da – ond fel ym mhob gêm yn erbyn Ffrainc, mae eu hathrylith nhw yn dod i'r amlwg yn sydyn, a chyn pen dim roedd Jean-Pierre Lux, yr asgellwr chwith, wedi rhubanu ei ffordd drwy'r canol am gais ardderchog. Ac o'r eiliad honno mlân, ro'n ni i gyd, yn gefnwyr dibrofiad ar un olwg, yn ymwybodol y galle Ffrainc, gyda meddiant, wneud beth fynnen nhw os na fydde'r taclo yn gadarn o'n hochor ni. Yn frawychus, rhwng y sŵn byddarol a chyflymdra'r gêm, doedd hi ddim yn bosib meddwl, gan fod popeth yn digwydd ar garlam gwyllt. Erbyn hanner amser, ro'n ni'n dal ar y blân, ond roedd deugain munud yn weddill. Ro'dd blinder yn elyn; nid blinder corfforol yn gymaint, ond y cyfuniad o

Dinistriol pan oedd angen bod ond cofiwch, ro'n i'n gallu bod yn greadigol ar adegau.

densiwn, emosiwn, a'r sŵn di-baid. Yn sgîl y blinder hwn, roedd cefnwyr a blaenwyr Ffrainc yn taflu'r bêl o gwmpas yn eu ffordd ddihafal gan greu lle i'r Ffrancwyr groesi yn y gornel. Ond o rywle, ymddangosodd y maswr John Bevan – does gen i ddim syniad o ble (fe'i cyhuddes ar ôl y gêm o fod yn cuddio yn yr eisteddle tan y foment honno!) – i wneud tacl fwya tyngedfennol y gêm, nid drwy ddefnydd o rym a chryfder, ond drwy droi'r Ffrancwr yn gelfydd dros linell yr ystlys, wysg ei gefn. Dyna, 'falle, o'dd y foment allweddol. Sylweddolodd y chwaraewyr yn y cryse cochion bod buddugoliaeth yn bosib!

Roedd y gêm yn araf ddirwyn i ben, a'r Ffrancwyr yn dechre rhedeg y bêl aton ni o bob cyfeiriad – dyna'u cryfder nhw, a dyna'r cyfnod mwya peryglus i'w hwynebu. Os cân' nhw benrhyddid, a lle i symud, does 'na'r un tîm yn y byd i'w gymharu â nhw. Roedd angen amddiffyn yn arwrol. Daeth ail-feddiant i olwyr Ffrainc, a Bertranne yn ceisio bylchu yn y canol – fe hyrddies fy hunan i'w gyfeiriad, ei daro'n galed fel bod y bêl yn disgyn o'i ddwylo. Daeth JJ o rywle a rhoi cic i'r bêl i fyny'r cae; da'th dwy gic arall o gyfeiriad Geoff Wheel a JJ cyn i'r cawr o brop, Graham Price, ymddangos fel rhyw Scarlet Pimpernel ac ennill y ras am gais bythgofiadwy. Rwy'n dal i grafu 'mhen a cheisio dyfalu sut ar wyneb y ddaear y llwyddodd Price, yn bymtheg stôn, redeg â'r fath gyflymdra ar ddiwedd gêm galed. I'r rhai ohonoch chi sy wedi gwylio'r cais ar dâp fideo *The Golden Years*, fe welwch Price, ar ôl sgori, yn taflu'r bêl i'r awyr – ond does gen i ddim cof i'r bêl fyth ddod yn ei hôl i'r ddaear! Enillwyd y gêm o bum pwynt ar hugain i ddeg. Roedd siampên yn llifo yn y stafell wisgo, ac mae gen i gof clir o eistedd yn y baddonau, a gwydried o'r hylif disglair hwnnw yn fy llaw. Rwy'n cyfaddef i mi gymryd fy amser i ymolchi y prynhawn hwnnw, gan 'mod i eisie sugno pob owns o'r pleser a'r wefr allan o'r munude. Yn llythrennol, roedd 'y nghwpan i'n llawn!

'Nôl yn y bws wedyn i'r Hotel Concorde, i newid i'r siwt ddu barchus a hynny am y tro cynta yn fy hanes i; y got fach yn ffitio'n berffeth, ond am y trowsus, ro'n i gyda'r tebyca erioed a welwyd i Biggles yn un o'i lyfre antur, gyda digon o le yn y coese i ddau neu dri o'r blaenwyr! Cael ymgynnull wedyn mewn stafell breifat, i gael diod a sgwrs, a dweud wrth Cliff Jones 'mod i'n gobeithio nad dyma'r tro ola i mi gael chware i Gymru. Hwnnw yn wên o glust i glust yn dweud nad oedd unrhyw beryg o gael newidiade yn y tîm gogyfer â'r gêm nesa, gan ychwanegu,

'Gyda'r ffordd wnest ti whare heddi, Grav, fe gei di lond drôr o gapie.'

Ivor Jones wedyn, yn dod o rywle, yn aelod oes o Undeb Rygbi Cymru, wedi chware bron bum cant o geme i Lanelli, ac wedi'i alw yn frenin yn Seland Newydd ymhell cyn i Barry John gael ei eni. Ivor yn troi ata i â bag bach plastig du yn ei law:

'Gravell, wnest ti'n dda heddi.'

'O diolch yn fowr iawn, Mr Jones,' – wedi'r cwbwl, roedd e wedi bod yn un o ddewiswyr Cymru flynyddoedd ynghynt.

'Do, yn dda iawn, boi; a weda i wrthot ti, wi wedi rhoi gair bach ne' ddou mewn ar dy ran di.'

'O diolch yn fowr 'to, Mr Jones.'

'Do, wir, wi'n shŵr gei di lawer o gapie. Ond gronda, 'na un ffafr fach i fi.'

'Iawn, Mr Jones, rwbeth i chi.'

''Ma ti 'te,' a dyma fe'n tynnu chwe chopi o raglen y gêm allan o'r bag bach plastig du.

'Wi ishe rafflo rhein i godi arian i'r ysbyty yn Gorseinon ond ma' rhaid i fi ga'l llofnod y ddou dîm a'r eilyddion ar bob un copi. 'Nei di'r job 'na i fi!'

Treulies nosweth y cinio yn crwydro'r byrdde i gasglu llofnodion i Ivor. Pan gyrhaeddes adre, ac edrych ar fy rhaglen bersonol i, yr unig enwe oedd gen i oedd Geoff Wheel, JJ ac un fy hunan. Roedd Ivor wedi cael ei ffordd! Pleser oedd cael gwneud y ffafr hon iddo, ond fe fu'r math hwn o gais yn dipyn o fwrn ymhen blwyddyn neu ddwy, gan ei fod yn amharu ar fwynhad y noson. Ac mi roedd 'na fwynhad, mwynhad yn y gwmnïaeth, ac wrth wrando ar areithie llawer o bobol, rhai yn ddifyr, rhai yn ddiflas. Ond un o'r siomedigaethe ges i oedd na chafodd unrhyw araith ar ôl gêm ryngwladol ei thraddodi drwy gyfrwng yr iaith Gymraeg. Nid oedd Undeb Rygbi Cymru yn y cyfnod hwnnw yn teimlo unrhyw ddyletswydd at yr iaith, ac mae'n siŵr y bydde unrhyw newid ar y traddodiad ceidwadol wedi bod yn dân ar eu crwyn. Bellach, mae'n bleser pur cael clywed y Gymraeg yn cael ei phriod le yn Stadiwm y Mileniwm.

Ro'n i bellach wedi gwireddu un o'r breuddwydion oedd gan 'Nhad ers i mi ddechre dangos rhywfaint o ddawn trafod pêl – sef cynrychioli Cymru ar y meysydd rygbi. Eto i gyd, roedd fy hapusrwydd i yn sicr yn creu ymdeimlad o falchder yn Mam, a falle mai dagre hapusrwydd oedd yn llifo i lawr ei gruddie y prynhawn Sul hwnnw, er bod Mam a finne yn rhannu atgofion am berson arall, heb i un o'r ddau ohonon ni sôn gair am hynny. O'r holl gryse gwahanol y llwyddes i i'w hennill yn ystod 'y ngyrfa, dyma'r unig un a gadwes i mi fy hunan. Does 'na ddim arian allith brynu hwn! Fe weles gryse chwaraewyr eraill yn cael eu gwerthu am symie anhygoel, i fyny at filoedd, ond wnes i ddim caniatáu i'r un o 'nghryse i gael eu gwerthu. Cafodd pob un ei gyflwyno i wahanol glybie rygbi, fel bod rhywrai yn cael mwynhad o'u gweld, ond mae'r cap a'r crys cynta yna yn gwbl amhrisiadwy.

Ail gêm y tymor, bythefnos yn ddiweddarach, oedd yr un yn erbyn Lloegr, ac os bu'r gêm ym Mharis yn uchafbwynt, roedd hon yr un mor gyffrous – fy ngêm gynta i ar y Maes Cenedlaethol, o flaen ein cefnogwyr ein hunan. Mae hon yn ornest sy wedi aros yn y cof am sawl rheswm, ac un ohonyn nhw oedd y ffaith mai hon oedd yr unig gêm erioed i Mam ddod i'w gweld, heb yn wybod i fi. Fe gafodd Mam a Barbara, chwaer 'Nhad, docynne gan Bryn Jones, y Chemist o Bont-iets – ond ni ddywedwyd yr un gair wrtho' i am hyn, gan nad o'n i'n hapus iawn yn gweld Mam yn y geme hyn. Ro'n i'n gwybod petawn i'n cael anaf cas, y bydde hi'n poeni yn ofnadwy, ac er y bydde hi'n arfer gwylio'r geme ar y teledu gartre, o leia, roedd hi yn ei chartre ac roedd hynny yn gwneud i finne deimlo'n fwy cysurus. Rwy'n hynod o falch bod Mam wedi cael y cyfle i 'ngweld i'n chware dros Gymru – er, petai hi wedi gofyn i mi, mae'n weddol bendant y byddwn wedi'i pherswadio i beidio â dod.

Profiad i'w drysori am oes oedd cael rhedeg allan i'r maes yng Nghaerdydd. Mewn blynyddoedd i ddod, fe ges gyfle i chware i'r Llewod, y Barbariaid ac i dîme eraill, ond doedd dim i'w gymharu â'r profiad hwn ac yn erbyn y Saeson o bawb! Os o'n i'n un o filwyr Glyndŵr ar dir Ffrainc, bythefnos ynghynt, ro'n i'n teimlo nawr fel cadfridog yn ei fyddin. Ro'n i'n ysu am gael chware yn y gêm, ac fe wnaeth gohebwyr y wasg gadarnhau yn ddiweddarach mai dyma un o'r geme gore i fi ei chware yn ystod y cyfnod hwn. Fe lwyddes i fylchu fwy nag unwaith, ni fethes i'r un dacl, ac rwy'n gredinol bod y ffaith mai Saeson oedd y gwrthwynebwyr yn rhannol gyfrifol am fy agwedd i'r prynhawn hwnnw.

Ar ddiwedd y gêm, rwy'n cofio cael gwahoddiad am ddiod dawel mewn gwesty cyfagos i'r Angel, yn stafell Carwyn James, a phrofiad i'w fwynhau oedd gwrando ar y meistr yn mynd drwy'r gêm fesul symudiad bron, yn dadansoddi ac yn cloriannu yn ei ffordd ddihafal ei hunan, ac yna, bob hyn a hyn, yn canolbwyntio ar ambell i beth da a wnes i yn ystod y gêm. Roedd gwrando arno yn wers rwy'n dal i'w gwerthfawrogi, gan ei fod yn defnyddio'i dechneg fel athro yn ogystal â'i wybodaeth lwyr o hanfodion y gêm, ac yn gwneud y cyfan mor syml a diddorol. Dyna'r tro cynta iddo dreulio amser yn canolbwyntio ar y pethe da a wnes i mewn gêm, ac roedd derbyn canmoliaeth oddi wrtho yn codi fy ysbryd yn rhyfeddol. Wrth adael ei gwmni i droi am y cinio swyddogol y noson honno, ro'n i o leia ddwy droedfedd yn dalach. 'Ray fe brofest ti dy hunan heddi yn erbyn y Saeson. Rwyt ti 'na i aros yn y crys coch.' Diolch Carwyn!

Ond 'daw dydd y bydd mawr y rhai bychain', ac o fewn ychydig wythnose, daeth awr yr Alban wrth i ni deithio i Gaeredin a cholli yn erbyn tîm a lwyddodd i'n bwrw ni oddi ar ein hechel. Yn ystod y gêm fe anafwyd Steve Fenwick a John Bevan, a daeth Roger Blyth a Phil Bennett mlân fel eilyddion. Wnaeth y newidiade ddim helpu'r sefyllfa, ond o flaen y dorf fwya a welwyd ar Murrayfield ers llawer blwyddyn, y tîm cartre a lwyddodd, yn haeddiannol, i ennill y dydd. Yn amal iawn, mae'n demtasiwn i wthio'r methianne ymhell yn ôl i'r cof, ond yn achos y gêm hon, dyma'r tro cynta i fi gwrdd â Dafydd Iwan yn y cnawd, er i fi wrando arno gannoedd o weithie, a'i weld ar lwyfan mewn cyngherdde. Bues yn ei gwmni yng Nghaeredin, a'r noson honno, yn y ddawns swyddogol, bues yn dysgu cerddoriaeth 'Carlo' i'r band. Yna mentro o flaen torf o chwaraewyr, pwyllgorwyr a chefnogwyr i'w morio hi gyda 'Carlo'n whare polo gyda Dadi' oddi ar lwyfan yn y neuadd ddawns yng Ngwesty'r North British. Mae cwrdd ag arwr yn amal iawn yn gallu bod yn siom am amryw o resyme, ond wrth gyfarfod â'm harwr i, Dafydd Iwan, fe gadarnhawyd pob dim oedd gen i yn 'y meddwl amdano. Roedd yn berson agos, hawdd sgwrsio gydag e, ac yn fwy na dim roedd e'n fwrlwm o frwdfrydedd a hiwmor iach.

Ar waethaf canlyniad y gêm, roedd yn noson gofiadwy. Un gêm ar ôl i gwbwlhau 'nhymor cynta fel chwaraewr rhyngwladol, a hon yn erbyn arwyr yr Ynys Werdd ar y Maes Cenedlaethol yng Nghaerdydd. I ychwanegu at ramant y digwyddiad, hon oedd gêm ola Willie John McBride, a dau newid yn nhîm Cymru ers y tîm a ddechreuodd y tymor: fe ges i fy nghyd-chwaraewr o'r Strade, Roy Bergiers, yn bartner yng nghanol y cae, a daeth un arall o arwyr y Strade i lenwi'r bwlch ar ôl i John Bevan ddiodde anaf, wrth i Phil Bennett gael ei ddewis yn faswr. Ffaith arall ddiddorol oedd bod tri chyn-ddisgybl o un ysgol yn gwisgo cryse cochion yr olwyr y prynhawn hwnnw; Roy a finne yn y canol, a Gerald Davies ar yr asgell, y tri ohonon ni wedi bod yn Ysgol y Frenhines Elizabeth, Caerfyrddin – y *Gram*. Roedd yn ddigwyddiad o bwys i'r ysgol hefyd, mae'n debyg, gan i'r plant i gyd gael hanner diwrnod ychwanegol o wylie ar ein cownt ni!

Mae pob gêm rygbi yn erbyn Iwerddon yn tueddu i fod yn gêm ffyrnig, gorfforol; eto i gyd, mae 'na hiwmor yn perthyn i'r Gwyddel, hiwmor sy'n llwyddo i gyrraedd yr wyneb beth bynnag fo'r sefyllfa. Roedd 'na hanner can miliwn o gynulleidfa deledu drwy Ewrop gyfan yn gwylio'r gêm, a hanner can mil arall ar y Maes Cenedlaethol, i gyd yn gweld Cymru yn feistri corn ar y gêm, ac yn ennill o sgôr criced. Bu chware Cymru yn eithriadol o gelfydd a gwefreiddiol gydol y gêm ac, wrth gwrs, fe lwyddwyd i gadw'r meddiant oddi wrth chwaraewyr disglair Iwerddon, rhai fel Mike Gibson a Dick Milliken yng nghanol y cae, yn ogystal â rhwystro'r Gwyddelod rhag gwneud eu rhuthriade a chicio'r bêl mlân. Roedd pob un ohonon ni'r dibrofiad wedi cael ein rhybuddio cyn y gêm gan y chwaraewyr profiadol, am y waedd Wyddelig, 'Kick ahead, Oireland'. Ar un achlysur a'th y bêl yn rhydd ar ganol y cae, a finne'n cwrso nerth 'y nghoese ar ei hôl, pan ddaeth acen Gogledd Iwerddon Willie John McBride yn glir fel cloch drwy'r holl sŵn i gyd, yn annog ei dîm oedd wedi colli pob gobaith am fuddugoliaeth – 'Kick ahead, Oireland, kick ahead, Oireland – any f....n head!' Y foment honno, fe gawson ni gyfuniad o hiwmor, anobaith, a chyfaddefiad y Gwyddelod eu bod nhw wedi cael eu meistroli'n llwyr. Dyma 'nghysylltiad cynta i â'r Gwyddel, cysylltiad a ddaeth yn un agos iawn wrth i'r blynyddoedd fynd heibio. Erbyn hyn, does dim sy'n rhoi mwy o bleser i fi na chael croesi'r môr i'r Ynys Werdd, a phrofi cwmnïaeth a chyfeillgarwch cynnes na lwyddes i'w brofi mewn unrhyw wlad arall yn y byd.

'Nôl ar y Strade, fodd bynnag, roedd y pwyslais i gyd ar gystadleuaeth y Cwpan unwaith yn rhagor, a chyn y Nadolig yn 1974, crafu buddugoliaeth fuodd hi yn Ffynnon Dâf yn erbyn y tîm lleol – y sgôr terfynol oedd deg pwynt i chwech. Yn dilyn y gêm hon, ces 'y nghyfweliad teledu cynta 'rioed, gan Huw Llywelyn Davies oedd newydd ymuno â Theledu Harlech fel gohebydd. Does gen i'r un syniad beth a ofynnwyd i fi chwaith! Yna, ennill o dros hanner cant o bwyntie yn erbyn tîm yr Aman, yn y Garnant, cyn wynebu pac Pont-y-pŵl, yr wythnos ar ôl gêm Ffrainc, ar un o barciau perta Gwent. Gêm gofiadwy oedd hi hefyd, o flaen torf o dros ugain mil, gyda JJ yn sgori cais yn dilyn rhyng-gipiad sydyn. Roedd y taclo yn y gêm hon yn fwy ffyrnig nag ar Parc des Princes, ac ar ddiwedd y gêm roedd cefn Roy Bergiers yn edrych fel petai trên wedi gyrru drosto, yn llinelle coch i gyd. Buddugoliaeth o ddeunaw pwynt i naw i Lanelli, a'r cyfle i wynebu Pen-y-bont yn y rownd gyn-derfynol ar faes San Helen ar Fawrth yr 22ain. Mae arna i ofn mai dim ond un tîm oedd yn y gêm honno, gyda'r cryse sgarlad yn carlamu i bymtheg pwynt ar hugain yn erbyn chwe phwynt Pen-y-bont. Felly, ar ddydd Sadwrn Ebrill 26ain, 1975, fe gyrhaeddodd Llanelli y rownd derfynol am y pedwerydd tymor o'r bron i geisio ennill y cwpan am y trydydd tro.

Ein gwrthwynebwyr oedd Aberafan, a lwyddodd i gyrraedd y Maes Cenedlaethol heb i'w gwrthwynebwyr sgori'r un cais yn eu herbyn – tipyn o gamp mewn cystadleuaeth galed fel Cwpan Schweppes. Roedd yn Sadwrn eithriadol o boeth – fel canol haf, a Llanelli'n ffefrynne i ennill y bencampwriaeth, er i ni golli gwasanaeth Derek Quinnell oherwydd anaf, a bod Gareth Jenkins wedi cael dau bwyth ar bymtheg yn ei ben-glin ar ôl syrthio ar fricsen mewn gêm ym Mhont-iets. Edrychid mlân at y gêm fel brwydr rhwng amddiffyn Aberafan ac ymosodiade creadigol Llanelli. I roi mwy o fin ar y cwbwl, roedd Aberafan, wrth gwrs, eisie gwneud yn iawn am y golled o ddau bwynt y flwyddyn cynt. Onid oedd Aberafan eisoes wedi bod yn fuddugol ddwywaith yn erbyn Llanelli yn ystod y tymor, ac yn llawn ffydd y bydde'u blaenwyr yn rhoi crasfa i'w chofio i Lanelli, ac yn cadw'r meddiant oddi wrth yr olwyr? Yn anffodus, wnaeth neb ddweud wrth flaenwyr Llanelli eu bod nhw i fod i golli'r gêm! Cafodd dros ddeugain mil o dorf, yn llewyse eu cryse, fwynhau'r olygfa o weld pac Llanelli yn chwalu pac Aberafan, gan ennill digon o feddiant i greu ceisie i Andy Hill, Phil Bennett a Tommy David. Andy Hill wedyn yn cloi'r sgori gyda chic gosb anferthol o hanner can llath. Ar ddiwedd y gêm, fe ddwedodd Phil Bennett mewn cyfweliad ar y BBC: 'Y gwres o'dd ein problem fwya ni – ond fe wnaethon ni dwymo traed Aberafan yn ystod y prynhawn!' Roedd y cwpan i aros ar y Strade am flwyddyn arall!

Ar ddiwedd Gorffennaf 1975, dyma adael gwlad y gân am wlad y *saki* a'r *chopsticks*, gan aros ychydig ddiwrnode yn Hong Kong, yn y gwesty lle cafodd

Rownd Derfynol Cwpan Schweppes 1975 – Llanelli 15 Aberafan 6. Hon oedd ein pedwaredd buddugoliaeth yn y gystadleuaeth yn y 1970au.

llawer o olygfeydd eu ffilmio gogyfer â ffilm Peter Sellers, *The Pink Panther*. Yr ail ddiwrnod o'n harhosiad ni yn Hong Kong, fe gwrddes â Chymraes, Carys Gravell, o Aberystwyth, a'i thad, Jack Gravell, yn wreiddiol o Fynyddygarreg. Meddyliwch, teithio i bellafoedd byd a chwrdd â merch oedd nid yn unig a chysylltiad â'm milltir sgwâr, ond yn berthynas teuluol hefyd.

Athrawes oedd Carys ar Ynys Hong Kong, ac fe lwyddon ni i greu cornel fach o Gymru yn y Dwyrain Pell, am ychydig o orie, yng nghanol gwres trymaidd eithriadol. Ni fu haf 1975 yn un arbennig o garedig yng Nghymru ac wrth gwrs, roedd pob un ohonon ni yn manteisio ar y cyfle i dorheulo o dan yr haul bendigedig – ond bu raid i sawl un o blith y garfan dalu'n ddrud am addoli'r haul. Fe aeth 'y nhrwyn i'n fwy pinc na'r Panther chwedlonol ac yn dra phoenus, ond druan o Geoff Wheel, llosgwyd ei gefn yn greulon, i'r gradde iddo orfod gael triniaeth feddygol ac iddo fethu chware yn Hong Kong o gwbwl, ac yn y gêm yn erbyn pymtheg Hong Kong, Geoff oedd â'r cyfrifoldeb o ofalu am y Cymry yn yr eisteddle. Roedd yr Arglwydd Heycock a'i wraig yn bresennol, ac wedi dod i'r gêm, a bu Geoff Wheel yn ei ffordd ddihafal, ddiplomyddol yn perswadio'r Fonesig Heycock na fedre hi eistedd yn sedde carfan chwaraewyr Cymru, gyda'r geirie anfarwol, 'Heycock? I don't care if you're Allcock, you're not sitting there!'

Roedd cerdded strydoedd Hong Kong yn dipyn o brofiad, gyda channoedd ar gannoedd o stondine yn paratoi bwyd ar ochr y strydoedd, a'r awyr yn llawn o arogle sbeis yr Orient. Fe fu llawer o arbrofi, ond mae arna i ofn mai pur geidwadol fues i 'rioed gyda 'mwyd, a diolch bod cig eidion ar gael i mi gael fy stêc amrwd bob pryd. Gadael Hong Kong wedyn, a hynny'n brofiad gan fod y rhedfa awyr wedi'i hadeiladu allan i'r môr oherwydd prinder tir ar yr ynys, a thrwy ffenestri'r awyren gweld llonge a thonne bob ochor wrth inni gael ein hyrddio ar hyd y rhedfa – digon i wneud i fi ddal fy anadl tan i fi deimlo'r awyren yn codi i'r awyr, gan nad ydw i'n nofiwr o fri! Os o'n i'n ymywbodol o ddieithrwch yn ystod y dyddie hynny yn Hong Kong, fe fu cyrraedd Siapan yn fwy o sioc fyth, gan fod y dieithrwch yma yn ganwaith mwy amlwg – heb unrhyw gysylltiad gorllewinol yn agos at y wlad. Ni fedrwn lai na synnu at bob dim o 'nghwmpas i, yn bobol, yn drafnidiaeth, yn adeilade ac, yn fwy na dim, yr iaith. Prin iawn oedd y Siapaneaid oedd â Saesneg digon rhugl i lwyddo i gynnal sgwrs â ni, ac roedd hynny'n dipyn o rwystredigaeth i mi, gan 'mod i wrth 'y modd yn sgwrsio. Prinnach fyth oedd y cyfle i gael pryd o fwyd na fydde'n ddarne o bysgod amrwd, a bowlenni o saws tywyll, poeth, a thunelli o reis wedi'i ferwi, yn cael ei ddilyn gan *saki* cynnes, sef diod genedlaethol Siapan. Buom yn aros yn Osaka am rai dyddie ac yno roedd lleoliad y gêm brawf gynta. Ar ôl byw ar fara menyn a choffi am ddiwrnod neu ddau, dysges bod gobaith wedi'r cwbwl, wrth sylweddoli ei bod yn bosib cael stêc yn Siapan, ac yn arbennig o'r eidion oedd yn cael ei fagu yn nhalaith Kobe. Unwaith yn rhagor, roedd cael stêc drwchus ar 'y mhlat yn dod â gwên 'nôl i'm wyneb.

Carfan Cymru a deithiodd i Siapan yn 1975. Y rheolwr oedd Les Spence o Gaerdydd a fu'n garcharor rhyfel o dan y Siapaneaid yn ystod yr Ail Ryfel Byd.

Daeth torf anferth i'r stadiwm foethus yn Osaka i wylio'r prawf cynta ar y prynhawn Sul, a'r cof cliria sy gen i o'r gêm yw i Mervyn Davies gael llosgiade difrifol ar ei gefn oherwydd y deunydd a ddefnyddid gan y Siapaneaid i farcio'r maes. Calch amrwd oedd wedi cael ei ddefnyddio, ac fe fu'r capten mewn poen difrifol am ddiwrnode yn dilyn y gêm. Cyn y gic gynta, roedd rheolwr Siapan ac aelode'r tîm yn ffyddiog y gwnâi'r tîm yn dda yn ein herbyn, ond llwyddodd Cymru i sgori trigain pwynt, a'r noson honno syndod mawr i ni i gyd oedd troi i mewn i'r cinio swyddogol yn Osaka, a chael mai dim ond tîm Cymru oedd yn y stafell ysblennydd yma, a'r byrdde i tîm Siapan yn hollol wag. Yn ei siom, roedd Shiggy Kono, y rheolwr, wedi danfon pob aelod o'i dîm adre, oherwydd y gwarth a gyflawnwyd yn eu chware trychinebus. Yn wyneb y pwyslais y mae'r Siapaneaid yn ei roi ar ddisgyblaeth doedd dim maddeuant i'r chwaraewyr; teimlai Shiggy Kono nad oedden nhw wedi gwneud ymdrech deg i chware'r gêm. Ro'dd hyn yn dipyn o siom i ni, gan mai ein chware ni oedd yn gyfrifol am y sefyllfa, ac nid unrhyw ddiffyg ymdrech ar ran y Siapaneaid.

Fe gawson ni ein trin fel tywysogion yn ystod ein harhosiad, gyda thaith o Osaka i le bach o'r enw Hakone ar y Shinkansen, sef y *Bullet Train* anhygoel sy ganddyn nhw yn Siapan yn gwibio ar gyflymdra o gant a deugain milltir yr awr. O Hakone, cael ein tywys i droed y mynydd sanctaidd, Fuji, ac yno, rownd i bob cornel bron, roedd allor neu deml i un o'r duwie, ac wrth bob un fe fydde nifer o'r brodorion yn cyflawni eu defode crefyddol. Mlân wedyn o harddwch rhyfeddol y mynyddoedd a'r llynnoedd a'r temle hardd, i'r brifddinas newydd, Tokyo, ac ar ôl tawelwch a llonyddwch y wlad, roedd adeilade tal y ddinas a'i thrafnidiaeth gwallgo yn dipyn o sioc. Yng nghanol yr holl ruthr yr unig dawelwch a brofes i oedd ar ymweliad â phalas yr Ymerawdr Hirohito, a chael 'y nghyflwyno i'w wyres, y Dywysoges Shishibu. Daeth pob un ohonon ni o'r cyfarfod hwnnw yn berchen ar oriawr boced Seiko newydd, i'n hatgoffa am ein hymweliad â Gwlad Codiad yr Haul.

Yn yr ail brawf, sef gêm ola'r daith, ro'n ni'n chware yn y stadiwm lle'r enillodd Lynn Davies ei fedal aur yn y Naid Hir ym Mabolgampau Olympaidd 1964, a'r stadiwm ei hun yn rhan o filoedd o erwe wedi'u neilltuo ar gyfer campe o bob math, o stadiwm bêl-fas i ganolfan ymgodymu Sumo. Pan ma'r Siapaneaid yn gwneud unrhyw beth, does 'na ddim hanner ffordd, mae pob dim yn cael ei wneud yn iawn. Profodd y gêm brawf, er hynny, mai ni oedd yn gwneud pob dim yn iawn ar y cae, a llwyddo y tro hwn i sgori wyth deg wyth o bwyntie – ond ar ôl dweud hynny, ar adege yn ystod y gêm, teimlwn fel petawn yn wynebu deg ar hugain o wrthwynebwyr, gan eu bod yn dod yn gawodydd o dri neu bedwar i'n taclo ni. Roedd yr ymdrech yno, yn sicr; yn anffodus, nid oedd y cryfder corfforol ganddyn nhw ymysg y blaenwyr i wneud y gêm yn fwy cyfartal. O leia, y noson honno, cafodd tîm Siapan ymuno â ni yn y cinio swyddogol, wrth inni fwynhau ein noson ola yn y Dwyrain Pell. Er mor brydferth oedd y wlad o gwmpas Mynydd Fuji, rhaid cyfaddef nad oedd Siapan yn un o'm hoff wledydd i, yn rhannol, falle, oherwydd yr iaith gwbwl ddieithr oedd yn gwneud cyfathrebu yn dipyn o broblem, ac yn rhannol hefyd, falle, oherwydd na lwyddes i i stumogi'r *sushi*, y pysgod amrwd, na meistroli'r grefft o ddefnyddio'r *chopsticks* heb wneud llanast rhyfeddol ar bawb a phopeth o 'nghwmpas i. Do'n i ddim yn teimlo'n hollol gartrefol chwaith mewn gwlad a oedd, bob yn ail ddiwrnod, yn crynu i'w seilie wrth i ddaeargryn arall daro.

Tua mis ar ôl cyrraedd 'nôl o Siapan, fe gês gynnig swydd newydd gan gwmni Sharp and Fishers. Cwmni yn gwerthu defnyddie ac offer ar gyfer adeiladu o'n nhw, ac yn digwydd bod yn chwilio am gynrychiolydd yn ardal Llanelli i deithio o gwmpas, i ddelio â chwsmeriaid ac, wrth gwrs, i chwilio am fusnes o'r newydd. Fel sawl cwmni masnachol, ro'n nhw'n credu bod cael wyneb adnabyddus i hybu eu cynnyrch yn gymorth i'w busnes, a chan eu bod nhw'n cynnig cyflog uwch na'r hyn ro'n i'n ei ennill gyda'r Bwrdd Trydan, rhaid oedd ei ystyried, ac yna penderfynu ymgymryd â'r gwaith – yn enwedig gan fod car cwmni a theliffon yn cael eu cynnig gyda'r swydd. Roedd y pethe materol hyn yn bwysig iawn ar y pryd, er i fi sylweddoli mewn byr amser nad *rep* oedd 'y ngalwedigaeth i, ac mai am gyfnod yn unig y byddwn i'n gwneud y gwaith. Fe barodd y cyfnod am dair blynedd i gyd, a theg dweud i'r cwmni fod yn dda i fi, er i finne wneud 'y ngwaith yn foddhaol o'u safbwynt hwythe hefyd, siŵr o fod, gan fod cymaint o gwsmeried y cwmni yn ffyddlonied ar y Strade. O'r herwydd, doedd y broses o werthu ddim yn sialens anodd iawn.

O fewn ychydig wythnose i fi ddechre 'ngwaith, roedd cryn ddisgwyl i dîm teithiol Awstralia gyrraedd y Strade ar Dachwedd y 4ydd. Daeth torf anferth ynghyd, ond doedd yr awyrgylch cyn y gêm ddim i'w gymharu o bell ffordd ag ymweliad y Cryse Duon 'nôl yn '72. Trodd y chware yn gystadleuaeth gicio rhwng Phil Bennett o Lanelli a Paul McLean o Awstralia, a'r gystadleuaeth honno'n gorffen yn gyfartal, gyda'r ddau chwaraewr yn hawlio ugain o bwyntie yr un. Un o'r pethe rhyfedda am y gêm oedd i bedwar pwynt ar ddeg ar hugain gael eu sgori yn ystod y deugain munud cynta. A dim ond tair munud yn weddill o'r gêm, roedd Llanelli ar y blân o wyth pwynt ar hugain i bump ar hugain, pan gafodd un canolwr barf-goch ei ddal yn camsefyll yn union o flaen y pyst, a McLean yn trosi'r gic gosb hawsa a gafodd e drwy'r prynhawn i ddod â'r sgôr yn gyfartal. Buodd yn gêm gynhyrfus, do, o ran y sgôr, ond braidd yn brin oedd y gêm o ran y medre oedd yn nodweddu'r ddau dîm. Aeth y dorf o'r Strade heb fedru canu 'Who beat the Wallabies?' gan i 'good old Sosban Fach' fethu o drwch y blewyn – neu o drwch barf Raymond Gravell! O fewn ychydig wythnose, ro'n i yn nhîm Cymru unwaith yn rhagor, yn wynebu'r Awstraliaid ar y Maes Cenedlaethol – a'r tro hwn, doedd dim camgymeriade i fod! Llwyddwyd i drechu'r ymwelwyr yn gymharol hawdd, gyda J.J. Williams yn croesi am dri chais, gan arddangos ei ddawn fel gwibiwr ac fel ymosodwr twyllodrus. Adeg y Nadolig hwnnw yr ymddangoses i am y tro cynta i'r clwb ecscliwsif iawn hwnnw, y Barbariaid, pan ges 'y newis ar gyfer eu gêm flynyddol yn erbyn Caerlŷr, yn ogystal â chael 'y newis eilwaith i'r tîm a wynebodd Awstralia wrth iddyn nhw gloi eu taith gyda'r gêm draddodiadol yn erbyn y Barbariaid ar y Maes Cenedlaethol. Roedd yn flwyddyn o anrhydedde i fi yn y byd rygbi, a rhaid cyfaddef 'mod i ar ben y byd. Ym maes y geme rhyngwladol, roedd y canlyniade yn erbyn Awstralia yn arwydd o'r hyn oedd i ddod, gan i Gymru ennill y Gamp Lawn yn '75/76, gyda thymor eithriadol o lwyddiannus, a'r fuddugoliaeth yn erbyn Ffrainc ar y Maes Cenedlaethol yn goron ar y cwbwl.

Ond fe fuodd 'na un digwyddiad arall cofiadwy yn ystod y tymor hwn – a hwnnw'n ddim oll i'w wneud â rygbi, ond yn bopeth i'w wneud â Chymreictod. Ar y noson cyn gêm yr Alban, fel ar bob noson cyn gêm, yn draddodiadol bydde'r tîm a'r swyddogion i gyd yn talu ymweliad ag un o'r sinemâu yng Nghaerdydd, i ymlacio drwy wylio ffilm. Y noson honno, mi wyddwn i fod Dafydd Iwan yn canu mewn cyngerdd yn Theatr y Reardon Smith yn Cathays, a dyna lle'r o'n i am fod, nid mewn sinema dywyll yn gwylio ffilm nad o'n i o ddewis eisie ei gweld. Dyma fynd at John Dawes, hyfforddwr Cymru, i ofyn iddo a gawn i fy esgusodi o'r trip i'r pictiwrs, ac wrth i fi egluro pam ro'n i am

Ionawr y 24ain, 1976 – Y Barbariaid 19 Awstralia 7. Naw Cymro yn y tîm a finne'n cael yr anrhydedd o 'ware yn y canol 'da Mike Gibson.

Llais Cymru ers canol y 1960au – Dafydd Iwan.

gael fy esgusodi, edrychodd yn rhyfedd arna i am rai eiliade, cyn rhoi ei ganiatâd, a rhybudd i fi fod 'nôl yn y gwesty erbyn amser arbennig. Oherwydd y swper yng ngwesty'r Angel, ro'n i braidd yn hwyr yn cyrraedd y theatr, a Dafydd eisoes ar y llwyfan, ond fe lithres yn dawel i mewn i gefn yr awditoriwm i fwynhau gweddill y cyngerdd, heb fod yn ymwybodol bod unrhyw un wedi 'ngweld i yn y tywyllwch. Ond mae'n amlwg fod Dafydd wedi 'ngweld i'n cyrraedd fy sedd, gan iddo 'ngwahodd i i ymuno ag e ar y llwyfan. Cymysgedd o swildod a balchder oedd yn 'y moddi i yr eiliade hynny, wrth fynd tuag at y llwyfan, a chael derbyniad rhyfeddol oddi wrth y gynulleidfa. Bu raid i mi ddweud gair neu ddau, a gorffen trwy ganu 'Mae'n Wlad i Mi' gyda Dafydd. Ro'n i'n gwerthfawrogi gweithred Dafydd, gan nad oedd unrhyw reswm arbennig iddo fod wedi 'ngalw i ato. Roedd y profiad yn un o wefr a mwynhad o gael rhannu llwyfan gydag e.

Uchafbwynt y tymor rygbi oedd cael cyfle i dalu fy ail ymweliad â'r Ynys Werdd, a chael aros unwaith eto ym moethusrwydd Gwesty'r Shelbourne. Mae ymweliade ag Iwerddon yn arbennig iawn am fod y ddau dîm yn cael aros yn yr un gwesty, a pherthynas glòs yn datblygu o'r herwydd rhwng aelode'r ddau dîm. Mae'r awyrgylch yn hollol wahanol i'r hyn a geir yn y gwledydd eraill, ac oddi ar y cae mae 'na dynnu coes a chyfeillgarwch yn tyfu yn naturiol. Pleser pur i mi oedd cael crwydro strydoedd Dulyn yn ystod y penwythnos, yn cael fy hudo a'm swyno gan acenion y Gwyddelod, yn mwynhau edrych ar yr adeilade, dod yn fwy a mwy ymwybodol o hanes gwleidyddol a chenedlaethol y wlad. Os na wnaeth y profiade hyn ddim arall, fe wnaethon nhw gadarnhau 'nghenedligrwydd a 'nghenedlaetholdeb i, a gwneud i fi feddwl llawer mwy am 'y Nghymreictod. Nid colur arwynebol, emosiynol oedd e bellach, ond rhywbeth byw, sylfaenol bwysig i fi, rhywbeth a oedd yn cael ei ddeffro nid yn unig gan ganeuon rhywun fel Dafydd Iwan, ond hefyd drwy areithie Dr Gwynfor Evans a dadleuon Carwyn James. Do, fe ddihunodd yr ymweliade â Dulyn deimlade cryf yno' i, yn ogystal â magu blas am Win y Gwan – ac mae i hwnnw hyd yn oed flas hollol wahanol o'i yfed yn Iwerddon.

'Nôl ar y Strade, roedd yr ymgyrch i gadw Cwpan Cymru yn y cwpwrdd gwydr yn ei hanterth ac, unwaith yn rhagor, roedd Llanelli wedi llwyddo i gyrraedd y rownd derfynol. Bron nad oedd cefnogwyr y Strade yn teimlo bod hawl ddwyfol ganddon ni i ymddangos yn y rownd derfynol, ac y dyle'r clybiau eraill frwydro am yr hawl i fod yn wrthwynebwyr i ni. O leia, ymddangosai felly gan mai hwn oedd ein pumed ymweliad â'r Maes Cenedlaethol o fewn pum mlynedd. Un cwmwl o dristwch yn ystod y cyfnod hwn oedd y salwch a fu'n gyfrifol am ddirwyn gyrfa Mervyn Davies i ben wrth iddo chware yn y rownd gyn-derfynol rhwng Abertawe a Phont-y-pŵl ar Barc yr Arfau. Ni sylweddolodd y dorf o bymtheng mil bod Mervyn wedi diodde gwaedlif ar yr ymennydd, a'i fod yn ymladd am ei fywyd. Bu'r frwydr yn un galed, ond llwyddodd Mervyn i ennill yn raddol, er i fyd rygbi golli chwaraewr rhyfeddol o ddawnus a chapten hynod effeithiol y tîm cenedlaethol. Does dim amheuaeth na fydde fe wedi bod yn gapten y Llewod oni bai am y salwch. Roedd rygbi yn dlotach o'i absenoldeb o'r rownd derfynol gan mai digon di-fflach oedd y symudiade ar y maes wrth i Lanelli gipio'r Cwpan o un pwynt ar bymtheg i bedwar. Trosodd Phil Bennett bedair cic gosb a chroesodd J.J. Williams am gais; sgoriodd David Richards gais i Abertawe. Hon hefyd oedd gêm ffarwel un o hoelion wyth Llanelli, Tony Crocker. Ond gêm siomedig neu beidio, roedd Cwpan Schweppes ar yr M4 ar ei ffordd 'nôl i'r Strade am y pedwerydd tymor o'r bron, a'r cefnogwyr unllygeidiog wrth eu bodd yn dathlu'r fuddugoliaeth dros y *Jacks*.

Ar ôl cael haf yn rhydd o deithio, ro'n i'n barod i wynebu tymor newydd o rygbi gydag awch, ac rwy'n dal i deimlo 'mod i wedi chware fy rygbi gorau 'rioed yn y cyfnod rhwng Medi a'r Nadolig 1976. Ond, chwalwyd y freuddwyd ynglŷn â chynrychioli'r Llewod mas yn Seland Newydd ar ddydd Gŵyl San Steffan yn y gêm draddodiadol rhwng Llanelli a Chymry Llunden ar y Strade. Ro'dd wythnos i fynd cyn y prawf i ddewis tîm Cymru, a finne'n gwbwl hyderus y byddwn i'n cadw fy lle yn y tîm. Ro'n i'n llwyddo i fylchu bron fel y mynnwn i yn erbyn yr Alltudion – hyrddies fy hunan i linell ddwy ar hugain yr ymwelwyr, gwthio dau o'u blaenwyr o'r neilltu cyn cael 'y nhaclo, a gosod y bêl yn reddfol, pan deimles esgid galed yn cael ei phlannu ar ochor 'y mhen. Ro'n i'n gwybod 'mod i wedi cael anaf, a theimlwn rywbeth cynnes yn llifo i lawr 'y nghen a 'ngwddw. Wrth edrych i fyny, gwelwn Phil Bennett yn dod tuag ata i, a braw yn ei lyged, ei eirie yn tanlinellu'r twyll wrth iddo ddweud 'mod i wedi cael clwy' bach cas. Da'th Bert Peel i'r maes, a hwnnw'n cadarnhau, 'Gravell, dere bant o'r ca', i fi roi un neu ddou bwyth yn hwnna.'

Cyrhaeddais y stafell driniaeth, a Gareth Williams, arbenigwr ENT o ysbyty Glangwili, yn bresennol i weld yn union beth oedd o le. Buodd Gareth wrthi'n brysur yn gwnïo am amser – deunaw o bwythe; fe dynnodd lun o'r anaf, a gwnaeth ei ore i 'mherswadio i i gymryd achos yn erbyn y drwgweithredwr, gan ei fod e'n credu'n siŵr bod y gic yn un hollol fwriadol. Wnes i ddim gwrando arno, gan 'mod i'n credu y dyle'r cyfan ddechre a gorffen ar y cae rygbi. Does 'na'r un blaenwr na chefnwr sy'n sant, ac er nad oes dim lle i weithred fel hon o fewn fframwaith y gêm, dwi ddim yn credu mai yn y llysoedd barn y mae'r ateb, ond o fewn gweinyddiad y clybie eu hunen. Roedd pwyllgor y Cymry yn Llunden yn gwybod yn iawn pwy oedd yn euog o'r drosedd, ac mae hynny'n wir am y rhan fwya o'r anafu bwriadol sy'n digwydd. Lle'r clwb yw cosbi'r drwgweithredwr, a'i ddiarddel yn llwyr os oes raid, a phe bai hyn yn digwydd, fe fydde'r gêm yn lanach o lawer. Ni ellir rhwystro'r dyrnu achlysurol, gan fod y gêm ei hunan mor gorfforol, ond fe ddyle'r clybie unigol allu gweithredu i chwynnu o blith eu chwaraewyr yr ambell seicopath prin sy'n gallu gweithredu tu cefn i ddyfarnwr. Fe golles y prawf ola i Gymru oherwydd y pwythe, ond dewiswyd fi i'r tîm i wynebu'r Gwyddelod ar sail safon fy chware i Lanelli, ac wrth gwrs, ro'n i'n edrych mlân at y gêm ar y Maes Cenedlaethol. Y dydd Sadwrn cyn y gêm honno, Caerdydd oedd gwrthwynebwyr Llanelli yn un o rowndie cynnar y Cwpan, a finne fel yr ola o'r Mohicans, â rhwymyn gwyn o gwmpas 'y mhen i arbed 'y nghlust, gan fod nifer o'r pwythe yn dal yno. Gareth Williams, chware teg iddo, wedi gwneud cystal job o bwytho ag unrhyw Yves St Laurent.

O fewn ychydig i ddiwedd y gêm, serch hynny, pan dorrodd Gareth Edwards drwy'r canol, a rhedeg i 'nghyfeiriad i, fe benderfynes geisio'i daclo fe'n ddiymdrech, gan y bydde'r ddau ohonon ni'n chware i Gymru y Sadwrn canlynol. Doedd meddwl Gareth, yn amlwg, ddim ar yr un donfedd, gan iddo ddod i mewn i fi gyda'i holl egni. Oherwydd llacrwydd 'y nghorff, niweidiwyd un o'r nerfe ym môn 'y mraich, ac yn lle wynebu cryse gwyrdd y Gwyddelod, cês fy hunan allan o'r gêm am dros dri mis o amser. Rwy'n cofio Gordon Rowley, arbenigwr meddygol Undeb Rygbi Cymru, yn dweud wrtho' i bod y newid yn un seicosomatig. Buodd hynny yn boen meddwl i fi, gan nad oedd gen i'r un syniad beth oedd ystyr y gair – falle y dylwn i fod wedi cael gafael ar eiriadur Bert Peel! Ond seicolegol neu beidio, roedd y boen yn un real iawn i fi, a do'n i ddim yn gallu codi 'mraich o gwbwl.

Ar ben colli'r tymor rhyngwladol, roedd y Llewod i deithio i Seland Newydd yr haf hwnnw, ac ers amser roedd Delme wedi bod yn sôn am ei brofiade fe ar deithie i Fôr y De, ac wedi fy sicrhau y cawn i groeso ganddyn nhw pan ddôi'r amser i fi fynd yno, am 'mod i'n chware yn eu steil nhw. Ond na, doedd hynny ddim i fod, er i John Dawes geisio 'mherswadio i, fel roedd diwedd y tymor yn agosáu, i chware gêm neu ddwy i Lanelli er mwyn profi fy ffitrwydd. Gwrthod cael 'y nhemtio wnes i am nad o'n i'n hapus yn fy hunan y byddwn i'n rhoi cant y cant o ymdrech yn 'y ngêm.

Roedd yr hafe bob amser yn llawn, gyda galwade dirifedi i agor carnifal neu ffair haf, neu gyfarfod gwobrwyo, ac roedd haf '77 yn fwy llawn fyth gyda'r holl ymarfer caled. Er bod y galwade hyn yn dwyn pob awr sbâr oedd gen i, fedrwn i ddim gwrthod y gwahoddiade, gan mai ymateb i angen y gymdeithas ro'n i, wedi'r cwbwl, ac os oedd y gymdeithas yn teimlo y gallwn i fod o ddefnydd, yna rhaid oedd cyflawni'r gofynion hynny hyd y gallwn i. Fe achosodd y digwyddiade hyn dipyn o drafferth i fi fwy nag unwaith, gan na fues i 'rioed yn un o'r rhai mwya trefnus. Bant â fi i agor carnifal ym Mhenygroes un prynhawn, a finne i fod i agor rhyw ddigwyddiad arall yn Llansteffan. Rywfodd neu'i gilydd, o drwch y blewyn, fe lwyddes i gyrraedd y manne iawn bron ar yr amser iawn!

Ro'n i'n edrych mlân at ddechre'r tymor rygbi, ac yn ystod yr wythnose cynnar, cafwyd un gêm gofiadwy. Roedd Llanelli wedi teithio i Gae'r Bragdy i wynebu Pen-y-bont, a finne 'nôl yn y canol gyda Roy Bergiers. O safbwynt personol, petawn i'n gorfod dewis yr un gêm berffeth, hon fydde'r gêm. Llwyddes i hollti amddiffyn Pen-y-bont dro ar ôl tro, gan greu tri chais i Andy Hill ar yr asgell, ac roedd adroddiade'r wasg yn ganmoliaethus iawn. Yn *Y Faner*, medde Huw Llywelyn Davies:

> Roedd 'na wefr yn y gêm . . . a'r wefr honno oedd gweld Ray Gravell, canolwr lliwgar Llanelli a Chymru, 'nôl yn chwarae cystal ag erioed – neu'n well na hynny hyd yn oed . . . Yn ddi-os, o'r hyn welson ni nos Fercher diwethaf, roedd y Llewod ar eu colled nad oedd Ray Gravell gyda nhw yn y garfan.

Hon oedd y gêm pan wnes i'r penderfyniad 'mod i am ennill fy lle yn ôl yn nhîm Cymru, ac nad oedd yr un chwaraewr i gael y gore ohono' i y tymor hwnnw. Ar Fedi'r 10fed, fe gefes fy hun yn nhîm y Barbariaid yn wynebu tîm y Llewod a fu yn Seland Newydd, ar faes Twickenham – y gêm i ddathlu chwarter canrif y frenhiniaeth! Doedd y rheswm dros chware'r gêm arbennig hon ddim o bwys i mi o gwbwl, ond roedd y cyfle i chware ar lwyfan rhyngwladol yn amserol iawn, ac yn sialens wrth wynebu'r Llewod. Yn bartner i fi yng nghanol y cae roedd Dr Charles Kent, cawr o ddyn, personoliaeth ddymunol yn ogystal â chwaraewr dawnus. Gareth Edwards oedd y mewnwr, gyda David Richards yn bartner iddo, JPR yn y cefn a Gerald Davies ar yr asgell. Colli fu hanes y Barbariaid y prynhawn Sadwrn hwnnw, ond wrth i ni adael y cae, dyma Steve Fenwick yn gweithio'i ffordd tuag ata i, ac yn rhoi canmoliaeth i fi am chwarae gêm dda (llwyddais i greu cais i JPR, a sgori un fy hunan drwy hyrddio heibio Derek Quinnell). Ceisiodd fy 'mherswadio i i gymryd ei grys Llewod, gan ddweud, 'Ray, hoffen i i ti gael y crys 'ma, fe ddylet ti fod wedi cael un yn ystod yr haf.' Gwrthod wnes i – er 'mod i'n gwerthfawrogi ei weithred yn fawr iawn. Ro'n i'n teimlo mai trwy fy ymdrechion fy hunan yn unig ro'n i am ennill crys y Llewod.

Erbyn y Nadolig ro'n i'n barod i adennill fy lle yn nhîm Cymru, a'r cam nesa oedd cael 'y newis, gyda Steve Fenwick, i'r prif dîm yn y prawf ym mis Ionawr. Roedd Gravell ar ei ffordd 'nôl, y cryfder corfforol yn gymorth i greu cais cynnar yn y prawf i'r athrylith bach o Lan-saint, Gerald Davies, a'r bartneriaeth gyda Steve Fenwick yn dal i weithio'n esmwyth.

Ar Chwefror 4ydd, 1978, daeth y cyfle i wisgo crys Cymru unwaith yn rhagor, a hynny ar faes Twickenham yn erbyn yr hen elyn. Gêm go arbennig oedd hon – Gareth Edwards yn ennill ei hanner canfed cap i Gymru, a'r mewnwr yn cael y fraint o arwain y tîm allan i'r maes cyn i ni fynd ati i grafu buddugoliaeth o naw pwynt i chwech, diolch i dair cic gosb Phil Bennett. Ddiwedd mis Chwefror, tro'r Alban oedd hi i ymweld â'r Maes Cenedlaethol, ac mae 'na ddau beth sy'n aros yn y cof am y gêm honno: fe adawodd Aurona a finne'r tŷ brynhawn Gwener, gan gyrraedd 'nôl y nos Lun ganlynol, ar ôl i ni i gyd gael ein cau i mewn gan storm o eira ar y nos Sadwrn. Yr eilbeth oedd i fi groesi llinell yr Alban am 'y nghais cynta i Gymru, ac o edrych 'nôl, fe allwn fod wedi croesi am dri chais y prynhawn hwnnw. Yn gynta, torrodd Gareth Edwards ar yr ochor gyfyng, a finne y tu allan iddo, ond llwyddodd y mewnwr cyhyrog i frwydro'i ffordd dros y llinell; yna y cais y llwyddes i sgori, o gic fer

Diwrnod bythgofiadwy ym mis Chwferor 1978. Fy nghais rhyngwladol cynta – yn erbyn yr Albanwyr yng Nghaerdydd.

bymtheg llath o linell gais yr Alban; a'r trydydd cyfle'n dod yn yr ail hanner pryd y llwyddes i fylchu drwy'r canol ond penderfynu pasio'r bêl i JPR yn hytrach na mynd am y llinell fy hunan – camgymeriad mawr ar fy rhan i, gan nad oedd fy mhas i yn un dda, a methodd y cefnwr â'i chymryd i'w ddwylo. Ond ro'dd y fuddugoliaeth yn un gyfforddus.

Bythefnos yn ddiweddarach dychwelais i Ddulyn, yn ceisio'r hyn na wnaeth yr un tîm Prydeinig cyn hynny, sef cipio'r Goron Driphlyg dair gwaith o'r bron. Dyma'r gêm ffyrnica i fi chware ynddi 'rioed, yn cael ei chware ar gyflymdra gwallgo, y taclo yn frawychus o galed, a'r blaenwyr yn taflu'u hunen o gwmpas y lle. Ar ddiwedd y gêm, ro'dd pob chwaraewr wedi ymlâdd yn llwyr, a neb â llawer o ynni i wneud dim ond eistedd yn y stafell wisgo. Daeth Cliff Jones i mewn, aros yng nghanol y stafell, potel o siampên yn ei law, a gwneud araith:

> Fechgyn, falle nad y'ch chi'n sylweddoli'r peth y funud hon, ond fe wnewch chi yn y blynyddoedd i ddod – ry'ch chi wedi creu hanes. Rhywbeth na fydd yn debyg o gael ei efelychu fyth eto yn y byd rygbi.

Roedd un cam arall ar ôl cyn gorffen y tymor, a'r cam hwnnw oedd ceisio curo'r Ffrancod yng Nghaerdydd, a chipio'r Gamp Lawn am y pumed tro oddiar y rhyfel. Ro'dd hi'n fore braf yng Nghaerdydd, a finne'n cael 'y nihuno i sŵn y ffôn wrth ochor y gwely. Y BBC oedd yn galw, o raglen *Sosban*, gyda Richard Rees eisie gair yn fyw ar y rhaglen – a gydag e yn y stiwdio yng Nghaerdydd roedd y ddau frawd,

Dafydd Iwan a Huw Ceredig. Mae'n siŵr gen i fod y bore hwnnw'n un hanesyddol hefyd, gan i Radio Cymru ddarlledu deuawd yn canu'n fyw ar raglen am y tro cynta, gydag un o'r ddeuawd yn eistedd yn ei wely mewn gwesty! Do, fe fu'n rhaid i Dafydd a finne ganu 'Ar Fryniau Bro Afallon', ac os cofia i'n iawn, Dafydd oedd yr un a anghofiodd y geirie!

Amser cinio, daeth Carwyn James ata i am sgwrs:

> Ray, ma' llawer iawn yn dibynnu arnat ti a Steve yn y canol heddi os yw Cymru am ennill. Mae'n rhaid i chi daro'r Ffrancwyr i lawr yng nghanol y ca', ac os bydd Phil yn rhoi'r gic uchel i'w dwy-ar-hugen nhw, mae'n hanfodol i chi 'neud 'u prynhawn nhw yn anghyfforddus.

Doedd Carwyn ddim yn hyfforddi na Chymru na Llanelli ar y pryd, ond roedd ei gyngor yn fwy na gwerthfawr ar bob achlysur, ac fe aeth Steve Fenwick a finne allan ar y maes i geisio cyflawni cynghorion Carwyn – a llwyddo hefyd, gan inni gipio'r Gamp Lawn unwaith yn rhagor, gyda'r chware mwya cynhyrfus a welwyd ar y Maes Cenedlaethol ers tro. Cyflawnwyd hynny yn erbyn un o'r tîme gore i gynrychioli Ffrainc ers sawl tymor. Ar ôl pum munud ar hugain, roedd Ffrainc ar y blaen o saith pwynt i ddim, ond cryfed oedd cymeriad y tîm fel ni wnaethon ni ildio un pwynt arall gydol y gêm. Yn raddol, fe frwydron ni'n ffordd 'nôl gyda'r haneri, Bennett ac Edwards, yn dechre dangos eu donie, a'r blaenwyr yn ymladd yn daer am oruchafiaeth. Ro'dd Alan Martin yn gawr yn ennill meddiant glân o'r leinie, a rheng flaen Pont-y-pŵl yn gwireddu geirie Max Boyce. O sgrym yn nwy-ar-hugen Ffrainc, llwyddodd Derek Quinnell i drosglwyddo'r bêl i Edwards, a Phil Bennett yn ochorgamu ei ffordd drwy'r Ffrancwyr am ei gais cynta. Gareth Edwards wedyn yn llwyddo gyda chic adlam ar ôl ennill meddiant o'r lein, ac ar ôl chware athrylithgar eto gan y mewnwr a'r asgellwr, J.J. Williams, Phil Bennett yn gorffen y symudiad gyda'i ail gais, a hynny'n ein rhoi ni dri phwynt ar ddeg i saith ar y blaen ar yr egwyl. Yn yr ail hanner, roedd y chware eto yn symud yn ffrantic o un ochor i'r cae i'r llall a chwbwlhawyd y sgori wrth i Steve Fenwick lwyddo gyda chic adlam sydyn i'n rhoi ni yn ddigon pell ar y blaen.

Roedden ni wedi gorffen y tymor ar y brig ac, yn dilyn ein llwyddiant ar y meysydd rygbi, fe ddaeth gwahoddiad i garfan y Gamp Lawn deithio i Lunden. Yn wahanol i ymweliad Aurona a finne ar ein mis mêl, roedd y gwahoddiad yn cynnwys cael mynd i mewn i rif 10 Downing Street, a chael cwrdd â'r Prif Weinidog James Callaghan. Roedd yn amlwg ei fod e'n gwybod tipyn am y gêm, ac wedi bod yn dipyn o ddilynwr tîm Caerdydd ar Barc yr Arfau. O feddwl 'nôl am y noson honno, mae'n siŵr fod y gwragedd wedi cael mwy o fwynhad na'r gwŷr, gan iddyn nhw fanteisio ar y cyfle i weld sut le oedd Nymber Ten. Roedd y lle dan ei sang wrth i Mr a Mrs Callaghan ein croesawu ni ac, fel y dywedodd rhywun ar y noson, fe fydde'n haws mynd i mewn i'r Maes Cenedlaethol ar ddiwrnod gêm heb docyn na chael mynediad i'r deml wleidyddol hon.

Roedd her cipio Camp Lawn '79 yn ein haros, ond cyn hynny roedd angen i bencampwyr '78 brofi eu hunen ym mhell oddi cartre yn ystod misoedd yr haf, ar feysydd Awstralia.

Ond roedd newidiade anorfod ar y gorwel. Yng nghanol y dathlu, a chyn enwi'r garfan a oedd i deithio i Awstralia, cyhoeddodd Gareth Edwards a Phil Bennett eu bwriad i beidio â theithio, Phil yn rhannol oherwydd y profiad digon chwerw a gafodd e yn gapten ar y Llewod yr haf cynt. Bu hyn yn gryn ergyd i'r dewiswyr, ond rhoddodd orfodaeth arnyn nhw i ystyried nifer o chwaraewyr ifanc addawol – enwe megis Gareth Davies, Terry Holmes, Brynmor Williams, Alun Donovan a Pat Daniels, Stuart Lane, Clive Davies, John Richardson a Mike Watkins. Y farn gyffredinol oedd mai'r Cymro o Aberteifi, Brynmor Williams, fydde'n debygol o lenwi sgidie Gareth Edwards, ac fe wireddwyd hynny pan enillodd ei gap cynta yn y prawf cynta yn Brisbane. Ond roedd y crwt ifanc arall 'ma, Terry Holmes, yn dynn wrth ei sodle o'r dechre.

Dechreuodd y daith gyda gêm yn erbyn Gorllewin Awstralia yn ninas Perth,

Ar y ffordd i Awstralia ym 1978 – colli'r ddau brawf ond Cymru'n cael cam yn sgîl agwedd afiach y gwrthwynebwyr a dyfarnu gwan.

ac er na wnaeth y tîm chware yn arbennig o ddisglair, llwyddwyd yn ddidrafferth i sgori deuddeg ar hugain o bwyntie. Symudon ni mlân i Melbourne wedyn, ac o fewn ychydig orie i gyrraedd, cododd fy nhymheredd, teimlwn yn uffernol, a gwnaethpwyd archwiliad cyn datgan 'mod i'n diodde o 'Ffliw Melbourne'. Ffliw neu beidio, roedd yn rhaid ceisio chware er mwyn cael blas ar y gêm yn y wlad hon, ac fe wynebwyd talaith Victoria, a sgori hanner cant a dau o bwyntie yn y broses.

O ddinas Melbourne, fe symudodd y garfan rygbi yn ei blaen i Sydney, i chware tîm y ddinas – a cholli, am y tro cynta, o un pwynt ar bymtheg i ddeunaw. Aroshon ni yn Rushcutters Bay mewn gwesty crand, a chael cwrdd â'r cricedwr enwog Tony Greig, oedd yn gwneud ei ffortiwn yn ymddangos mewn hysbyseb bwydydd brecwast; person digon diymhongar, a chwmnïwr heb ei ail –

teithio o Sydney wedyn i wynebu tîm gwledig New South Wales, mewn tre fach o'r enw Cobar. Rwy'n cofio cael ergyd ar 'y nghoes yn y gêm honno – peth a fydden ni'n ei alw yn goes gwsg, ond 'corked leg' oedd e i'r Awstraliaid. 'Nôl yn Sydney, fe gês driniaeth ddyddiol ar y goes mewn clinic yn y ddinas o dan lygad Dr Syd Sugarman. Erbyn y Sadwrn canlynol, ro'n i wedi gwella digon i gymryd fy lle yn y tîm yn erbyn New South Wales, cyn teithio i Ballymore, Brisbane, i chware yn erbyn Queensland, ac yno cwrdd â'r hen gyfaill Jeff Shaw. Ar ôl y gêm cês 'y nghyflwyno ganddo i'r ddiod fwya dieflig a yfes i 'rioed, diod o'r enw Binderberg Rum. Cafodd effaith ddieflig arna i hefyd, gan i Terry Cobner ddod o hyd i fi yn y lifft yn orie mân y bore yn dadle gyda'r drws! J.P.R. Williams oedd yn rhannu'r ddiod, a'r bore wedyn, doedd y cefnwr na'r canolwr ddim yn teimlo'n arbennig o iach!

Sul y gêm brawf gynta yn Brisbane y teimles i wir ofn am y tro cynta mewn gêm rygbi, a hynny cyn i'r gêm ddechre. Y ddau ganolwr i Awstralia oedd Andrew Slack, yn ennill ei gap cynta, a Martin Knight oedd â thipyn o brofiad. Do'n i 'rioed wedi cwrdd ag e cyn y gêm honno, ond wrth i ni groesi o un ochor y cae i'r llall i baratoi am y gic gynta, fe dderbynies i ergyd ofnadwy ar ochor 'y mhen. Aeth yn nos arna i am eiliad neu ddwy, ac wrth ddadebru, dyma fi'n dod at fy hunan ar 'y nglinie ar ganol y cae. Roedd Mr Knight wedi datgan ei bresenoldeb ar y cae yn y ffordd fwya ciaidd posib, ac wedi creu ymdeimlad o ofn eithafol ynddo' i, a hynny cyn i'r gêm ddechre. Dyna lle'r o'n i yn ceisio clirio 'mhen – poen corfforol ac ofn seicolegol – a llaw Steve Fenwick yn fy llusgo ar 'y nhraed gerfydd 'y nghrys. Roedd dau ddewis yn fy wynebu, naill ai derbyn yr hyn a ddigwyddodd, a hynny'n golygu derbyn colli'r fantais seicolegol cyn i'r gêm ddechre, neu ymateb mewn ffordd hollol gyntefig, gorfforol. Yn y munude agoriadol, rhoddodd Paul McLean, maswr Awstralia, gic uchel i gyfeiriad pyst Cymru, gyda Knight a Slack yn rhuthro ar ei hôl, ac wrth i Knight gwrso am ei fywyd es yn syth amdano a'i lorio. Dyw'r penderfyniad na'r digwyddiad ddim yn rhoi gronyn o bleser i fi erbyn hyn, ond y foment honno roedd yn rhaid ymladd tân a thân, a thanllyd iawn fu'r pedwar-ugain munud, gydag un o flaenwyr Awstralia yn rhoi cic hollol fwriadol i Terry Cobner ar ei ben, cic a alle fod wedi ei ladd. Nid gor-ddweud fydde datgan mai dyma'r chware mwya brwnt a weles i ar gae rygbi erioed. Nid angylion oedd yn y cryse coch, ond weles i ddim tebyg i agwedd yr Awstraliaid, a'r holl fryntni yn cael ei ganiatáu yn ddirwystr gan y dyfarnwr. Rhaid cyfaddef 'mod i'n falch o glywed y chwib olaf. Roedd rhes hir o anafiade gan chwaraewyr Cymru, a'r stafell wisgo yn edrych yn debycach i ganolfan niweidie ar ôl brwydr mewn rhyfel.

Wythnos yn ddiweddarach, roedd yr ail brawf i'w gynnal ar faes criced enwog Sydney, ac oherwydd yr anafiade roedd tîm Cymru yn rhyfeddol o ddierth – Gerald Davies yn gapten yn absenoldeb Cobner; Stuart Lane, Clive Davies a J.P.R. Williams yn chware yn y rheng ôl a chrwt ifanc o'r enw Terry Holmes yn ennill ei gap cynta dros ei wlad. Y gŵr o Gwm Tawe, Alun Donovan, o'dd y cefnwr. Y tîm cartre a gipiodd y fuddugoliaeth, drwy gic adlam a oedd o leia ddwy droedfedd y tu allan i'r pyst. Yn ystod y gêm, fe darodd Steve Finnane ên Graham Price gyda'r glatshen fwya cachgïaidd posib, a hynny pan oedd cefn Price tuag ato. Roedd yr hyn a ddigwyddodd wedi'i benderfynu mlân llaw, ac eto wnaeth y dyfarnwr ddim byd ynglŷn â'r weithred, er i Graham Price orfod gadael y maes mewn poen rhyfeddol. Roedd y weithred hon yn ddigon i wneud i bob un ohonon ni deimlo'n gorfforol sâl, ac mae'r darlun sydd gen i o Price yn gadael y maes, â'i geg yn waed i gyd, yn ddarlun byw iawn o ochor waetha posib y gêm rygbi. Yn y cinio ar ôl y gêm, bu'r rheolwr, Clive Rowlands, yn ddigon dewr a chadarn i wneud araith feirniadol iawn o ymddygiad Finnane, ac mae gen i barch rhyfeddol i Clive am hynny. Mynegodd ei safbwynt yn gyhoeddus yn y fan a'r lle, ac nid ar ôl cyrraedd adre, ddeuddeng mil o filltiroedd i ffwrdd. Gwrthododd Graham Price dderbyn triniaeth yn Sydney y noson honno, a mynnodd deithio adre gyda gweddill y tîm fore trannoeth. Am unwaith yn ei fywyd, doedd ei lais ddim i'w glywed, alle fe ddim siarad, gan fod ei ên wedi'i chlymu â rhwymyn! Ar ôl yr holl groeso twymgalon a gafwyd oddi

Ar gae Sain Helen yng nghrys Gorllewin Cymru 1978.

ar y cae yn Awstralia, trueni i'r daith orffen ar nodyn mor sur – a bu'r chwerwder yno am gyfnod hir ar ôl hynny.

Yr haf hwnnw, haf y gyflafan yn Awstralia, fe newidies fy swydd unwaith eto. Er 'mod i'n teimlo nad oedd fy nyfodol ym maes masnach a gwerthiant, doedd dim llawer o ddewis o swyddi ar gael, a dyma ymuno â chwmni Memcem, cwmni yr oedd J.J. Williams eisoes yn gweithio iddo. Gwerthu oedd 'y ngwaith i unwaith eto, ond y tro hwn gwerthu cemege i lanhau ffatrïoedd ac adeilade, ac er 'mod i'n ennill mwy ac yn cael car crandiach, dyma'r cyfnod mwya diflas i fi ei dreulio mewn gwaith. Roedd pob diwrnod yn y swydd yn cadarnhau'r hyn ro'n i wedi'i ofni fisoedd cyn hyn – na fyddwn i fyth yn werthwr o unrhyw fath. Dim ond deg mis wnes i aros yn y gwaith hwn, ac roedd yn ddeg mis hir iawn o geisio gwerthu nwyddc nad oedd gen i'r un diddordeb o gwbwl ynddyn nhw. Ym mis Medi, 'nôl i'r tresi gyda'r Clwb yn y Strade, ac edrych mlân at dymor llwyddiannus i Lanelli ac i Gymru, ac wrth gwrs, roedd tipyn o edrych mlân at ymweliad cewri Seland Newydd unwaith yn rhagor.

Clive Rowlands a ddewiswyd fel hyfforddwr tîm y gorllewin i wynebu'r Cryse Duon ar y 25ain o Hydref, a chês fy hunan yn cadw cwmni unwaith yn rhagor i 'nghyfaill Roy Bergiers yn y canol. Roedd y tîm yn ymddangos yn gryf, ac fe ddaeth dros ddeugain mil i Abertawe i'n gweld yn chwifio'r faner. Erbyn y chwiban ola, digon llipa oedd y faner, a chryfder yr ymwelwyr yn wers boenus i ni wrth iddyn nhw roi crasfa i ni o dri phwynt ar hugain i saith. Bu un adran o'r dorf yn beio'r dyfarnwr am ddyfarniade rhyfedd, ond doedd ganddo fe ddim i'w wneud â'r canlyniad. Ein hunig ateb ni i holl sgori'r Cryse Duon oedd cais gan Roy Bergiers a chic gosb o dro'd Roger Blyth. Llwyddodd y Cryse Duon i groesi am dri chais; dau i'r asgellwr chwimwth, Stu Wilson, ac un i Gary Knight.

Cyhoeddwyd y tîm cenedlaethol ddiwedd mis Hydref, ac roedd 'na un neu ddau ddewis a barodd i aelie godi mewn anghrediniaeth. Y capten fydde John Peter Rhys Williams a'r adeiladydd o Aberporth, Paul Ringer yn y rheng ôl.

Ar Dachwedd 11eg, am bum munud i bedwar yn y prynhawn, fe lwyddodd Brian McKechnie â chic dyngedfennol i'r Crysau Duon ar ôl i'r dyfarnwr Roger Quittenton gosbi Geoff Wheel am hwpo mewn lein ar linell ddeg Cymru. Gwelodd miliyne o wylwyr teledu y digwyddiad drosodd a thro, gweld Andy Haden o Seland Newydd yn hedfan o'r lein heb yr un Cymro ar ei gyfyl, a braich y dyfarnwr yn saethu i'r awyr i ddynodi cic gosb am drosedd. Pan ddechreuodd yr holi yn ddiweddarach, a'r gohebwyr yn chwilio am Haden ym mhobman, cyhoeddodd y rheolwr, Russ Thomas, fod yr ail-reng profiadol yn sâl yn ei wely yn diodde o salwch y chwarenne! Roedd twyll yr ymwelwyr wedi llwyddo i gipio'r fuddugoliaeth o dan ein trwyne ni. Cyfaddefwyd hyn droeon wedyn, ond, ar y pryd, fuodd 'na ddim ymddiheuriad. Mae'n siŵr gen i eu bod nhw'n teimlo bod y digwyddiad yn gyfle i dalu 'nôl am yr hyn a ddigwyddodd yn 1905!

Bu'r ddrama fawr hon ar frig y newyddion am ddyddie, ond yn y cyfamser, yn 'y nghlwb fy hunan, roedd storm ar fin torri, oherwydd wythnos ynghynt anafwyd Chris Ralston yn ddifrifol yn y gêm rhwng Llanelli a Richmond a chael dros ddeg ar hugain o bwythe mewn clwy' ar ei ben. Aeth y stori hon i dudalenne blaen y papure, a rhoddwyd pwyse ar bwyllgor Clwb Llanelli i ddod o hyd i'r drwgweithredwr. Ni lwyddwyd i'w enwi, ond bu'r Clwb yn ddigon dewr i wahardd pob un o'r blaenwyr a fu'n chware yn y gêm yn erbyn Richmond, gan enwi wyth o flaenwyr gwahanol yn yr ornest yn erbyn Abertawe ar y nos Fawrth wedi'r gêm ryngwladol. Wnaeth y digwyddiad ddim lles o gwbwl i'r clwb, yn arbennig o gofio bod clwb y Strade wedi cael ei ystyried erioed yn glwb oedd â'i fryd ar chware rygbi deniadol, heb hanes o chware brwnt o gwbwl. Roedd cwmwl uwchben y Strade am fisoedd lawer wedi hyn, a bu raid diodde ymateb ffyrnig gan sawl torf, yn enwedig mewn geme yn Lloegr. Yn wir, ddechre Rhagfyr, danfonwyd ein mewnwr ni, Vernon Richards, o'r cae yn Northampton ar ôl ei gyhuddo, yn hollol ddi-sail, o ddefnyddio'i draed. Cysgod Ralston ac ymateb torf oedd yn gyfrifol am y digwyddiad, yn enwedig gan nad oedd Llanelli fyth wedi llwyddo i enwi'r chwaraewr euog. Ddechre'r flwyddyn newydd, ro'n i 'nôl yn nhîm Cymru i chware'r gêm gynta yn erbyn yr Alban. O'r diwedd, roedd Elgan Rees hefyd wedi llwyddo i ennill ei gap llawn cynta – un arall a gynrychiolodd y Llewod mewn gêm brawf cyn gwisgo crys coch ei wlad. Agorwyd y tymor gyda buddugoliaeth ar faes Murrayfield, ac ni fu newid o gwbwl yn y tîm ar gyfer yr ail gêm yng Nghaerdydd yn erbyn Lloegr. Bu'r gêm hon yn gasgliad o gamgymeriade ar ran y ddwy ochor, ond daeth i ben gyda buddugoliaeth i Gymru o bedwar pwynt ar hugain i un ar hugain. Llai na charedig oedd y wasg – mi ges i 'meirniadu am dorri 'nôl mewn yn rhy amal, J.J. Williams yn ddihiryn am fethu bod yn ddigon creadigol. Ond eto i gyd, medde John Dawes, 'Byddai'n annheg barnu ein cefnwyr oherwydd pêl wael gawson nhw.'

Pan gyhoeddwyd y tîm i wynebu Ffrainc, ro'n i'n teithio yn 'y nghar ac yn gwrando'n eiddgar ar lais John Evans yn cyhoeddi mai un newid yn unig oedd yn y tîm. 'Damia nhw,' medde fi, 'maen nhw wedi gadael Terry Holmes mas.' 'David Richards i mewn yn y canol yn lle Ray Gravell,' medde John Evans. Llefes fel babi, gan deimlo bod fy myd i gyd yn disgyn o 'nghwmpas i. Onid oedd bywyd yn greulon? Dyma nhw'n cyhoeddi'r tîm heb adael i fi wybod hyd yn oed na chefes i fy newis. Sawl blwyddyn yn ddiweddarach mi sylweddoles nad oedd gen i'r hawl i ddisgwyl dim gwahanol. Wedi'r cwbwl, onid yn y car y clywes i fi ennill 'y nghap cynta?

10

Y Llew

Ym mis Ebrill 1980, ces fy ethol yn gapten ar glwb Llanelli ar gyfer tymor 1980/81, ddeng mlynedd ar ôl i fi wisgo'r crys sgarlad am y tro cynta. I fi, roedd yr anrhydedd hwn yn ail yn unig i gael 'y newis i gynrychioli Cymru. Dilynwyd hyn ddiwrnodau'n ddiweddarach gan alwad ffôn oddi wrth Marlston Morgan i ddweud 'mod i hefyd yng ngharfan y Llewod. Roedd 'y nghwpan i'n llawn – yn llythrennol, gan i Marlston 'y ngwahodd i'w swyddfa i rannu potel o siampên er mwyn dathlu'r newyddion. Dyw hi ddim yn syndod i daith y Llewod yn 1980, fel y tîm ei hun, gael ei chyfri'n fethiant, am i'r gyfres yn erbyn De Affrica gael ei cholli. Taith o anafiade fuodd hon, a thaith lle y gallase popeth fod wedi bod yn dra gwahanol. Ond rhaid mynd 'nôl i'r cychwyn, Mai'r 3ydd, pan ddaeth deg ar hugain o chwaraewyr rygbi Prydain ac Iwerddon at ei gilydd ym Maes Awyr Heathrow gyda'r bwriad o dreulio deg wythnos o'u bywyde yn chware rygbi yn un o wledydd mwya cymhleth y byd a gwlad ro'n i'n bersonol yn ymweld â hi am y trydydd tro – gwlad yn llawn tensiwn a thyndra yn sgîl ei pholisïe hiliol. Ac er i nifer o'r garfan ddatgan eu

Gwireddu breuddwyd arall: chwarae i'r Llewod mewn gêm brawf mas yn Ne Affrica 1980.

hatgasedd o'r gyfundrefn wleidyddol, ni fydde'r un ohonon ni wedi colli'r daith o ran dewis.

Roedd yna wrthwynebiad cryf i deithie i'r wlad yn neheudir cyfandir Affrica. Yn wleidyddol ym Mhrydain ac Ewrop, roedd mwy a mwy o bleidie a mwy a mwy o unigolion yn dweud yn gyhoeddus mai'r unig ffordd o ddileu'r anghyfiawndere yn Ne Affrica oedd *'neud dim â nhw*. Yng Nghymru roedd pobol yn gwrthod prynu grawnwin a gwinoedd o'r Cape, yn gadael orenne Outspan i bydru ar y silffoedd ac yn ymuno â'r mudiad gwrth *apartheid* oedd yn cynyddu'n fawr o ran aelodaeth. Pam felly wnes i ymweld â'r wlad dros y blynyddoedd gan wybod fod pobol dduon y wlad yn cael eu camdrin yn gorfforol ac yn feddyliol?

Chwaraewr rygbi o'n i, ac yn treulio pob un munud o bob un diwrnod yn canolbwyntio'n llwyr ar berffeithio sgilie a thechnege er mwyn cyrraedd y brig. Ro'n i, i bob pwrpas, yn chwaraewr 'proffesiynol' a hynny rhyw ugen mlynedd cyn i Vernon Pugh a'i bwyllgor newid cyfeiriad y gêm. Hunanol? . . . O bosib, ond o leia dw i'n fodlon cyfadde hynny.

Ro'n i, Raymond Gravell o bentre Mynyddygarreg, yn gartrefol yng nghwmni pawb a phobun – roedd magwraeth yng Nghwm Gwendraeth yn gyfrifol am hynny. Pobol yw pobol. Ro'n i'n ymwybodol o'r amharch a ddangoswyd i'r duon yn Ne Affrica; yn gwybod eu bod nhw'n byw mewn amode anodd (afiach hyd yn oed) – wedi'r cwbwl ro'n ni'n gweld y tai shanti (oedd yn brin o gyfleustere megis trydan, dŵr a charthffosiaeth) wrth deithio o gwmpas y wlad. Ro'dd presenoldeb y duon yn ein geme yn brawf pendant o'u teimlade – yn uchel eu cloch ac yn ein cefnogi ni yn hytrach na thîm y *Springboks!* Er yn naïf yn ifanc, fe ddes i sylweddoli fod gwir angen newidiade yn y wlad er mwyn sicrhau tegwch a chware teg.

Roedd teithio i ben draw'r byd yn aml yn agoriad llygad ac yn llywio barn yr unigolyn – dewch i ni gael bod yn onest a chyfadde fod yr *Aborigine* yn Awstralia a'r *Maori* yn Seland Newydd yn cael cam, ac i bob pwrpas yn ddinasyddion eilradd. Fy nyletswydd i oedd chware rygbi a gadael i'r llywodraethe frwydro am newidiadau yn y system wleidyddol. Newidiwyd y gyfundrefn yn Ne Affrica diolch i ymdrechion Nelson Mandela a byddin o'i gydweithwyr. Fydde protest bersonol o ran Raymond Gravell ddim wedi helpu'r achos – dw i'n dal i gredu fod cadw mewn cysylltiad a dylanwadu'n dawel wedi bod o gymorth.

Deuddeg Cymro, wyth Sais, pum Albanwr a phum Gwyddel oedd cyfansoddiad y garfan, a'r capten, Bill Beaumont, oedd y Sais cynta i arwain y Llewod ers hanner can mlynedd. Bu ymtaeb y cyfrynge a'r cyhoedd yn groesawus o'i gymharu â'r hyn oedd yn digwydd chwe mil o filltiroedd i ffwrdd, gan i ddewiswyr De Affrica enwi chwe chwaraewr du ymhlith y trigain a ddewiswyd ar gyfer y profion, a'r weithred hon yn ymddangos fel petai awdurdode rygbi'r wlad yn gwneud ymdrech ymwybodol i brofi bod y gêm yn troi yn gêm aml-hiliol. O'r rhai a gafodd eu dewis, roedd tri ohonyn nhw yn haeddu eu cynnwys oherwydd eu dawn i chware rygbi, sef Hennie Shields, y canolwr, Nicky Davids ar yr asgell, a'r maswr talentog Errol Tobias a chwaraeodd ar y Strade i Farbariaid De Affrica.

Wedi glanio ym maes awyr Jan Smuts yn Johannesburg, fe gawson ni ein croesawu gan gannoedd o gefnogwyr cyn cael ein tywys i dref Vanderbijlpark, tre ddiwydiannol ryw ddeugain milltir i'r de o Johannesburg. O fewn ychydig orie i gyrraedd y gwesty, roedd yr hyfforddwr, Noel Murphy, a'r rheolwr, Syd Millar, yn ein gwthio drwy awr galed o ymarfer o dan haul crasboeth. Awr o uffern oedd hi hefyd, gyda'r awyr mor dene fel bod anadlu yn boenus, y ddaear mor galed hyd nes i bothelli ddod ar y traed ac, ar ben hynny, roedd yr haul wedi ymosod unwaith yn rhagor ar 'y nhrwyn – bedyddiwyd fi yn Rudolph am gyfnod! Byddwn yn cael dau bapur newydd Saesneg yn fy stafell wely bob bore, a hyd yn oed y tudalenne blaen yn llawn o'n llunie ni'n ymarfer, yn bwyta, yn gwenu; ond roedd dau bapur arall, yn arbennig y rhai ar gyfer y bobol dduon, lle nad oedd cyfeiriad o gwbwl at y Llewod. Yn y gwesty, roedd rhesi o weision duon yn barod i'n bwydo ni, ac ro'n nhw wrth eu bodd wrth i fi roi ambell gàn o gwrw iddyn nhw. Ar ôl ychydig ddiwrnode o ymarfer caled, daeth cyfle i ymweld â threfedigaeth Sharpeville, man lle bu cythrwfwl enbyd ugain mlynedd ynghynt. Ar un ochor i'r lle hwn roedd rhes ar ben rhes o dai unllawr, dros chwe mil ohonyn nhw, heb drydan na dŵr na chyfleustere, ac o fewn eiliade fe gawson ni ein hamgylchynu gan ddwsine o blant.

Yn y gêm gynta fe ddechreuodd pethe fynd o chwith. Er inni ennill o ran pwyntie, collwyd gwasanaeth dau chwaraewr, Stuart Lane wedi anafu ei ben-glin, a Gareth Davies wedi datgymalu ei ysgwydd. Bu raid i Lane adael am adre, a gwnaed cais am eilydd i deithio allan yn ei le. Yn ystod yr wythnose cynta, daeth un enw i'n clustie yn rheolaidd, sef maswr De Affrica – Naas Botha – sonnid amdano fel chwaraewr oedd yn meddu ar y gallu i gicio pêl yn rheolaidd o bellter o drigain metr a mwy. Yn amlwg fe fydde Botha yn ddraenen yn ein hystlys yn y geme prawf.

Roedd yr anafiade yn dal i beri gofid, gan i Phil Blakeway, y prop, dorri'i asenne, ac yna Ollie Campbell yn tynnu llinyn ei âr. Fel roedd Gareth Williams yn teithio o Ben-y-bont i ymuno â ni, roedd Syd Millar yn ceisio trefnu eilyddion i Blakeway a Campbell. Dewiswyd y Cymro, Ian Stephens a'r Gwyddel, Tony Ward. Yn y gêm ar Fai'r 21ain yn erbyn y Pymtheg Gwahoddedig, sgoriwyd cais y daith mewn symudiad a redodd yn ddi-baid am bron i funud a hanner, a'r bêl yn cael ei thrafod gan ddeuddeg ar hugain o bare o ddwylo. Fel y dywedodd Derek Quinnell, ar ôl y gêm, 'Fe sgoriodd y pymtheg ohonon ni'r cais 'na.' Ond roedd chware ar feysydd a oedd o leia fil o droedfeddi yn uwch na'r Wyddfa yn dipyn o straen, ac ar ôl ugain munud yn unig, ro'n i ar 'y mhenglinie. Ro'n i'n fodlon codi 'nghap i'r blaenwyr, gan fod raid iddyn nhw ymladd am y bêl yn ogystal â rhedeg o gwmpas y cae yn gwthio yn y sgrymie. Dyma'r unig wlad lle mae uchder y tir yn gorfod cael ei ystyried wrth drefnu taith rygbi. Bydde wedi bod yn haws o lawer petai pob gêm a chwareid ar yr ucheldir yn dilyn ei gilydd, un ar ôl y llall, er mwyn i ni allu ymgyfarwyddo yn haws â'r awyr dene – ond fydde rheolwyr De

Affrica ddim yn debyg o gytuno â hynny. Yn Stellenbosch, ar stadiwm fendigedig Danie Craven, daeth rhagor o brobleme ar ein traws ni, pan gafodd Fran Cotton ei arwain o'r cae, yn diodde o boene yn ei frest. Rhuthrwyd Fran ar ei union i Ysbyty'r Brifysgol, a phawb yn gofidio ei fod wedi diodde trawiad ar ei galon. Bore trannoeth, cafodd ei drosglwyddo i ysbyty Groote Schuur yn Cape Town, a'i roi yn yr uned gofal arbennig i gael profion manwl. Tipyn o ryddhad i bawb ychydig ddiwrnode yn ddiweddarach oedd cael ar ddeall nad oedd e wedi cael trawiad ar y galon, ond, yn hytrach, salwch o'r enw pericarditis.

O'r garfan wreiddiol a adawodd Heathrow, felly, roedd saith chwaraewr eisoes allan o'r garfan, a phan ddaeth yn amser dewis tîm ar gyfer y prawf cynta, dim ond un pâr o haneri o'dd ar gael. Erbyn yr egwyl roedd Naas Botha wedi cadarnhau'r sibrydion a glywson ni amdano fe fel chwaraewr, ac wedi sicrhau bod De Affrica ar y blân o un pwynt ar bymtheg i naw. Eilydd o'n i yn y gêm hon, ond bu raid i mi fynd ar y cae yn yr ail hanner ar ôl i John Carleton anafu ei asenne. Fe lwyddodd Tony Ward â phedwaredd cic gosb i ddod â'r sgôr yn 16–12. Yn ddiweddarach, llwyddodd Graham Price groesi am gais i ddod â'r sgôr yn gyfartal, ac yna Ward eto yn hawlio cic adlam i fynd â ni ar y blân am y tro cynta yn y gêm o 19 pwynt i 16. Ond De Affrica aeth â hi drwy groesi am ddau gais yn y munude ola; 26–22 o'dd y sgôr terfynol.

Yn dilyn y canlyniad, digon diflas oedd y garfan, ond daeth newydd drwg arall pan benderfynodd asgellwr gore'r garfan, Mike Slemen, ddychwelyd adre yn sgîl afiechyd teuluol. Ro'n ni hanner ffordd drwy'r daith bellach, ac Andy Irvine wedi ymuno â ni, ac wedi chware un gêm yn erbyn y Transvaal yn Johannesburg cyn cael ei ddewis yn gefnwr ar gyfer yr ail brawf yn Bloemfontein; roedd Gareth Davies erbyn hyn 'nôl fel maswr. Collwyd Terry Holmes yn y gêm yn erbyn Transvaal, gydag anaf difrifol i'w ben-glin – anaf a fu'n broblem iddo weddill ei yrfa.

Wrth fynd i mewn i'r ail brawf, roedd y Llewod wedi chware deg gêm, ac wedi colli un, sef y prawf cynta. Ar ddiwrnod braf o Fehefin, roedd trigain mil o

Y bêl o dan y fraich er mwyn hwpo canolwr Western Province naill ochor.

dorf yn disgwyl yn eiddgar i weld eu harwyr yn fuddugol eto ac, fel yn y prawf cynta, aeth De Affrica ar y blân o un pwynt ar bymtheg i naw ar yr egwyl. Daeth dwy gic gosb Gareth Davies â ni o fewn un pwynt, ond bu raid i'r maswr adael y maes ar ôl anafu ei ben-glin. Roedd John O'Driscoll, ar y llaw arall, yn chware gêm ei fywyd, ac yn ddraenen yn ystlys y gwrthwynebwyr gydol y gêm. Gŵr hoffus oedd y meddyg, ac fe ddaethon ni'n gyfeillion agos iawn yn ystod y daith. Yn ystod ail hanner y prawf, ces ergyd ar 'y ngwegil, o ddwrn du Plessis, ac am ychydig funude aeth yn nos arna i. Bu'r doctor, Jack Matthews, a John O'Driscoll yn fy archwilio ar y cae, a phan ddes at fy hunan, yr unig beth a gofiwn oedd fy mod i yn Ne Affrica; doedd gen i ddim syniad o'r sgôr. Ceisiodd O'Driscoll fy mherswadio i i adael y maes. Gwrthodes ei awgrym. Fe fynnes gael aros ar y cae, er i mi dreulio chwarter awr niwlog iawn – a chael pryd o dafod llym gan O'Driscoll ar ôl y gêm am beidio â chymryd ei gyngor. De Affrica oedd y meistri am gyfnod hir o amser cyn i mi lwyddo i groesi am gais yn yr eiliade olaf ar ôl derbyn pas oddi wrth Clive Woodward – a thrwy hynny wneud y sgôr dipyn bach yn fwy derbyniol. Yr un fu'r gân yn y trydydd prawf yn Port Elizabeth – colli o ddau bwynt (12–10) er i ni gael digon o gyfle i gael goruchafieth. Botha unwaith eto yn gwneud ei farc yn y gêm gyda throsiad, cic gosb a gôl adlam.

Roedd y daith nawr yn tynnu at ei therfyn, a meddylie pawb yn troi am adre;

dim ond tair gêm oedd yn weddill cyn y prawf ola. Er i ni golli'r tri phrawf cynta, roedd yn bwysig i ni sicrhau buddugoliaeth ym mhob un o'r geme rhanbarthol a thaleithiol, a cheisio gorffen ar nodyn uchel. Yn dilyn buddugoliaethau yn erbyn y Barbariaid, Western Province a Griqualand West cyhoeddwyd mai Llewod Bill Beaumont oedd yr ail garfan erioed i beidio â cholli gêm ranbarthol, er bod yr anafiade yn dal i bentyrru pan gludwyd y mewnwr Colin Patterson i'r ysbyty.

Y Sadwrn canlynol, deunawfed gêm y daith bu'n rhaid wynebu grym De Affrica a'u rhwystro rhag cipio'r gyfres yn llwyr. Bu'r blaenwyr yn arwyr cyson drwy gydol y daith, ond yn amal methwyd gwneud y defnydd gore o'r meddiant. Tybed a allen ni greu sioc yn y gêm ola ar y Loftus Versfeld yn Pretoria?

Roedd yn brynhawn hyfryd arall, heb awel o gwbwl, y tymheredd yn y chwedege a thorf o bron i saith deg pump mil yn bresennol. Beth bynnag fydde'r canlyniad, bydde record yn siŵr o gael ei thorri, gan nad oedd yr un carfan o Lewod wedi ennill y prawf ola cyn hyn, a chan nad oedd De Affrica erioed wedi ennill cyfres o bedair gêm brawf. Petai rhaid darogan y canlyniad, bydde naw o bob deg yn sicr o fod wedi taeru mai De Affrica fydde'n fuddugol. Roedd blaenwyr y Llewod unwaith yn rhagor yn feistri, a threuliwyd y rhan fwya o'r hanner cynta yn pwyso'n drwm yn nwy-ar-hugain y gwrthwynebwyr. Ro'n ni'n llawn haeddu bod ar y blân o 7–3 diolch i

Clive Rees a finne'n cau'r bwlch ar Clive Woodward yn Twickenham 1982. Fe brofodd e'i hun yn hyfforddwr o fri pan enillodd Lloegr Gwpan Rygbi'r Byd mas yn Awstralia yn 2003.

gic gosb gan Ollie Campbell, a chais y prop Clive Williams. Ateb De Affrica oedd cic gosb gan Naas Botha. Yn dilyn ymdrech y blaenwyr, siom oedd cyrraedd yr egwyl a dim ond pedwar pwynt o fantais, ond yn yr ail hanner fe lwyddon ni fel cefnwyr greu symudiade a arweiniodd at ddau gais – un i Andy Irvine a'r llall i John O'Driscoll. Enillwyd rhywfaint o hunan-barch yn Pretoria a'r fuddugoliaeth o 17–13 yn gwbl haeddiannol. Dw i'n bersonol yn argyhoeddedig ynglŷn ag un peth; oni bai am gymaint o anafiade fe fydden ni wedi maeddu'r diawled!

Brasgamu am y llinell gais yng nghrys y Llewod yn 1980.

11

Y Llyw Olaf

Braf oedd cael teimlo olwynion yr awyren yn cyffwrdd tarmac y rhedfa yn Heathrow ar ddiwedd taith y Llewod. Yn ôl y disgwyl bellach, roedd nifer o ohebwyr yng nghyntedd Heathrow yn disgwyl amdanon ni gyda'u camerâu a'u llyfre nodiade. Gwthiodd un o ohebwyr HTV feicroffon dan 'y nhrwyn i a gofyn sut deimlad oedd hi i gael bod gartre, finne'n ateb drwy ddweud nad o'n i wedi cyrraedd gartre 'to . . . ac na fyddwn i gartre hyd nes i fi groesi pont Llwchwr, a 'mod i'n edrych mlân at gael peint o gwrw Bwcle. Yn dilyn y sgwrs honno, fe allwn fod wedi cael 'y nghyhuddo o droi'n chwaraewr proffesiynol, oherwydd erbyn i fi gyrraedd Cydweli, roedd anrheg o ddwsin o boteli gwrw Bwcle yn 'y nisgwyl – gyda chyfarchion oddi wrth un o gyfarwyddwyr y bragwyr!

'Mr Don Hughes, do'dd hi ddim yn dacl hwyr. Fe gyrhaeddes i mor gloi ag y gallen i!'

Roedd bod gartre hefyd yn golygu fod yn rhaid i fi ymgymryd â 'nghyfrifoldeb newydd fel capten ar Glwb Llanelli, ac eisoes ro'n i wedi penderfynu y bydde galwade'r clwb yn cael blaenoriaeth ar unrhyw beth arall yn ystod y tymor. Felly, ar ôl toriad o dair wythnos, rhaid oedd ailgydio yn yr ymarfer o dan hyfforddiant John Maclean. John ddaeth yn hyfforddwr y clwb ar ôl cyfnod Norman Gale a braf dweud fod John yn ŵr o'dd yn cymeradwyo gêm agored, greadigol.

Ar noson gynta'r ymarfer a finne'n gyrru i mewn drwy'r gatie hardd sy'n arwain i'r Strade, beth a welwn i ar ochor wal wen y Clwb ond llythrenne coch anferthol yn datgan:

LLANELLI RUGBY FOOTBALL CLUB

Gwyllties gymaint nes i fi bron â gyrru'r car i mewn i'r wal. Roedd y pwyllgor llawn yn cwrdd y noson honno yn y stafell bwyllgor, a dyma benderfynu gwneud rhywbeth yn ei gylch y foment honno. Es i'r stafell bwyllgor, a rhoi cnoc ar y drws, ac aros. Fedrwn i ddim mynd i mewn gan fod y drws yng nghlo, ond daeth yr ysgifennydd, Ken Jones, at y drws, a'i agor, a finne'n gofyn a gawn i fynediad i'r cyfarfod, gan fod gen i rywbeth i'w ddweud wrth y pwyllgor. Caniatawyd fy nghais i annerch y pwyllgor ac eglures 'mod i newydd weld yr arwydd uniaith Saesneg ar wal y clwb, a 'mod i'n teimlo, o ystyried hanes a thraddodiad y gorffennol, yn ogystal â'i leoliad yn y Gymru Gymraeg, bod yn rhaid cael enw'r clwb yn ddwyieithog. Fe wrandawodd y pwyllgor yn gwrtais ar yr hyn oedd gen i i'w ddweud, a diolchwyd am 'y nghyfraniad. Es inne mlân i ymuno â John Maclean a'r chwaraewyr. A dyna a fu.

Ond y nos Fercher canlynol, wrth i fi yrru drwy'r fynedfa, beth a welwn i ar wal y clwb ond:

CLWB RYGBI LLANELLI RUGBY FOOTBALL CLUB

Chware teg i'r pwyllgor, nid dim ond gwrando a wnaed, ond fe weithredwyd, a hynny o fewn wyth awr a deugain. Bu'r sgorfwrdd yn yr iaith Gymraeg ers dyddiau Carwyn, felly hefyd y cyhoeddiade yn Gymraeg ac yn Saesneg. Er mai wyneb cyhoeddus yn unig yw'r elfenne hyn, teimlwn fod iddyn nhw bwysigrwydd mawr, ac fe fu'r frwydr yn un llawer addfwynach a chyfeillgar na'r un i geisio cael Undeb Rygbi Cymru i dderbyn dwyieithrwydd fel polisi swyddogol. Petai Carwyn wedi llwyddo i gael ei droed i mewn drwy ddrws yr

Undeb, tybed a fydde fe wedi llwyddo i'r un gradde ag a wnaeth e ar y Strade. Mae arna i ofn na fydde fe, oherwydd rhyw anifail styfnig o geidwadol yw Undeb Rygbi Cymru, ac ni ddangosodd yr anifail hwnnw unrhyw asgwrn cefn o Gymreictod drwy'r 1970au, er bod newid hyd yn oed yng nghoridore'r sefydliad yn ystod y tymhore diwetha.

Fyddwn i ddim yn honni am eiliad i fi gael blwyddyn gynta lwyddiannus fel capten – er i ni gyrraedd rownd gyn-derfynol y Cwpan – oherwydd bu'n rhaid i fi ddysgu'r grefft o ddelio gyda dynion, a dysgu fod 'na wahanol ffyrdd o ddelio â chwaraewyr gwahanol. Hyd hynny, do'n i 'rioed wedi ystyried yr angen hwnnw, falle am i fi gael chware o dan gapteniaid eithriadol o dda, rhai oedd yn gwybod yn reddfol sut oedd delio â chwaraewyr. Ond proses araf ac anodd fu hyn i fi yn ystod y tymor cynta – dysgu bod yn siarp a chadarn gyda rhai, perswadio a chanmol eraill.

Yn y geme cynnar, ro'n i'n disgwyl llawer gormod gan y chwaraewyr iau yn y tîm, ac mae arna i ofn i fi weiddi llawer mwy nag a ddylwn yn y dyddie hynny. Rwy'n cofio cael sgwrs hir gyda Carwyn ynglŷn â bod yn gapten, ac ynte yn fy atgoffa i ei bod yn haws cael y gore allan o rywun wrth gael sgwrs fach dawel nag wrth weiddi a sgrechian o gwmpas y cae. Des i werthfawrogi'r cyngor hwnnw, ac o dipyn i beth fe ddes i fwynhau'r cyfrifoldeb a gweithio ar yr egwyddor y dylwn i arwain drwy gynnig esiampl yn hytrach na thrwy bregethu ar lafar. Roedd nifer o chwaraewyr ifanc iawn yn y tîm y flwyddyn honno, bechgyn fel Martin Gravelle a Kevin Thomas, a rhan o 'nghyfrifoldeb i oedd eu cynorthwyo a'u cynghori nhw yn ôl y galw. Mae'n siŵr gen i 'mod i'n hapusach yn cael fy arwain na bod yn arweinydd, ond wrth fagu profiad yn yr arswydus swydd, daeth yr ochor honno yn haws i fi hefyd. Bu raid i fi droi o fod yn un o'r milwyr yn y gatrawd i fod yn gadfridog, ac roedd y dyrchafiad yn pwyso'n drwm ar fy ysgwydde yn y dyddie cynnar. Un o'r cyfrifoldebe a oedd gen i fel capten oedd enwebu is-gapten, ac fe ddewises flaenasgellwr addawol iawn, un a dybiwn i fydde'n gwneud ei farc ar y gêm ymhen blwyddyn neu ddwy. Crwt ifanc o Lansawel ger Castell-nedd oedd David Pickering, un llawn brwdfrydedd ac un a fu'n effeithiol iawn fel arweinydd y blaenwyr yn ystod y tymor. Yn ddiweddarach, daeth i amlygrwydd fel capten ar ei wlad, a finne'n teimlo'n falch 'mod i, falle, wedi cyfrannu rhywfaint i'w ddatblygiad fel arweinydd! Y siom fwya yn ystod 'y nhymor cynta i fel capten oedd colli yn erbyn y Cryse Duon ar faes y Strade, oherwydd y gobaith oedd y bydde Llanelli yn creu record drwy guro Seland Newydd ddwy waith yn olynol. Os na lwyddwyd i'w curo, fe ddaeth un digwyddiad yn wybyddus iawn yn ystod y gêm honno, pan benderfynodd y dyfarnwr ddanfon Higginson o Seland Newydd o'r cae am gicio. Roedd hi'n hwyr iawn yn yr ail hanner, a ninne'n chware tuag at ben y dre, pan aeth Higginson, ail-reng yr ymwelwyr, i mewn i sgarmes â'i draed, gan anelu am Charlie Thomas, ein prop ni. Ond yn ffodus i Charlie, methodd yn llwyr â'r gic, gan gicio'i gyd-chwaraewr, Frank Oliver, yn y fargen! Roedd Alan Hosie yn y fan a'r lle yn gwylio'r cyfan yn digwydd, ac nid oedd amheuaeth o gwbwl am yr hyn ddigwyddodd wedyn – chwythodd y chwib, a'i fraich yn yr awyr, yn pwyntio at y stafelloedd gwisgo; gwaeddodd y gorchymyn, 'Off!' yn ddigon pendant a chlir.

Rhedodd Phil Bennett ato, a finne'n dynn ar ei sodle, a dim ond un peth oedd yn ein meddylie: ceisio rhwystro'r dyfarnwr rhag gweithredu'r gosb eitha. Fynnwn i ddim i Higginson gael ei ddanfon o'r maes oherwydd, hyd hynny, roedd y gêm wedi bod yn un galed, ond yn lân hollol; ac, ar ben hynny, onid cicio un o'i chwaraewyr ei hunan wnaeth e? Hyd y gwyddwn i, doedd 'na ddim un rheol i orfodi'r dyfarnwr i ddanfon chwaraewr o'r cae am gicio un o'i chwaraewyr ei hun! Yn bwysicach, falle, ar ôl y gêm, yr unig beth fydde pobol yn ei gofio oedd i chwaraewr gael ei ddanfon o'r maes, ac, mewn ffordd, galle hynny ddod ag elfen o warth ar glwb Llanelli, ac ar Undeb Rygbi Cymru ym mlwyddyn y canmlwyddiant. Roedd hyn i gyd yn gwibio drwy 'y meddwl i wrth geisio cael perswâd ar Mr Hosie i newid ei benderfyniad. Yr un pryd, ro'n i'n ymwybodol iawn mai'r dyfarnwr sydd â'r gair ola, ac na ddylwn i or-ymateb i'r sefyllfa – wedi'r cwbwl, tiriogaeth y bêl gron yw dadlau â'r dyfarnwr. Ar ôl datgan fy nheimlade, a Phil yn gwneud yr un modd, fues i 'rioed balchach na gweld Mr Hosie yn rhoi'r chwib yn ei geg, ac yn dod â'r gêm i ben yn y fan a'r lle. Gwnaeth benderfyniad doeth iawn, yn 'y marn i, a llwyddo i osgoi gorfod cymryd y cam nesa, er bod ychydig funude yn weddill o'r chware. Bu'r digwyddiad yn destun cwestiwn cyson ar gyfer cystadlaethe cwisie chwaraeon am flynyddoedd i ddod. O ran y gêm ei hun, roedd Seland Newydd yn haeddu ennill, ac ar y dydd yn gryfach tîm.

Fe gofia inne'r gêm honno am reswm arall: cyn y gic gynta, ro'n i yn y stafell wisgo yn paratoi i roi siars i'r chwaraewyr pan ddaeth Carwyn i mewn i roi gair o gyngor, ac aros yno wedyn yn ystod fy siars i. *Pep talk* yn llawn emosiwn o'dd hi er mwyn ysgogi'r bechgyn ac er mwyn creu'r agwedd iawn ynddyn nhw cyn i ni fynd allan i'r cae. Ychydig ddiwrnode ar ôl y gêm, ro'n i'n chware ym Mhontypridd pan ddaeth Gareth Price, pennaeth rhaglenni'r BBC ar y pryd, ata i, a dweud y dylwn i wrando ar y radio nos Wener, gan y byddwn i'n ymddangos ar un o'r rhaglenni. Bues yn dyfalu a dyfalu pa bryd y gwnes i'r cyfraniad. Yr hyn a ddarlledwyd oedd fy araith i i'r tîm cyn y gêm, a honno wedi'i golygu yn llym gyda mwy o bleeps nag oedd yn dderbyniol! Rhaid cyfadde i fi deimlo'n flin eithriadol ar y pryd, gan fod Carwyn wedi recordio'r cyfan yn ddiarwybod i fi, a'r BBC wedi darlledu'r araith heb ofyn caniatâd na hyd yn oed awgrymu fod y peth i ddigwydd. Noson y gêm, yng ngwesty Parc y Strade, roedd disgwyl i'r capten wneud araith, ac fe ddewises wneud hynny drwy gyfrwng yr iaith Gymraeg, gan gyfeirio at debygrwydd y Maori yn Seland Newydd i'r Cymro yng Nghymru. I fi, roedd hyn yn rhywbeth hollol naturiol i'w wneud, ac er i rai pobol yno godi'u haelie, ni allwn lai na gwneud yr hyn a wnes i. Digwyddodd rhywbeth yn debyg ar y noson pan o'n i'n gapten Gorllewin Cymru yn y gêm yn erbyn Awstralia ac, ar ddiwedd fy araith y noson honno, fe safodd Ieuan Evans, yr hyfforddwr, ar ei draed a chymeradwyo. Fe oedd yr unig un. Wna i fyth anghofio ei weithred syml, petai hynny ond am iddo wneud i fi deimlo nad o'n i'n llwyr ar 'y mhen fy hunan wedi'r cwbwl. Dangosodd ei ochor yn glir y noson honno, ac mi werthfawroges inne hynny'n fawr.

Rwy'n cofio un tro dro arall wrth deithio i Fangor yn gapten ar dîm sir Gaerfyrddin. Roedd y croeso yn dilyn y gêm yn y clwb rygbi ym Mangor yn fendigedig, y gwmnïaeth yn glos, a rhaid oedd cyflawni fy nyletswydd arferol fel capten. Eglures fy nghymhellion am siarad yn Gymraeg ac, yn ystod yr araith, cerddodd tri neu bedwar allan o'r clwb. Yr unig beth fedra i ddweud yw mai colled iddyn nhw oedd hynny, oherwydd cafwyd noson gymdeithasol i'w chofio. Mae 'na brobleme hiliol i'w datrys yma yng Nghymru cyn i ni fentro dweud wrth eraill sut i roi eu tŷ mewn trefn.

Yn nhymor canmlwyddiant Undeb Rygbi Cymru, un o fois y fainc o'n i yn nherme'r geme rhyngwladol, gyda Robert Ackerman a David Richards yn y canol. Ond er syndod i lawer, ces 'y ngalw 'nôl i'r tîm yn erbyn Iwerddon ar y Maes Cenedlaethol, gyda Peter Morgan yn bartner i fi, a Gary Pearce (o Ben-y-bont, bryd hynny) yn faswr. Fe gadwes fy safle yn erbyn Ffrainc ym Mharis ac, er i ni golli, llwyddodd David Richards groesi am gais cofiadwy yn dilyn bylchiad trydanol ganddo.

Yn ystod y tymor hwn, mi wnes rywbeth anfaddeuol yng ngolwg y frawdoliaeth rygbi, pan wrthodes wahoddiad i chware i'r Barbariaid yn Northampton ar brynhawn Mercher. Gwrthodes am fod gêm 'da Llanelli ym Mhontypridd ar yr un noson, a nghyfrifoldeb penna i oedd arwain y clwb pan oedd hynny'n bosib, yn enwedig gan 'mod i wedi penderfynu chware gymaint ag a fedrwn i fel capten. Ches i ddim gwahoddiad i chware i'r tîm o Barbaria fyth wedyn! Mae'n bosib mai'r rheswm am hynny oedd bod pob un o aelode'r Barbariaid wedi 'nghlywed i'n canu ar record hir Sain, *Cewri'r Crysau Cochion*, i ddathlu'r canmlwyddiant, a bod hyn, ar ben fy arfer o ganu caneuon Dafydd Iwan yn y stafelloedd gwisgo, yn fwy nag y gallen nhw ddygymod ag e! Pan ddaeth yn amser i Lanelli ethol capten ar gyfer 1981/82, cês fy ethol yn ddiwrthwynebiad am fy ail dymor. O leia, roedd 'y nghyd-chwaraewyr yn dangos ymddiriedaeth yno' i.

Roedd y tymor hwn yn un a ddaeth â llawer iawn o dristwch i mi, oherwydd ar Ŵyl San Steffan, yn ystod y gêm draddodiadol yn erbyn y Cymry yn Llunden, cafodd Bert Peel drawiad ar y galon. Clive Norling oedd y dyfarnwr y prynhawn Sadwrn hwnnw ac, yn ystod y gêm, digwyddes sylwi ar nifer o bobol wedi casglu ynghyd, a Bert yn ei dracwisg goch yn gorwedd ar lawr. Gwaeddes ar Norling i stopo'r gêm. Rhedais draw at Bert ar ochor y banc poblogaidd yn y Strade. Pan gyrhaeddes, roedd e ar ei eistedd ar lawr, yn ymladd am ei anadl, ac fel y cymeriad hwnnw yng nghân Geraint Griffiths, 'Y Ffeitar', dyna lle'r oedd Bert, yn amlwg mewn poen. Daeth dau feddyg o rywle, a galwyd am y stretsiar. Wrth iddo gael ei gario o'r maes, a finne'n cerdded wrth ei ochor, cododd ei law ar y dorf a throi ata i yr un pryd i ddweud, 'Popeth yn iawn, Gravell bach, popeth yn iawn, boi.' Er tristwch, doedd popeth ddim yn iawn. Rhuthrwyd e i ysbyty Llanelli ac, o fewn amser byr, cafodd drawiad trymach fyth ar y galon, ac fe fu farw yn hwyr y prynhawn. Collodd y byd rygbi gymeriad hoffus a rhadlon, colles i gyfaill agos iawn, a gadawyd bwlch amhosib i'w lenwi yn ardal y Tymbl a Chwm Gwendraeth; felly hefyd gyda thîm criced Morgannwg. Bu'r angladd yr wythnos ganlynol yn dystiolaeth i boblogrwydd y gŵr o'r Tymbl, gyda channoedd ar gannoedd wedi dod i dalu'r wrogaeth ola iddo. Aeth rhan o Glwb Llanelli i'r pridd gyda Bert y diwrnod hwnnw, a Bert yn mynd i gwrdd â'i Greawdwr yn ôl ei ddymuniad, yn gwisgo tracwisg goch y clwb.

Yn fuan ar ôl y Flwyddyn Newydd, cyrhaeddodd tîm teithiol Awstralia, a ches inne fy newis yn gapten tîm Gorllewin Cymru i chware yn eu herbyn ar y Strade. Dyma'r daith gynta pryd yr aeth yr Awstraliaid ati i arddangos ffordd newydd, gynhyrfus o chware, gyda'r brodyr Ella yn creu patryme celfydd drwy amddiffynfeydd.

Tipyn o grasfa gawson ni, fel tîm y Gorllewin, a thipyn o wers hefyd yn y ffordd y dylid trafod pêl rygbi, gwers a fu'n fuddiol i chwaraewyr ifanc. Wnaeth y gêm hon ddim llawer iawn i ddenu sylw'r dewiswyr ar gyfer y tymor rhyngwladol, na chwaith y tactege a ddewises i i gael buddugoliaeth yn erbyn Athletig Castell-nedd yn y Cwpan.

'Ro'n i'n anghytuno'n llwyr â beth wnest ti prynhawn 'ma, Ray,' – Carwyn yn dwrdio yn ei ffordd addfwyn.

'O'n i'n meddwl mai ennill o'dd yn bwysig, yn enwedig mewn gêm gwpan,' oedd fy amddiffyniad i.

'Cytuno,' medde'r meistr, 'ond ennill gyda steil bob tro – 'na beth sy'n bwysig.'

1982 a fy nhymor ola yn y crys coch – Terry Holmes yn hawlio'r cais a Gwyn Evans yn llwyddo â chwe chic gosb. Yn sicr, fe fydde Carwyn wedi bod yn blês â'r bas!

Mae'n amlwg i'r dewiswyr gytuno â barn y meistr am fy mherfformiade i, gan mai Pat Daniels a ddewiswyd ar gyfer y tîm cenedlaethol ar ddechre'r tymor, ond ro'n i 'nôl i'r tîm i wynebu'r Ffrancod ar y Maes Cenedlaethol ddechre Chwefror.

Bu'r wasg yn eithriadol o garedig ar ôl i ni lwyddo, ac ar ôl i fi greu cais i Terry Holmes, gyda chymorth Robert Ackerman, yn ystod chwarter ola'r gêm. Bu JBG yn y Western Mail yn bendant ei farn fy mod i'n rhy ara o lawer i chware yn y canol dros Gymru fyth eto, ond ro'dd eraill ddim yn awgrymu hynny – y papure Sul yn frith â'r penawde, 'The Man Who Was Too Slow', a 'Slow-coach speeds through French', a 'Slow is too quick, mon ami'. Roedd yn braf cael eu darllen a chynyddwyd ein gobeithion ni ar gyfer y gêm yn Twickenham. Ond colli fu'r hanes, ac mae'n rhyfedd fel yr oedd y wasg ganmoliaethus bythefnos ynghynt yn brefu am 'y ngwaed i, ac eraill, ar ôl y gêm yn erbyn Lloegr.

Fodd bynnag, roedd un gêm ar ôl, a honno yn erbyn yr Alban ar y Maes Cenedlaethol, yr un diwrnod ag yr oedd Iwerddon yn ymdrechu i gyflawni'r Gamp Lawn ym Mharis. Dyma'r prynhawn pryd yr aeth popeth o'i le, a'r diwrnod y chwalwyd sawl chwedl. Rwy'n cofio gweddïo, tua chwe munud cyn diwedd y gêm, ar i'r dyfarnwr chwythu'i chwib a dod â'r holl hunllef i ben. Wnes i 'rioed deimlo fel hynny ar gae rygbi o'r blân, ac o'r herwydd dechreues holi fy hunan a oedd rhywbeth o'i le ar fy agwedd i. Ro'n i'n gwbod nad o'n i'n ddewis cynta rhai o'r dewiswyr y tymor hwnnw, ac fe benderfynes i, yn hollol bendant, 'mod i am ddirwyn 'y ngyrfa ryngwladol i ben y diwrnod hwnnw, ar ôl tair ar hugain o geme dros Gymru a phedwar prawf yng nghrys coch y Llewod. Doedd gen i ddim cwyn, er bod cael 'y ngadael allan o dîm Cymru yn peri tipyn o boen i mi. Ro'n i'n gwybod yn iawn mai dyma oedd pawb yn gorfod ei wynebu yn y pen draw ac, yn ôl y sôn, fe ddywedes wrth rai o'r dewiswyr yn ystod noson gêm yr Alban na chaen nhw'r cyfle i 'ngadael i allan o'r tîm byth mwy. Serch hynny, penderfynais aros tan ddechre tymor '82/83 cyn gwneud

Rutherford a Renwick yn ffrwyno ymosodiad a Chymru'n cael ei chwalu gan y gwŷr i'r gogledd o Wal Hadrian.
Gyrfa ryngwladol yn dod i ben yng Nghaerdydd ar Fawrth yr 20fed, 1982.

unrhyw ddatganiad. Dyna a ddigwyddodd, ac er i fi ddechre chware ar y Strade gydag awch a ffresni, mi gymeres y cam, a datgan na fyddwn i'n chware rygbi rhyngwladol eto. Ro'n i wedi cynrychioli 'ngwlad ers 1975, ond ro'n i'n gwybod yn bendant erbyn hyn mai hwn oedd y penderfyniad di-droi-nôl o'm safbwynt i. Meddylies droeon ar ôl hynny beth fydde fy ymateb wedi bod petai'r dewiswyr wedi 'newis i! Tybed a fyddwn i . . ? Fe alla i ddweud bod Medi a dechre Hydref wedi bod yn gyfnod perffeth i fi ar y cae. Falle bod llwyth wedi cael ei godi oddi ar fy ysgwydde i. Mi fethes gael fy ethol yn gapten ar Lanelli am y trydydd tro, gan i Phil May ddod yn gapten am ei dymor cynta, a mynnodd ynte 'mod i'n is-gapten iddo. Fe ges i'r dechre gore 'rioed i dymor – gwell nag un o'r deuddeg tymor blaenorol. Ro'n i eisoes wedi chware pedwar cant o geme i'r Clwb, ac yn breuddwydio am y pum cant.

Yr ymwelwyr ar y Strade ddechre Tachwedd 1982 oedd tîm y Maoris o Seland Newydd, o dan arweiniad Paul Quinn, ac mae'n rhaid dweud bod atgofion o'r gêm ddeng mlynedd union yn ôl yn cyniwair yn y cof. Ai hwn fydde fy ymddangosiad ola i yn erbyn tîm teithiol? Yn sicr, ddim o ran bwriad, ac roedd y gohebwyr wrthi eisoes yn proffwydo y byddwn yn aelod o garfan y Llewod a fydde'n teithio i Seland Newydd yn ystod haf '83. A finne yng nghanol Haf Bach Mihangel, fe gawson ni fuddugoliaeth i'w chofio yn erbyn y Maori o un pwynt ar bymtheg i naw, a hynny o flaen torf o un fil ar bymtheg.

Fore Llun, Ionawr y 10fed, 1983 canodd y ffôn yn fy swyddfa yn Llanelli, a llais Phil Bennett yr ochor arall yn torri'r newyddion am farwolaeth frawychus Carwyn James yn Amsterdam. Fedrwn i ddim credu. Yn hollol afresymol, falle, mae dyn yn credu am rai pobol na fyddan nhw farw byth, ac i fi, roedd Carwyn yn un o'r bobol hynny. Ar un olwg, roedd Cymru yn wlad llawer rhy fach i allu fforddio colli rhywun fel Carwyn; eto i gyd, roedd Cymru yn wlad llawer rhy fach i allu gofalu amdano hefyd. Roedd pawb yn hawlio'i amser a'i athrylith ac anodd iddo ynte oedd eu gwrthod. Fe fydde mewn penbleth yn amal yn ceisio dod i ben â chyflawni ei holl addewidion. Roedd y *Guardian* yn hawlio'i amser, felly hefyd y BBC; roedd y chwaraewyr yn hawlio'i sylw, a chymdeithase ar hyd a lled y wlad yn apelio arno i dreulio noson yn eu cwmni. Roedd y wlad a'i magodd wedi troi yn wlad a'i tagodd yn y pen draw.

Bu'r dyddie trist hynny yn ddyddie o gyhoeddi tystebe a choffâd amdano, a rhai o'r bobol a fu'n ei feirniadu'n hallt pan oedd e'n fyw yn awr gyda'r cynta i dalu teyrngede canmoliaethus iddo. Ble ddiawl fuodd y rhain yn ystod ei fywyd? Ble'r oedd y diawled hyn pan oedd e nid yn unig yn meddu ar gymaint o wybodaeth i'w gyfrannu, ond yn dyheu am gael gwneud hynny? Roedd cymaint gydag e i'w gynnig ond, yn anffodus, nid dim ond de a gogledd yw rhaniad y tipyn gwlad fach 'ma, ond mae rhaniad rhwng gorllewin a dwyrain yn ogystal, ac er mai gwir yw'r ystrydeb nad yw proffwyd yn dderbyniol yn ei wlad ei hunan, rwy'n teimlo mai'r gorllewin a dderbyniodd Carwyn ac, ar un wedd, mai'r dwyrain a'i gwrthododd. Petai ganddon ni Eglwys Gadeiriol Brotestannaidd, bydde'r lle wedi bod yn fwy nag orlawn i'w angladd. Pa obaith oedd gan y capel bach yng Nghefneithin i ddal y rhai a ddaeth i dalu'r deyrnged ola i athrylith, i gyfaill, ac i feistr? Rwy'n cofio Gerald Davies yn dweud ar benwythnos yr angladd bod yna ymdeimlad o euogrwydd dwfn drwy'r genedl gyfan am na wnaethon ni'r defnydd gore o Carwyn Rees James.

I mi, cyfrinach Carwyn oedd ei allu i gyfathrebu a darganfod man cyfarfod gyda phob chwaraewr y deue fe i gysylltiad â nhw. Roedd e'n meddu ar allu ymenyddiol eithriadol i droi rhywun y tu chwith mewn dadl, ac roedd ganddo'r cryfder i allu tiwnio i donfedd y lleia galluog a chael yr un ymdrech yn union oddi wrth hwnnw. Wnes i 'rioed weld unrhyw chwaraewr yn ei anwybyddu. Mewn sgyrsie, bydde'i gyfraniad wastad yn adeiladol, yn dod â gwahanol garfanne at ei gilydd, ond byth yn chwalu na sarnu na rhannu. Y prynhawn hwnnw, a finne wedi cael yr anrhydedd o fod yn un o'r rhai a roddodd ysgwydd dan yr arch, doedd dim gwell cofeb i Carwyn na'r hyn a ddigwyddodd ar y Strade. Roedd chwaraewyr Llanelli wedi gwneud eu datganiad wythnos ei farwolaeth ar San Helen, ond ar brynhawn yr angladd bu'r gêm rhwng Llanelli a Chaerdydd yn gystal coffâd ag y bydde fe wedi'i ddymuno, gyda'i hoff dîm – ei unig dîm – yn dangos y medre a'r sgilie y bydde'r meistr ei hunan wrth ei fodd â nhw. Profodd y prynhawn Sadwrn hwnnw pa mor ddall a cheidwadol y bu Undeb Rygbi Cymru ar hyd y blynyddoedd. Roedd Carwyn wedi teithio i bellafoedd byd a dangos ei ddonie, ond nid oedd lle i'r donie hynny ar ei aelwyd e'i hunan. Roedd confensiwn a chyfansoddiad a threfn yn bwysicach nag athrylith a gwefr a dawn. Rhy hwyr oedd talu gwrogaeth wag ar ôl ei fynd. Roedd ei sefydliad, Undeb Rygbi Cymru, yn bwysicach na'r gêm. Roedd agwedd y sefydliad hwnnw at genedligrwydd yn dangos bod y gêm a'r sefydliad yn bwysicach nag iaith na thraddodiad. Dyma'r corff y ceisiodd Carwyn ddod yn rhan ohono. Fe'i gwrthodwyd. Wnaeth Carwyn erioed wadu ei etifeddiaeth, ac fe fydde'n manteisio ar bob achlysur posib i ddatgan ei ochor yn y ffordd fwya cwrtais, boneddigaidd posib. Roedd gwacter arall i'w lenwi yn y Gymru Gymraeg pan adawodd Carwyn.

Rownd Gyn-derfynol y Cwpan yn erbyn Pen-y-bont ar Gae Sain Helen. Selwyn Williams a finne'n bygwth o sgrym a Gerald Williams a Steve Penry-Ellis yn amddiffyn.

Heb bwyse geme cynrychioliadol, ro'n i bellach yn medru mwynhau pob gêm, ond rhaid oedd sylweddoli nad o'n i'n mynd yn iau, ac fe ddechreuodd pethe fynd o chwith yn y gêm gwpan yn erbyn Heddlu'r Deheubarth yn Waterton Cross. Roedd Llanelli ymhell ar y blân, a finne'n wynebu Richard Donovan a gafodd ei gap yn y canol i Gymru flwyddyn ynghynt. Pan gafodd y bêl, dyma fynd ato fel cath i gythrel i'w daclo, gan wneud hynny yn y fath fodd fel y gallwn fod wedi torri 'nghorn gwddw yn y fargen. Wnes i ddim mo hynny, ond wrth daro fy ysgwydd yn ei glun, ro'n i'n gwybod 'mod i wedi torri rhywbeth, er i'r pelydr-X yn yr ysbyty yn Llanelli fethu dangos dim.

Fore Llun, yn dal mewn poen, fe yrres i Langwili, ac yno dyma Howard Davies, yr arbenigwr, yn darganfod 'mod i wedi hollti fy ysgwydd yn ddwy –

tipyn o sioc iddo gan mai dyma'r enghraifft gynta iddo'i gweld o'r caeau rygbi. Bues allan o dîm Llanelli am weddill y tymor bron, ond y tymor dilynol, a finne wedi dechre ymddangos ar raglenni teledu, cyfyngwyd fi i ddeg o geme oherwydd galwade ffilmio, ond ces 'y ngalw i mewn i dîm Llanelli i wynebu Awstralia yn nhymor '84/85 a Llanelli'n fuddugol.

Bellach roedd dau wyneb newydd yn hyfforddi'r Clwb, dau ŵr ifanc a fu'n rhannu nifer o brofiade gyda fi yn ystod 'y ngyrfa, a dau a fuodd yn chwaraewyr disglair eu hunen. Y cynta, Gareth Jenkins, a fu'n gapten tîm ieuenctid Cymru

Gyrfa arall ar y gorwel. Y tro hwn, Gravell yn holi Greville. Roedd Handel yn gyn-fewnwr i Lanelli a Chymru, ac yn gyn-Gadeirydd y Sgarlets.

pan o'n i'n chware, ac yn flaenasgellwr o'r safon ucha, a'i bartner, Allan Lewis, a fuodd yn ganolwr tan i anaf creulon ei rwystro rhag cyrraedd yr uchelfanne.

Ar ddechre 1985, ar ôl cwymp o eira, rhaid oedd teithio i Lanymddyfri yng nghystadleuaeth y Cwpan. Ro'n i'n teimlo'r hen ysfa yn dychwelyd, a'r brwdfrydedd yn tyfu. Llwyddes i fylchu ddwy neu dair gwaith, a mwynhau'r gêm, hyd nes i bêl rydd gael ei chicio ar hyd y cae, ac fe neidies amdani. Yr union eiliad, daeth y bachwr, David Fox, fel taran o rywle ac, o gornel fy llygad, gweles ei droed yn anelu at y bêl, oedd bellach tu ôl i 'mhen i. Allwn i wneud dim ond codi 'mraich i arbed 'y mhen rhag y gic. Petai e wedi cysylltu, mi fydde 'y mhen wedi mynd mor bell â Rhandir-mwyn. Pan gyrhaeddes i Ysbyty Glangwili a'u clywed nhw'n cyhoeddi 'mod i wedi torri 'mraich, brawychus oedd gwrando ar y meddyg yn mynd drwy ei ddamcaniaeth ynglŷn â'r hyn fydde wedi digwydd i fi pe na bawn i wedi codi 'mraich. Ar ôl pedwar cant wyth deg pump o geme, daeth y chwib ola, pryd y gorfodwyd fi i edrych ar fy hunan, ar 'y nyfodol, ac ar bawb o 'nghwmpas i. 'Nôl ym mis Tachwedd 1982, ysgrifennodd Carwyn amdana i yn y *Guardian*:

> Gravell is passionately Welsh. Llywelyn, the last real Prince of Wales, died in 1282, but spiritually Gravell belongs to his army.

Wel, Carwyn bach, yn y gêm ola honno, ro'n i hanner ffordd i Gilmeri i ymuno â'r fyddin, beth bynnag!

Fe fydden i wedi mwynhau cyfarfod â'r hen Che Guevara. Ro'dd Red Ape Arising, y criw sy'n gyfrifol am safle answyddogol y Sgarlets ar y we, wedi gweld tebygrwydd!

12

I'r Gad

Wnes i ddim ystyried 'y Nghymreictod hyd nes i'r Cymreictod hwnnw gael ei gwestiynu yn ystod fy arddege. Cymraeg oedd iaith 'y mhlentyndod i, ac roedd Mynyddygarreg yn rhagfur i'r Cymreictod hwnnw. Yn wleidyddol, sosialaidd oedd bro 'y ngeni, ac adeg etholiad fe fyddwn yn synnu'n fawr pe bai llai na naw deg pump y cant yn torri eu croes yn erbyn enw'r ymgeisydd Llafur. Onid oedd gan y fro un droed wedi'i phlannu'n ddwfn yng ngwythïen lo Cwm Gwendraeth, a chaledi'r glöwr yn nyddie'r perchenogion wedi creu atgasedd at gyfalafiaeth. Nid rhyfedd, felly, i'r ardalwyr ddod yn ddilynwyr Mabon, Keir Hardie, Aneurin Bevan a Jim Griffiths. Hyn oedd cefndir fy magwraeth i, a fuodd 'na 'rioed drafod ar genedlaetholdeb ar ein haelwyd ni, gan mai brwydr rhwng y perchnogion a'r gweithwyr, brwydr rhwng dau ddosbarth o bobol oedd sylfaen gwleidyddiaeth yr ardal. Dihunwyd fy ymwybyddiaeth o Gymreictod am y tro cynta, fel y sonies eisoes, wrth glywed Dafydd Iwan yn canu ei ganeuon cynnar ar raglen *Y Dydd* ar y teledu, ac o dipyn i beth suddodd rhai o'i syniade fe i'm ymwybyddiaeth, fel y down yn ymwybodol o gyni ieithyddol a gwleidyddol Cymru. Wnes i ddim sylweddoli union oblygiade'r cyfan oherwydd, yn nyddie fy nglaslencyndod, ro'n i'n teimlo fod pawb yn ymateb yn yr un modd â fi, a bod fy ffordd i o ymateb yn ddigon naturiol.

Roedd y profiad o gael 'y nghap cynta i dîm ieuenctid Cymru, a gorfod sefyll i ganu anthem Lloegr yn lle 'Hen Wlad fy Nhadau' ar y maes, ynddo'i hunan yn ofid, ond roedd yn llawer mwy o ofid wrth sylweddoli mai dim ond y fi oedd yn poeni am hynny. Pam nad oedd gweddill y chwaraewyr yn poeni am eu cenedligrwydd? A oedd hyn yn adlewyrchiad o'u cefndir a'u haddysg? Does gen i ddim cof chwaith i fi gael gwersi hanes a oedd wedi'u seilio ar hanes Cymru – roedd y cyfan yn Brydeinig ac yn troi o gwmpas y digwyddiade Llundeiniol. Oherwydd i fi lwyddo i gyrraedd y brig yn y maes rygbi, fe gês 'y ngwthio i amlygrwydd heb i fi ddewis hynny o'm rhan fy hunan, ond fe benderfynes, yn gynnar iawn yn 'y ngyrfa, y byddwn i'n manteisio ar bob cyfle i ddangos fy ochor. Pan ddes i 'nabod Carwyn James, llwyddes i ennill athrylith o ffrind a fuodd yn ddylanwad ar fy chware rygbi ac, yn bwysicach fyth, yn athro a fu'n ddylanwad ar 'y Nghymreictod. Treuliodd orie lawer yn fy nysgu i am gefndir rhai o'n harwyr hanesyddol, ac yn sôn am ein cewri llenyddol. Ces ddod i 'nabod y bardd Gwenallt drwy gwmnïaeth Carwyn, ac agorodd ynte fy llyged drwy sôn am hanes Cymru'r ugeinfed ganrif, ymgyrch Penyberth, a thwf y Blaid Genedlaethol. Ychydig o chwaraewyr rygbi all gofnodi iddyn nhw ddysgu cymaint am hanes, llenyddiaeth a gwleidyddiaeth ar dripie rygbi. Yn anffodus, roedd Carwyn yn berson unigryw, ac o'r herwydd roedd ei ddylanwad yn gyfyngedig i'r rhai ffodus ohonon ni a gafodd y fraint o dreulio amser yn ei gwmni. Petai e wedi llwyddo i dorri drwy ragfarn Undeb Rygbi Cymru, tybed faint yn fwy fydde lled ei ddylanwad?

Gwisgo crys Mistar Urdd wrth sgyrsio â dau o'r Fiet Gwent, Terry Cobner (ar y chwith) a Graham Price.

Ymylol iawn fu 'nghysylltiad i â mudiad Urdd Gobaith Cymru pan o'n i'n ifanc – fy unig gysylltiad oedd tâl aelodaeth a mynd i'r cyfarfodydd a gynhelid yn yr ysgol. Dros y blynyddoedd, fe sylweddoles bwysigrwydd y mudiad i'r Gymru gyfoes, yn arbennig o ran yr elfen o adloniant oedd yn cael ei anelu at yr ifanc. Gwersylloedd yr Urdd yn Llangrannog a Glan-llyn oedd crud y canu pop o'r 1960au mlân, a thrwy'r gwersylloedd hefyd y daeth nifer o bobol ifanc diGymraeg i gysylltiad â'r iaith am y tro cynta. Fe fydden ni'n dlotach gwlad o lawer heb y gweithgaredde sy'n digwydd yn y canolfanne hyn, ac mae hynny yr un mor wir am eisteddfode'r Urdd. Ym mha wlad arall y gwelech chi filoedd ar filoedd o blant yn ymarfer am fisoedd i adrodd a chanu a dawnsio, ac yn cael perfformio ar lwyfan yn yr eisteddfode cylch lleol?

Pan ofynnwyd i fi, felly, a wnawn i gyfrannu yn ymarferol i'r mudiad, ro'n i'n teimlo ei bod yn anrhydedd i fi gael gwneud, ond pan awgrymodd Wynne Melville Jones, a oedd yn swyddog gyda'r mudiad ar y pryd, y dylwn i recordio cân ar gyfer lansio ymgyrch Mr Urdd, ro'n i'n credu ei fod e wedi colli'i synnwyr yn llwyr. Ond llwyddodd i 'mherswadio i, dros ginio yn Llanelli, y dylwn i dorri tir newydd ac fe dynnodd e gasét o'i boced gan ddweud, ''Na ti, mae'r gân a'r geirie ar y tâp, dysga nhw, fe fyddwn ni'n recordio mewn tair wythnos.' Mae Wynne Mel yn feistr ar y ddawn o berswadio, ac mae'r ddawn honno'n cael ei hamlygu bellach drwy lwyddiant ei gwmni, Strata Matrix. Fe adawodd e fi yng Ngwesty'r Stepney yn Llanelli yn dal tâp o gân o waith Geraint Davies yn fy llaw, a'i orchymyn ynte yn 'y nghlustie. Doedd dim i'w wneud ond mynd ati i ddysgu'r gân, ac yna cysylltu â'r cyfansoddwr i drefnu un ymarfer, y noson cyn recordio.

Dyma deithio i Aberystwyth, i gartref Geraint a Siân, ac ar ôl orie o ymarfer y noson honno, roedd 'Y Fi a Mistar Urdd a'r Crysau Coch' fwy neu lai yn barod i'r stiwdio. Fore trannoeth, teithio ar hyd arfordir y gorllewin i gyfeiriad y gogledd a chyrraedd Waunfawr erbyn cinio yn nhŷ Marion a Dafydd Iwan. 'Nabod Dafydd Iwan? Ydw, glei! Rwy wedi bwyta ei dato newydd e! Ar ôl cinio wedyn, teithio i hen stiwdio Sain yn Llandwrog, a chael fy rhoi ar 'y mhen fy hunan yn y stiwdio, gyda'r cyrn gwrando am 'y nghlustie. Roedd y gerddoriaeth wedi'i recordio mlân llaw, ac yn sydyn fe ges lond bol o ofn pan ddaeth y cyfan i 'nghlustie, gan fod y sŵn yn ddigon gwahanol i'r un y bues i'n ymarfer iddo oddi ar y casét. Roedd y cwbwl yn brofiad cynhyrfus o newydd i fi, ond rhaid i fi ddweud 'mod i wedi mwynhau'r prynhawn i'r eitha – ond, yn bwysicach, roedd pawb yn ymddangos yn weddol hapus â'r cynnyrch gorffenedig.

Cyfnod poenus o hir oedd yr aros am ymddangosiad y ddisg blastig ddu. Pan gyhoeddwyd y record cafodd groeso cynnes, ac fe fu gwerthu sylweddol arni. Yn sgîl lansio'r record a'r cymeriad, Mr Urdd, mi gafodd Geraint Davies y syniad o wneud taith o gwmpas y wlad yn cynnal cyngherdde; ond i wneud hynny rhaid oedd cael nifer o ganeuon – felly, dyma fynd ati i baratoi, gan ddefnyddio rhai o ganeuon Dafydd Iwan a'r Tebot Piws yn ogystal â chaneuon a ysgrifennodd Geraint yn arbennig ar gyfer y daith. Yn ystod yr wythnose nesa, fe deithies i neuadde pentre, i ysgolion, a hyd yn oed i ambell dafarn, yng nghwmni Geraint ai'i gitâr, i geisio diddanu cynulleidfaoedd a chyflwyno Mr Urdd iddyn nhw. Rwy'n cofio'n dda un ymweliad ag ysgol gynradd yng Nghwm Tawe, a'r lle yn llawn o ddysgwyr; finne, yn ôl fy arfer, yn cael sgwrs â nhw cyn 'perfformio', gan wneud y camgymeriad mawr o ofyn pa gân yr hoffen nhw ei chlywed. Yr ateb ges i oedd, 'One of Shakin Stevens' songs' – a ches fy rhoi yn fy lle o ene plant bychain!

Bu'r misoedd hyn yn fodd i fi ddod i 'nabod Cymru'n well, gyda'r teithie yn mynd â fi o Dreorci i Dal-y-bont, o Aberdâr i Abergele. Yn ystod yr un cyfnod, fe gês y cyfle i ganu gyda Dafydd Iwan yn yr Angel yn Aberystwyth, i gynulleidfa o fyfyrwyr, gan mwya, ac wrth gwrs, ro'n i'n ymwybodol fod mudiad Cymdeithas yr Iaith yn gryfach yn Aberystwyth na nemor unlle y pryd hwnnw. Yn ystod y noson, roedd yn rhaid canu 'Y Fi a Mistar Urdd', gan gynnwys geirie'r gytgan:

Roedd Llywelyn a Glyndŵr yn fois reit enwog,
Ro'n nhw'n arwyr digon difyr yn eu ffyrdd;
Ond o bawb ar draws y byd, fy newis i o hyd
Fel arwr penna'r wlad yw Mr Urdd.

Pen ddes oddi ar y llwyfan, fe wynebes ymosodiad geiriol ffiaidd oddi wrth un criw yn y gynulleidfa, am 'mod i wedi beiddio dilorni a bychanu enw da arwyr y Cymry. Nid yn unig ges i syndod, ond rhaid cyfaddef i fi gael fy siomi hefyd bod y criw ifanc 'ma wedi ymateb mewn ffordd mor afresymol i gân a oedd, i fi, yn hollol ddiniwed yn ei hanfod. Ro'n nhw, yn amlwg, yn teimlo'n gryf iawn, ac yn gweld pob dim yn ddu a gwyn yn unig, ond fe adawes i Aberystwyth y noson honno yn teimlo'n drist, mae arna i ofn. Tros y blynyddoedd, fe wnes ymdrech i hybu'r Urdd bob tro y dôi'r cyfle i wneud hynny.

Buodd 'y nghanu yn destun sylwade mewn stafelloedd gwisgo droeon, a gan amla y sylw arferol oedd 'Grav and his bloody Welsh songs again!' Ond os mai dyna'r argraff a adewid ar y mwyafrif, roedd o leia un o'r chwaraewyr am glywed mwy, ac un o'r brawddege a glywn i'n rheolaidd gan Terry Holmes oedd, 'Sing "Caa-low", Grav, sing "Caa-low",' a rhaid oedd mynd drwy 'Carlo'

Tywysog Cymru, yng nghwmni Marlston Morgan, yn cyfarfod â Phil Bennett ar y Strade. A yw hyn yn amser da i Keith Williams a minne ganu 'Carlo'?

unwaith yn rhagor. Yn y diwedd, fe gyflwynes gopi o record hir Dafydd Iwan iddo fe, ac mae Terry yn dal i ganu'r gytgan honno gydag acen Caerdydd yn rhoi ffurf newydd i 'Caa-low'n whare polo . . .' Yn 1979 gofynnwyd i fi recordio cân arall ar gyfer record hir a fydde'n cael ei chyhoeddi i ddathlu canmlwyddiant Undeb Rygbi Cymru, ac unwaith eto aeth Geraint Davies ati i gyfansoddi geirie a cherddoriaeth i 'Gêm y Bêl'. Buodd gwerthiant y record hir hon yn sylweddol, ac rwy'n cofio'n iawn bod yn rhan o seremoni cyflwyno'r record i Graham Mourie, catpen tîm Seland Newydd.

Buodd fy ymwneud â'r Blaid Genedlaethol yn dipyn o destun trafod yn y cylchoedd rygbi hefyd dros y blynyddoedd, ond alla i ddim yn fy myw weld pam, gan nad oedd unrhyw gysylltiad o gwbwl rhwng y ddau beth. Rwy'n cofio'n iawn am un tro, finne'n mynd i Barc yr Arfau i sesiwn ymarfer ar ôl gwneud darllediad gwleidyddol – y pêl-droediwr John Mahoney yn Saesneg a finne yn Gymraeg – a mynd â llwyth o bamffledi'r Blaid gyda fi. Pan gyrhaeddes i'r stafell wisgo ar ôl yr ymarfer, roedd y pamffledi wedi'u gwasgaru ar hyd a lled y stafell, ac un neu ddau o'r Undeb yn gwneud ambell sylw pigog am yr hyn ro'n i'n ei wneud. Doedd Cymreictod ddim yn rhywbeth agos at galon yr Undeb, fel y sonies i eisoes, ond rwy'n falch dros ben i fi wneud yr hyn wnes i.

Pan golles i fy lle yr eildro yn nhîm Cymru, ro'n i wedi cytuno i fynd i noson gan Blaid Cymru ym Mhumpsaint, a'r noson honno y tri gŵr gwâdd oedd Gwynfor Evans, a oedd newydd golli etholiad yng Nghaerfyrddin, Dafydd Iwan oedd newydd golli ei sedd ar Gyngor Gwynedd, a finne. Mi lwyddes i dynnu gwên wrth bawb pan ddwedes ei bod hi'n noson go arbennig i gael tri methiant yn wŷr gwâdd yn yr un pentre. Eto i gyd, yng nghanol y casgliad o fethianne, roedd 'na ymdeimlad o undod, o chwifio'r faner, ac o fod yn warcheidwaid i iaith, i draddodiad, ac i ddiwylliant.

Yn 1981, profes yr anrhydedd mwya y galle unrhyw Gymro ei dderbyn, pan dderbynies lythyr yn 'y ngwahodd i fod yn aelod o'r Orsedd, a chael fy urddo yn yr Eisteddfod Genedlaethol ym Machynlleth. Roedd anrhydedd fel yr MBE a'r

OBE yn rhywbeth dierth, cwbwl annerbyniol i fi, ond roedd hwn yn wahanol, ac er i fi weld chwaraewyr eraill, fel Gareth Edwards a Gerald Davies, yn cael eu hurddo, wnes i ddim meddwl am eiliad y cawn i wahoddiad i ymuno â'r Orsedd. Dyma oedd un o uchafbwyntie mwya 'y mywyd i – beth bynnag a ddywed pobol am yr Orsedd a'i phasiant a'i rhwysg, mae'n dal i fod yn gyfrwng i genedl gyflwyno anrhydedd. Dyw mo'r gallu gen i i gyfrannu yn ddiwylliannol ac yn llenyddol i'r bywyd Cymraeg, a'r unig dalent oedd gen i, yn gyhoeddus, oedd y

'A oes heddwch?' Dylan Iorwerth yn cael ei goroni gan yr Archdderwydd, Meirion Evans, yn Llanelli 2000.

gallu i chware rygbi, a bod yn Gymro. Doedd gen i ddim gradd prifysgol, a do'n i ddim yn meddu ar y gallu i sefyll arholiade'r Orsedd, felly, roedd y gwahoddiad yn un ro'n i'n ei werthfawrogi yn fwy, falle, nag y gall geirie ei egluro.

Petai gen i un dymuniad i fod yn rhywun gwahanol i'r hyn ydw i, heb amheuaeth, y dymuniad i fod yn fardd fydde hwnnw, oherwydd fe fyddwn i'n barod i roi heibio pob cap i Gymru a chryse'r Llewod, dim ond i gael y wefr o gael codi o dan y llifoleuade yn y pafiliwn mawr ar gyfer sermoni'r coroni neu'r cadeirio. Cês y wefr hon wrth wylio Siôn Eirian yn fardd ifanc yn cael ei goroni, ac yn Eisteddfod y Rhyl aeth y wefr yn storom pan gododd Robat Powel ar ei draed i fonllefe'r dorf. I fi, dyma un o ddigwyddiade eisteddfodol pwysica'r gorffennol. Wedi'r cwbwl, wnaeth Robat fynd ati i feistroli'r iaith, a nid dim ond hynny, ond meistroli'r gelfyddyd o gynganeddu i'r fath radde nes cipio un o brif wobre ein gŵyl genedlaethol ni. O na bai gen inne'r gallu i feistroli'r grefft!

Roedd y seremoni urddo ym Machynlleth yn ddiwrnod i fi ei drysori, a falle bod y ffaith mai Jâms Niclas, cymydog i fi yng Nghydweli, oedd yr Archdderwydd, wedi gwneud y cyfan yn fwy personol fyth i fi. Cês gwmni difyr iawn hefyd ym mherson Arthur Rowlands, y plismon a'r darlledwr, ac o'r diwrnod hwnnw mlân fe ddaethon ni'n dipyn o ffrindie. Does dim yn rhoi mwy o bleser i Arthur na threulio prynhawn mewn gêm ryngwladol ar y Maes Cenedlaethol, a chael cydymaith yn llyged iddo weld y gêm, tra'i fod ynte yn sugno'r awyrgylch, a gwên fawr ar ei wyneb. Fore'r seremoni, ac unig fore'r wythnos, daeth y glaw, a bu raid i'r cwbwl ddigwydd o dan do yn yr ysgol uwchradd; felly, fe golles y profiad o brofi'r seremoni yng nghylch meini'r Orsedd. Chware teg, fe ddaeth Gerald Davies i'r cyfarfod hefyd i fod yn gefn i fi ar 'y niwrnod pwysig.

Bu raid i fi wenu yn y stafell wisgo y bore hwnnw, wrth weld cymaint o ddynion yn gwisgo'u thermals o dan eu clogyne gwyrdd, glas a gwyn – profiad tra gwahanol i stafelloedd gwisgo ar y meysydd rygbi! Fe ddysges inne 'ngwers oherwydd gwisges y wisg werdd dros 'y nillad, ac erbyn y prynhawn ar lwyfan y pafiliwn, ro'n i'n domen o chwys yn gwylio'r seremoni o ongl gwbwl wahanol i'r arfer. Roedd y dydd Iau hwnnw yn ddiwrnod wrth 'y modd, ac yn un i'w drysori am byth, yn llawer pwysicach na chael fy urddo'n Syr neu'n Arglwydd gan fod 'y nghenedl i fy hunan yn fy arddel i ac yn cyflwyno anrhydedd i fi, anrhydedd na fydde unrhyw un yn gallu ei ddwyn oddi arna i. Falle, yn wir, mai ffrwyth dychymyg Iolo Morganwg oedd cefndir y cwbwl, ond does gen i ddim anheuaeth o bwysigrwydd y pasiant a'r seremoni yn y Gymru gyfoes.

Ychydig ddiwrnode cyn y Steddfod, fe dderbynies lythyr oddi wrth Angharad Tomos, Cadeirydd Cymdeithas yr Iaith, yn gofyn am rodd ar gyfer ocsiwn yn ystod wythnos y Steddfod i godi arian i'r Gymdeithas, ac roedd 'na apêl arbennig yn llythyr Angharad – roedd e wedi'i sgrifennu ar bapur coch! Felly, pan es i Lanbed, mi es ag un o'r casgliad cryse rygbi gyda fi ar gyfer yr ocsiwn – sef crys Llanelli o'r gêm enwog yn erbyn Seland Newydd yn 1972 – a sylweddoli, pan gyflwynes i'r crys iddi hi, cyn lleied roedd rygbi yn ei olygu i Angharad. Ond fe sylweddoles faint a dyfnder ei theimlad ynglŷn â'i gwaith, a pha mor bwysig oedd ymgyrch y Gymdeithas iddi – falle i'w brwdfrydedd hi ychwanegu at fy ymwybyddiaeth i o'r frwydr dros yr iaith a phethe Cymraeg wrth weld ei pharodrwydd hi i aberthu ei rhyddid, os oedd angen, dros yr achos. Os nad oedd crys Llanelli fel y cyfryw yn golygu rhywbeth i Angharad, rwy'n falch o gofnodi bod 'na un person o leia yn yr ocsiwn yn barod i dalu dros ganpunt amdano. Ces gyfle yn ddiweddarach i alw yng nghartre Angharad a chwrdd â'i rhieni yn Llanwnda ger Caernarfon, a chael croeso cynnes iawn yno, ar aelwyd lle nad oedd teledu yn rheoli – gan nad oedd teledu yno o gwbwl – a lle'r oedd y rhieni, er gwaetha sarhad pobol leol, yn gefnogol iawn i safiad eu merch. Diolch am bobol gryf fel hyn, ddweda i.

Yn raddol bach, drwy ddylanwade amryw o bobol y cyfeiries i atyn nhw eisoes, tyfodd fy ymwybyddiaeth inne o'r Gymru Gymraeg, a thrwy gael fy holi ar wahanol achlysuron ar gyfer y radio a'r teledu, fe ddechreues edrych fwyfwy i'r cyfeiriad hwnnw am yrfa, er mai bach iawn oedd 'y ngobeithion i yn y dyddie cynnar. Mae un peth yn sicr, bu'r ffaith mai Cymro Cymraeg o'n i yn allweddol o'r cychwyn cynta, ac ro'n i wedi dechre 'ngyrfa rygbi gyda chyfweliad i Radio Cymru ar y Sadwrn cynta hwnna 'nôl yn nechre'r 1970au. Achosodd y cyfweliad drafferthion hefyd yn ystod 'y nghyfnod i fel chwaraewr rhyngwladol, gan i Undeb Rygbi Cymru wrthod caniatâd i'r un chwaraewr roi cyfweliade cyn gêm, rheol a oedd, yn 'y ngolwg i, yn un a oedd yn atal rhyddid yr unigolyn o dan reole'r gêm amatur. Pam na ddyle chwaraewr gael y rhyddid i ddatgan barn? Roedd Undeb Rygbi Cymru yn mynnu meddiannu'r chwaraewr yn gorff ac enaid, ac i fi roedd elfen afiach iawn yn y llyffetheirio yma ar yr unigolyn.

Mae arna i ofn i fi dorri'r rheol yn rhacs cyn un gêm ar y Maes Cenedlaethol. Ro'n ni wedi cyrraedd y stafell wisgo yn gynnar, ac yn ôl yr arfer, bydde'r tîm yn mynd allan i'r maes ryw awr cyn y gic gynta, cyn i'r dorf ddylifo i'r stadiwm, ac wrth fynd ar ein ffordd drwy'r twnnel am y cae, roedd yn rhaid mynd heibio i gilfach fach y bois radio. Yno roedd Huw Llywelyn Davies a John Ifans, gyda meicroffon yn llaw Huw. Bu'r meicroffon erioed yn fagnet i fi, a dyma fynd draw atyn nhw am sgwrs – a'r eitem yn cael ei darlledu fel rhan o ragflas y gêm fawr. Roedd un o'r dewiswyr yn dal i fod yn y gwesty ac mi glywodd y cyfweliad, gan wneud cwyn swyddogol i'r Undeb bod dau o ohebwyr y BBC wedi torri'r rheol. Y canlyniad fuodd i Huw a John gael eu gwahardd rhag gwneud cyfweliade am y tymor cyfan. Fe gafodd y ddau ohonyn nhw gryn sylw yn y wasg ar ôl hynny, felly, os yw cyhoeddusrwydd yn bwysig, falle 'mod i, yn sgîl y cyfweliad hwnnw, wedi bod yn fodd i roi hwb i yrfa'r ddau ohonyn nhw!

Do, fe fu nifer o gyfweliade ar hyd y blynyddoedd, yn swyddogol ac yn answyddogol, ond yn 1977, daeth 'y nghyfle mawr i – bron! Roedd y BBC yn ffilmio *Grand Slam* ac, wrth gwrs, roedd rhan o'r ffilm honno yn cynnwys y gêm rhwng Ffrainc a Chymru ym Mharis. Y bwriad oedd i Gymru ennill, ond wnaeth neb egluro hynny i'r Ffrancwyr, gan 'mod i i ymddangos mewn un olygfa o'r ffilm yn dathlu'r fuddugoliaeth – ond ar ben popeth, fe ges anaf i'm hysgwydd a methu chware yn y gêm. Y canlyniad fuodd iddyn nhw orfod newid y sgript, ac fe aeth 'y nghyfle i, fel y bêl y prynhawn hwnnw, heibio'r pyst.

Yn fuan ar ôl hynny, fodd bynnag, daeth gwahoddiad i ymddangos mewn un olygfa fer o *Pobol y Cwm*, a hynny am i John Hefin, y cynhyrchydd, glywed 'mod i'n dynwared y creadur hoffus hwnnw – Caleb. Mae'n wir i ddweud bod llawer o bobol yn credu hyd heddi mai fi oedd Caleb. Doedd Dafydd Hywel, yr actor o dan wisg y wahadden, ddim yn blês â hynny! Ces 'y nghyflwyno i'r gwir Galeb ar y Strade gan Carwyn James, pan oedd Dafydd Hywel yn chware gyda Chlwb Rygbi Cymry Caerdydd yn erbyn Athletig Llanelli, a hynny mewn cyfnod pan oedd nifer o'r chwaraewyr yn y Strade yn ddilynwyr i Caleb a'r rhaglen *Miri Mawr* – bois fel Hefin Jenkins a Selwyn Williams. Daeth 'Grynda 'ma, Byti boi,' yn

Dau o ffrindie agosa Mari a finne – Elin a John Hefin ar y traeth yn y Borth.

DH (ar y dde) a Gladys.

gyfarchiad cyfarwydd ar y Strade! Oherwydd hyn i gyd, ces fy hunan yn stiwdio'r BBC ar set *Pobol y Cwm*, yn galw yn y Deri Arms am becyn o sigaréts, a chael 'y nghyhuddo o fod yn Caleb – hanner dwsin o linelle oedd gen i, ond roedd yn ddigon i roi blas ar fyd y ddrama a pherfformio. Do, mi wnes i joio'r cyfan, ac mae'n rhaid 'mod i wedi gwneud yn weddol, gan i fi gael gwahoddiad eto, ddwy flynedd yn ddiweddarach, i fynd 'nôl i Gwm Deri am yr eildro, ac yna'n fuan iawn ar ôl hynny, cael ymddangos fel beirniad *beauty contest* yn y gyfres gomedi, *Glas y Dorlan*.

Ymddangosiad ar *Pobol y Cwm* gyda Lisabeth Miles (1975).

Llwyddodd pob un o'r troeon hyn i roi mwy a mwy o awch am gael mwy o gyfle i weithio ar y cyfrynge. Ym mhob un o'r ymddangosiade hyn, fel Ray Gravell y chwaraewr rygbi y byddwn i'n ymddangos, a rhaid cyfadde 'mod i'n dyheu am y cyfle i guddio y tu ôl i gymeriad ambell waith, a chael actio! A daeth y cyfle o gyfeiriad cwbwl annisgwyl, gyda galwad oddi wrth Gwynne D. Evans, y dramodydd o Cross Hands, yn gofyn i fi ddarllen rhan yn ei ddrama, *Pen y Daith*, drama i ddathlu pedwar canmlwyddiant sefydlu Ysgol Ramadeg Caerfyrddin, y *Gram*. Fe ges fy hunan yn ymarfer ar gyfer perfformio'r ddrama lwyfan am ddwy noson yng Nghaerfyrddin, gydag actorion profiadol fel Ernest Evans, Haydn Edwards, Buddug Williams a Marian Fenner – actorion a fu'n ffyddlonied *Pobol y Cwm* dros y blynyddoedd, a Glyndwr Walker, a fu'n athro arna i yn ystod 'y nyddie yn y *Gram*. Ddechre'r 1980au y daeth y cyfle nesa, gyda chais oddi wrth Peter Elias Jones, Ronw Protheroe a Paul Jones am i fi fynd i HTV yng Nghaerdydd i gael gwrandawiad ar gyfer rhaglen a oedd wrthi'n cael ei pharatoi, a hwythe'n chwilio am bedwar cyflwynydd. Mi es drwy'r gwrandawiad heb fod yn ffyddiog o gwbwl, ac ar y diwedd clywed y geirie traddodiadol, 'Fe gewch glywed ganddon ni.' Er syndod, mi ges glywed, a chael gwahoddiad i fod yn un o gyd-gyflwynwyr y gyfres *Teulu Ffôn*, cyfres a fydde'n torri tir newydd ar deledu yn Gymraeg, gyda'r rhaglen yn cael ei darlledu'n fyw, yn llawn digwyddiade, cystadlaethe, a sgetsus y disgwylid i fi actio ynddyn nhw. Buodd hwn yn gyfle gwych i fi geisio sefydlu fy hunan mewn rhaglen wythnosol, ac erbyn hyn, ro'n i'n gwybod y cyfeiriad y dymunwn anelu ato.

Anghofia i fyth un noson, pan o'n i â'r cyfrifoldeb am gornel y beirdd, gyda Dic Jones ar un ochor i fi a'r amharchus, anfarwol Dewi 'Pws' Morris ar yr ochor arall. Am ryw reswm, weles i ddim mo arwydd y rheolwr llawr yn dynodi'r hanner munud ola, a'r cwbwl welwn i oedd hwnnw yn chwifio'i ddwylo gydag arwyddion o bob math, a rhwng hwnnw'n chwifio'i freichie o mlân i, a Dewi Pws yn ymateb gydag arwydd Hitler yr ochor arall, wn i ddim sut y daethon ni i ben â'r rhaglen y noson honno. Bu'r profiade yn gyfrwng

Dau o geffylau blân *Y Clwb Rygbi* – Huw Llywelyn Davies (chwith) a Brynmor Williams.

disgyblaeth i fi yn bersonol, gan fod yn rhaid dysgu'r sgript yn ystod y bore yn barod ar gyfer y rhaglen gyda'r hwyr, a hynny'n dipyn o broblem ar y dechre, hyd nes i fi gyfarwyddo â'r grefft. Pan ddaeth y gyfres i ben, credes bod cyfle'r hanner-cyflwynydd, hanner-actor wedi mynd, ond daeth cynnig i fi chware rhan fach yng nghyfres gynta Siôn Eirian, *Bowen a'i Bartner*, a'r tro hwn, cael cyfle i fod yn rhywun hollol wahanol i Ray Gravell

Gyda dyfodiad S4C, daeth cyfle i fi hefyd i fod yn ail lais i gyflwyno'r sylwebaethe ar y geme rhyngwladol gyda Huw Llywelyn Davies. Rwy'n cofio'n dda y gêm gynta i gael ei darlledu ar y Sianel gyda sylwebaeth yn Gymraeg. Roedd Cymru yn chware Lloegr ar y Maes Cenedlaethol yng Nghaerdydd yn 1983, a'r cynhyrchydd, Geraint Wyn Davies, wedi gofyn i fi gyrraedd y maes ryw awr cyn y gêm. Gwnes hynny, a'r pryd hwnnw, doedd yr eisteddle deuheuol ddim wedi'i gwbwlhau. Felly roedd yn rhaid cerdded o gwmpas y maes i gyrraedd y pwynt sylwebu. Treulies dipyn o amser yn llofnodi rhaglenni rhai o'r plant oedd eisoes ar y maes, ac fel ro'n i'n cyrraedd y bwth sylwebu, dyna lle'r oedd David Coleman yn cnocio ar y ffenest, ac yn 'y ngalw i mewn i'r stafell fach, lle'r oedd Coleman yn sgwrsio gyda Billy Beaumont. Dyma ofyn i fi a fyddwn i'n fodlon cael gair gyda nhw ar raglen *Grandstand*. Fel 'ny y buodd hi, ond, wrth gwrs, roedd yn rhaid aros i ras geffyle i orffen cyn dod at y sgwrs. Yn y cyfamser, ym mwth sylwebu S4C roedd Huw Llywelyn Davies, y cynhyrchydd, ac Onllwyn Brace, Pennaeth Rhaglenni Chwaraeon BBC Cymru, yn aros amdana i, ac yn poeni tipyn am 'mod i'n hwyr ar gyfer y darllediad. Yn sydyn, dyma nhw'n digwydd edrych ar y sgrîn fach o'u blaene, ac yn gweld yr ail lais yn cael ei holi ar BBC1. Roedd yn dipyn o sioc, ac Onllwyn yn gwylltio'n rhacs, ac yn gweiddi, mae'n debyg, 'Beth ddiawl mae e'n 'neud fan 'na pan mae e i fod fan hyn?' Pan gyrhaeddes i, gydag ychydig prin o funude yn sbâr, lleddfwyd ei dymer e pan eglures 'mod i wedi rhoi'r holl gyhoeddusrwydd ar *Grandstand* i'r darllediad hanesyddol ar S4C.

Bu Carwyn yn gefnogol i mi gydol 'y ngyrfa, ac mewn ffordd, yn rhannol gyfrifol am fy arwain i i gyfeiriad y cyfrynge, drwy 'nhynnu i i mewn i drafodaethe ar y gêm ar raglenni radio. Fe oedd y meistr ar ddadansoddi'r gêm, ac er ei farw, ddaeth neb yn agos at lenwi ei sgidie. Ond tybed a oedd hi'n bryd i fi feddwl am newid gyrfa bellach. Bu sibrydion bod HTV eisie i fi gyflwyno rhaglenni ar gyfer S4C. Ces gyfle i gyflwyno nifer o raglenni i Radio Cymru o'r stiwdio yn Abertawe, ond doedd dim un sicrwydd, mewn gwirionedd, am y dyfodol.

Yna, un bore ym mis Mehefin, cyrhaeddes 'nôl i'm swyddfa yn Llanelli, a Susanne, yr ysgrifenyddes, yn dweud bod Onllwyn Brace o'r BBC wedi ffonio, ac y bydde fe'n ffonio 'nôl ymhen deng munud. Daeth yr alwad, a llais Onllwyn yn egluro bod y BBC am gynnig cytundeb dwy flynedd i fi, yn dechre ym mis Medi '85, ac y bydde'r cytundeb yn golygu rhoi'r gore i chware i Lanelli gan y byddwn i, fel rhan o 'ngwaith, yn sylwebu ar geme ar brynhawn Sadwrn, yn ogystal â chyflwyno ambell raglen arall ar Radio Cymru. Cymysglyd ar un olwg oedd fy ymateb i, gan 'mod i o fewn pymtheg gêm i'r pum cant. Ond chware teg, roedd rhaid meddwl am y dyfodol – a dyw chware pum cant o geme ddim yn debygol o dalu morgais. Felly, os o'n i am gydio yn y cyfle, rhaid oedd cymryd y cam. Roedd pennod newydd ar fin dechre.

13

Rhif 13

Mae dechre gyrfa newydd wedi llwyddo, ar un olwg, i ddod â gyrfa arall i ben, gyrfa a welodd y rhif 13 ar 'y nghrys am un tymor ar bymtheg, a hynny fel aelod o Glwb Rygbi Llanelli. Wnes i 'rioed feddwl am adael y clwb hwnnw, er i fi gael gwahoddiad unwaith i ddod yn aelod o glwb y brifddinas – fe fydde hynny yn golygu croesi afon Llwchwr yn llawer rhy amal. Daeth gwahoddiad hefyd i deithio ymhellach fyth, a chware i un o glybie'r gêm broffesiynol yng ngogledd Lloegr, ond rhaid bod yn onest a dweud nad oedd hyd yn oed pum mil ar hugain yn debyg o 'nenu i o'm milltir sgwâr – fe fydde'n well gen i orfod chware i Abertawe!

Yn sgîl y gêm fe ges fwy o gyfle na'r rhan fwya o bobol i deithio'r byd, i wneud ffrindie ym mhob cwr a chornel, ac i fod yn llygad y cyhoedd am gyfnode maith. Wrth edrych 'nôl, mae'n llawer iawn haws cofio'r uchafbwyntie na'r siomedigaethe. Pe bawn i wedi mynd ati i roi pin ar bapur ychydig flynyddoedd yn ôl, mae'n hollol bosib y byddwn i wedi bod yn fwy llym, yn fwy beirniadol, ac o bosib yn fwy sur fy agwedd at lawer o bobol ac at ddigwyddiade. Rwy'n falch nawr na ddigwyddodd hynny. Does gen i ddim achos i deimlo'n flin gan i fi gael cymaint allan o'r gêm, ac mae'n wir dweud mai'r gêm a lwyddodd i'm rhoi i ar drothwy gyrfa.

Yn barod erbyn hyn i wisgo het arall.

Mae'r digwyddiade cofiadwy eisoes wedi'u croniclo'n fanwl, ond mae'n siŵr gen i y bydda i'n edrych 'nôl ar Hydref 1972 ac yn dal i glywed geirie Carwyn James yn 'y nghlustie, 'Grav, ma' heddi'n ddiwrnod mawr i ti. Heddi fe gei di ddangos dy fod ti am 'ware dros Gymru.' Er i bob un ohonon ni yn y tîm y diwrnod hwnnw gael shâr helaeth o'r clod, Carwyn oedd y pensaer. Fe luniodd y fuddugoliaeth.

Ond ni cheir y melys heb y chwerw, ac mae 'na un bwlch na lwyddwyd erioed i'w lenwi ers dyddie plentyndod, sef colli 'Nhad. Fel y tyfes i'n hŷn, aeth y bwlch hwnnw yn agendor, ac yn amal pan fyddwn i'n dyheu am rywun i bwyso arno, neu i droi ato fe am gyngor, yr unig beth a welwn i oedd ei wyneb mewn poen parhaol. Er i'r blynyddoedd feddalu'r hiraeth, fydd e byth yn difa'n llwyr.

Mae'n siŵr y bydd ambell ddigwyddiad yn f'atgoffa i o'r cyfnod pan golles i fy lle yn nhîm Cymru – mae gen i gof iddo beri loes ar y pryd – ond dadchwythu'r balŵn oedd hynny, a gwneud i fi sylweddoli bod chwaraewyr da eraill o gwmpas. Loes arall o'dd bod 'y mhriodas i ag Aurona wedi dadfeilio, a bod yn rhaid i fi wynebu bellach mai fy hunanoldeb i a barodd y rhwyg rhyngon ni. Roedd apêl y dorf a'r gynulleidfa yn dynfa rhy gryf i fi ei wrthsefyll, ac roedd dianc 'nôl i'm milltir sgwâr yn nhir 'y ngwreiddie yn haws o lawer nag ymdrechu i ailadeiladu'r berthynas ar ôl y chwalfa. Yng nghanol y pleser a'r dyheade, mae dagre llosg yn gwteri'u ffyrdd i'r cof hefyd.

Ers i fi adael y Strade fel chwaraewr, a throi at y byd darlledu, gorfodwyd fi i edrych yn wahanol ar y gêm. Nid yn fwy difrifol, yn sicr, oherwydd rwy'n dal i deimlo mai gêm i'w mwynhau yw hi. Mae llawer gormod o gefnogwyr a gweinyddwyr a gohebwyr yn cymryd y cwbwl yn eithafol o ddifrifol, ac o'r herwydd yn colli pwynt pwysica'r gêm, sef y mwynhad pur mae hi'n gallu ei roi i chwaraewr a chefnogwr, ar y cae neu wrth gymdeithasu ar ôl hynny.

Wedi gorffen 'y ngyrfa ryngwladol, a chael gwahoddiad i sylwebu ar y prif geme, roedd y tymor cynta yn un anodd iawn i fi, gan 'mod i'n amal yn teimlo yr hoffwn i fod allan ar y maes. O'r herwydd, roedd bod yn ddiduedd yn ymdrech anodd a phoenus ar adege. Roedd yn rhaid i fi, yn achlysurol, feirniadu, ac wrth wneud hynny, ro'n i'n ymwybodol iawn y gallwn i gael 'y nghyhuddo o genfigen neu falais, yn enwedig gan fy mod i, ar y pryd, yn dal i chware i Glwb Llanelli. Mae'n siŵr i fi gael y teimlad, fwy nag unwaith, y gallwn i wneud cystal, os nad yn well, na rhai o'r chwaraewyr ar y maes, ond ro'n i wedi gwneud 'y mhenderfyniad a rhaid oedd glynu wrtho.

Ar un olwg, roedd datgan barn ar gêm yn broses boenus i fi, ond bellach rwy wrth 'y modd yn sylwebu ar bob gêm, beth bynnag fo'i safon, gan fod gan bob gêm rywbeth i'w gynnig. Er enghraifft, ces gymaint o fwynhad yn sylwebu ar rownd derfynol Cwpan Tovali ar y Strade rhwng y Tymbl ac Athletig Caerfyddin, ac ar y Maes Cenedlaethol yn rownd derfynol Cwpan Schweppes rhwng cewri Caerdydd a Chasnewydd – er i'r gêm honno droi i fod gyda'r hysbyseb gore y galle rygbi ei gael. Bellach rwy'n gallu edrych ar bob gêm yn wrthrychol, hyd yn oed pan fydda i yn sylwebu ar y Strade, er bod un neu ddau o 'nghyd-weithwyr i yn dal i ame'r ffaith honno o hyd! Roedd y broses boenus hon yn un y mae'n rhaid i bob cyn-chwaraewr fynd drwyddi, wrth i lawer ohonyn nhw droi'n hyfforddwyr neu'n ddyfarnwyr, neu hyd yn oed yn bwyllgorwyr a gweinyddwyr. Wedi'r cwbwl, all neb waredu arferion un tymor ar bymtheg o'i system dros nos!

Does dim byd yn haws nag eistedd yn gyfforddus yn yr eisteddle yn beirniadu'r chware'n hallt. Mae gan y chwaraewr ar lwyfan y theatr rygbi un eiliad fer i wneud penderfyniad ac, os yw'n oedi am eiliad, mae pob dewis yn diflannu. Mor hawdd yw hi i'r sylwebydd i fyny uwchben y chware weld y cwbwl fel gêm wyddbwyll! Anos o lawer yw hi i'r unigolyn ar y maes allu gweld hynny, ac yn amal rwy'n teimlo'n ddig wrth ambell ohebydd am fod yn orfeirniadol o ambell chwaraewr am gymryd y dewis anghywir. Gall beirniadaeth fel hyn lesteirio datblygiad chwaraewr ifanc am nad yw'n feirniadaeth adeiladol yn amal, a phe bawn i'n euog o wneud hyn, fydde gen i ddim mo'r hawl i fod yn y sefyllfa honno. Gyda datblygiade o fewn y cyfrynge a'r teledu, yn arbennig, mae camgymeriade mewn geme rygbi yn cael cryn sylw, a'r digwyddiade'n cael eu hail a'u trydydd ddangos, boed y rheini'n enghreifftie o chware brwnt, cais gwefreiddiol neu gamgymeriad ar ran y dyfarnwr. Er bod hyn yn gallu ychwanegu at bleser y gwyliwr, mae'r cyfan yn rhoi mwy a mwy o bwyse ar bawb sy'n ymwneud â'r gêm – ambell dro er gwell, ond yn amal er gwaeth.

Bu'r rhif tri ar ddeg ar 'y nghrys yn ffynhonnell o lwc i fi yn ystod 'y ngyrfa; fe drysora i bob un o'r atgofion, yn felys ac yn chwerw, gyda diolch am y cyfle.

Rhan 2

O’r Maes i’r Mynydd

1987–2007

1

Does Unman yn Debyg

Paradwys

Mae'n afallon, mae'n hafan, mae'n baradwys. Yma mae nghartre, a dwi'n hapus fy myd. Meddyliwch am godi ben bore ac edrych ar olygfeydd mor hudolus. O fewn ergyd carreg i Frynhyfryd mae Capel Horeb – capel hardd a adeiladwyd mas o frics coch lleol, a'r fan hyn yn y flwyddyn 1741 y cynhaliwyd seiat gyntaf y Methodistiaid, a hynny yn ymyl y capel presennol.

Yn y capel, diolch i gyfraniad criw o wirfoddolwyr, y plannwyd yr hade ar gyfer addysgu cenedlaethe o blant Mynyddygarreg . . . ie, yr hanesion Beiblaidd sy'n dal yn seler yr hen gof yn ogystal â meithrin y gwerthoedd sy'n gwneud yr unigolyn yn ddinesydd da a chydwybodol. Yn y cartre, yn y gymdeithas a mewn capeli tebyg i Horeb y mowldiwyd cymeriade a phersonoliaethe Cymry'r gorffennol a gobeithio fod hyn yn wir ar gyfer y presennol a'r dyfodol.

Mae'r plant a Mari yn dal i fynd yn rheoledd, a dwi'n dweud hynny â balchder – y dair yn mynd i'r Ysgol Sul o'u gwirfodd. Ma' 'da fi atgofion hapus o fynychu'r capel a dwi'n dal i fynd yn achlysurol. Fan hyn ddechreues i'r daith, ar ben y mynydd ym Mynyddygarreg, ac yn y pen draw fe orffenna i'r daith yma hefyd.

'Yn ei Gynefin', rhan o eitem ar *Wedi 3* (Awst 16eg, 2005)

Manon a Gwenan yn amlwg wedi'u plesio â'r arwydd.

Byw am Byth

Ro'dd y plant 'da fi ar y pryd; y ddwy groten, Manon a Gwenan, newydd ddod nôl o'r ysgol a Chyngor Sir Gâr wedi bod wrthi'n slafus yn gosod yr arwydd newydd ar yr heol. Ac a bod yn onest ro'n i'n teimlo rhyw falchder arbennig gan fod y Cyngor wedi cytuno i'r syniad o alw'r hewl yn HEOL RAY GRAVELL. Ro'dd rhywfaint o syndod yn lleisie'r ddwy a Manon yn gofyn y cwestiwn, 'Dad – Heol Ray Gravell. Ydi hyn yn golygu y byddi di'n byw am byth?'

Wel, pan ofynnwyd y cwestiwn 'na i fi, fe ges i'n shiglo i'n sodle. Ond, fe fydd yr enw 'na nawr ymhell ar ôl i'r hen foi fynd.

Mari, Manon a Gwenan.

Tair i Un

Fe gwmpes i'n bendramwnwgl mewn cariad â hi – flynyddoedd maith yn ôl bellach. Sylweddoles i'n gloi iawn fod rhywbeth arbennig iawn ynglŷn â Mari ac wrth i fi gwmpo mewn cariad â hi, fe gwmpodd hi mewn cariad â fi. Erbyn hyn, ry'n ni'n deulu a dyna beth saerniodd y berthynas. Ie, y plant . . . a galla i byth meddwl am fywyd hebddyn nhw. Y nhw yw mywyd i. Un dyn a thair merch a phan mae angen dod i benderfyniad, dwi'n colli pob un bleidles – o dair i un. Neu, peder pleidles i un; mae hyd yn oed y gath yn pleidleisio 'da nhw!

Yr Angor

Dwi'n uniaethu'r gân â Mari sy wedi bod yn angor, yn graig, yn ogystal â bod yn wraig. Mae'n bopeth i mi a bod yn onest – felly hefyd Manon a Gwenan – heb y dair fe fydden i'n ddim. Mae'r geirie'n cyfleu'r cwbwl: (*Ray yn eu darllen*).

Weithiau pan mae'r gwynt yn chwythu mewn o'r môr,
Weithiau pan mae'r tonnau yn torri wrth fy nôr
Dyna pryd dwi d'angen di.
A weithiau pan mae'r glaw yn curo ar fy nho,
Weithiau pan mae'r felan yn fy ngyrru i o ngho,
Dyna pryd dwi d'angen di.

Ti yw'r graig sydd dan fy nhraed,
Ti yw'r hafan,
Fy hafan i.
Ti yw'r llyw, a'th gwrs mor driw.
Ti yw'r angor, fy angor i.

Weithiau pan mae'r lli yn codi uwch fy mhen,
Weithiau pan mae'r stormydd yn torri trwy fy nen,
Dyna pryd dwi d'angen di.
Weithiau pan mae'r niwl yn glynu wrth y tir,
Weithiau pan mae'n rhwystro ni gyd rhag gweld yn glir,
Dyna pryd dwi d'angen di.

Ti yw'r llong a'i hwyliau'n llawn,
Ti yw'r ewyn, yr ewyn ar fy nhon,
Ty yw'r cei ar ddiwedd dydd,
Ti yw'r angor, fy angor i.

Alaw a geiriau: Tudur Huws Jones oddi ar CD *Dal i Drio*:
Cyhoeddiadau Sain – SCD 2417

Awst yr ail, 1991: Mari a fi ar ben ein digon ar ddiwrnod ein priodas.

Gas and Air

Ray: Fe briododd Mari a finne ym mis Awst 1991, wap ar ôl bod ar eich raglen chi Beti – felly, fe chwaraeoch chi rhan yn y peth ond uchafbwynt y cyfnod priodasol heb os o'dd genedigeth y ddwy groten, Manon a Gwenan, a finne'n bresennol ar y ddau achlysur yn tystio i'r wyrth. Braint o'r mwya'.

Beti: Faint o help o'ch chi i Mari?

Ray: Dim help o gwbwl! Wel, o'n i wedi bod yn astudio'r *videos* ymla'n llaw, darllen ambell i beth . . . a hefyd, pan o'dd Mari gartre yn perffeithio'r holl dechnege anadlu – wel, o'n i'n tynnu ambell i anal mewn o'n sodle; mewn trwy'r trwyn a mas drwy'r ceg ond . . .

Beti: Ffeintioch chi ddim?

Ray: Na, ond o'dd e'n deimlad go rhyfedd; yn brofiad, a dwi ddim wedi dweud hyn ar goedd, a rwy'n datgan hyn yn onest – y profiad mwya o mywyd o'dd bod yn bresennol pan anwyd Manon a Gwenan. Ro'dd y ddwy enedigeth mor wahanol ond o'n i'n cydweithio gyda Mari, ac am ddyddie'n dilyn yr enedigeth ro'dd yna bo'n 'da fi yn y stumog. Y fi fuodd yn llyncu'r *gas and air*. Y fi fuodd yn rhegi mewn gorfoledd a llefen.

Beti: Ond faint o help fuoch chi wedyn? Shwd o'ch chi'n cynorthwyo? A fuoch chi'n newid eu cewynne nhw? Sdim dwylo mawr iawn 'da chi!

Ray: Na, dwylo bach ond tra'd mawr! O'n, o'n i'n helpu – a fe ddysges i un peth. Mae help tade yn hollbwysig ond y fam yw'r *numero uno*.

Beti: Fe fydd rhaid i ddarpar fab-yng-nghyfreth fod yn un sbeshal!

Ray: Wel, os bydd un ohonyn nhw'n dod â chwaraewr rygbi lan i Fynyddygarreg, y peth cynta fydda i'n ei wneud yw ei sbaddu fe!

Beti a'i Phobol (BBC Radio Cymru)

Pinky

Dwi wedi bod yn lwcus . . . ma' 'da fi gant a mil o ffrindie mynwesol ond rhaid cyfadde fod ambell un yn sbeshal a ma' Pinky, Adrian Howells o Gaerfyrddin, yn un o rheiny. Ro'n ni'n dau yn y *Gram* yng Nghaerfyrddin 'da'n gilydd a fe dd'ethon ni'n agos adeg marwolaethe'r ddau dad. I mi'n bersonol ro'dd yr wythnose'n dilyn hunanladdiad Dad yn rhai anodd, ond diolch i gyfeillgarwch ffrindie a chymorth aelode staff yr ysgol fe lwyddes rywfodd neu'i gilydd i setlo ac ail-gydio yn yr awenne. Rhyw fis ar ôl y drychineb fe gollodd disgybl arall o 4W ei dad a phryd hynny datblygodd y cyfeillgarwch rhwng Adrian a finne.

I mi ro'dd y diwrnod cynta 'nôl yn erchyll – cyrraedd clwydi'r ysgol a gorfod wynebu'r bechgyn – do'dd neb yn gwbod beth i'w ddweud. Dwi'n siwr fod Pinky'n ddiolchgar pan ail-ddechreuodd e'r ysgol ar ôl ei brofedigeth; y fi o'dd y bachgen cynta iddo fe weld a ro'dd y ddau ohonom yn gallu cyfathrebu'n gyfforddus â'n gilydd – y naill yn gwbod sut oedd y llall yn teimlo. A phan gyrhaeddon ni ddryse'r ysgol, yno ro'dd Glyndwr Walker i gydymdeimlo. Flynyddoedd yn ddiweddarach ro'dd Pinky a finne'n ail-fyw'r cyfnod ac yn gwerthfawrogi cyfraniad Glyndwr – ei gonsyrn a'i eirie o anogeth o fudd i'r ddau ohonom.

Yn ystod fy mlwyddyn olaf yn yr ysgol, bu'r ddau ohonom yn rhan o dîm hŷn yr ysgol a chael tymor hynod lwyddiannus o dan gaptenieth Phil Thomas. Ro'dd Pinky'n 'ware ar yr asgell a ma' hynny'n dipyn o ryfeddod oherwydd y dyddie 'ma mae e'n debycach i Billy Bunter! Ro'dd y canlyniade'n rhyfeddol – maeddu Ysgolion Gramadeg Llanelli, Castell-nedd, Llandeilo, Dyffryn Aman, Maesydderwen heb fawr o drafferth ac yn sgîl y llwyddiant trefnwyd taith ddiwedd tymor i ardal Caer a herio Ysgolion Penbedw a Wallasey.

Ro'dd Penbedw yn ysgol fonedd adnabyddus a'i phrifathro, John Gwilliam, yn un o hoelion wyth rygbi Cymru. Fe o'dd capten y cryse cochion pan enillon nhw'r Gamp Lawn ar ddau achlysur ddechre'r 1950au. Chwaraewyd yr ornest ar brynhawn Gwener, a dwi'n cofio i ni ganu 'Calon Lân' cyn gadel yr ystafell newid. Ystyriwyd hon yn gêm ryngwladol rhwng Cymru a Lloegr a ro'dd pob un ohonon ni'n hyderus ynglŷn â'r canlyniad! Fe gollon ni o 25–0 . . . a John Howard (a gynrychiolodd Brifysgol Rhydychen a Lloegr yn ddiweddarach) yn hawlio'r pwyntie.

Yn y ginio, yn dilyn y gêm, fe ges i'r fraint i ishte drws nesa i John Gwilliam a chlywed ei fod e wedi chware ambell gêm i Lanelli gan fod ei wraig yn enedigol o dre'r Sosban. Bellach mae e'n byw ym Moelfre ar Ynys Môn, ac yn rhugl ei Gymraeg. Ro'n nhw'n ddyddie da a rhaid cyfadde fod y cyfnod yn yr ysgol wedi datblygu cryn dipyn ar fy nghymeriad a ngwneud i yn well person.

Fe gollodd Pinky a finne gysylltiad am gyfnod hir o flynyddoedd – bu'n rhaid i mi ganolbwyntio ar y bêl hirgron ac Adrian yn bwrw prentisieth a gyrfa fel gohebydd ar y *Western Mail* a'r *South Wales Evening Post*. Ond, fel mae'r rhod yn troi . . . fe benodwyd Pinky yn ohebydd ac yna'n gynhyrchydd ar raglenni dyddiol *Heno* a *Wedi 7* ar S4C a daeth cyfle i gyfarfod yn rheoledd. Be' sy mor arbennig amdano – wel, mae e wastad 'run peth; gŵr addfwyn, hoffus a diymhongar – yn hynod garedig, yn un sy'n cadw cyfrinach ac yn llawn hiwmor. A bod yn onest ro'dd Adrian yn aml yn fy niawlio'n ddyddiol; finne'n ei ffonio ddwy neu dairgweth y diwrnod am gyngor neu gadarnhad am rywbeth neu'i gilydd a'r ffrind penna yn codi'r ffôn a datgan, 'O na! Be' ti moen nawr Grav!'

Ffrind mynwesol – Adrian Howells (Pinky).

Ffrindie'r Filltir Sgwâr

(O'r chwith): Robert, Les a Raymond Williams o dre Cydweli.

Ffyddloniaid Clwb Rygbi Mynyddygarreg: (o'r chwith) Fred, Pam a Wyn Smith.

Y gŵr a ddylanwadodd ar Gyngor Sir Gâr i enwi'r hewl – John Tremendous.

Ffrind o gyfnod yr ysgol gynradd – Mike Bach.

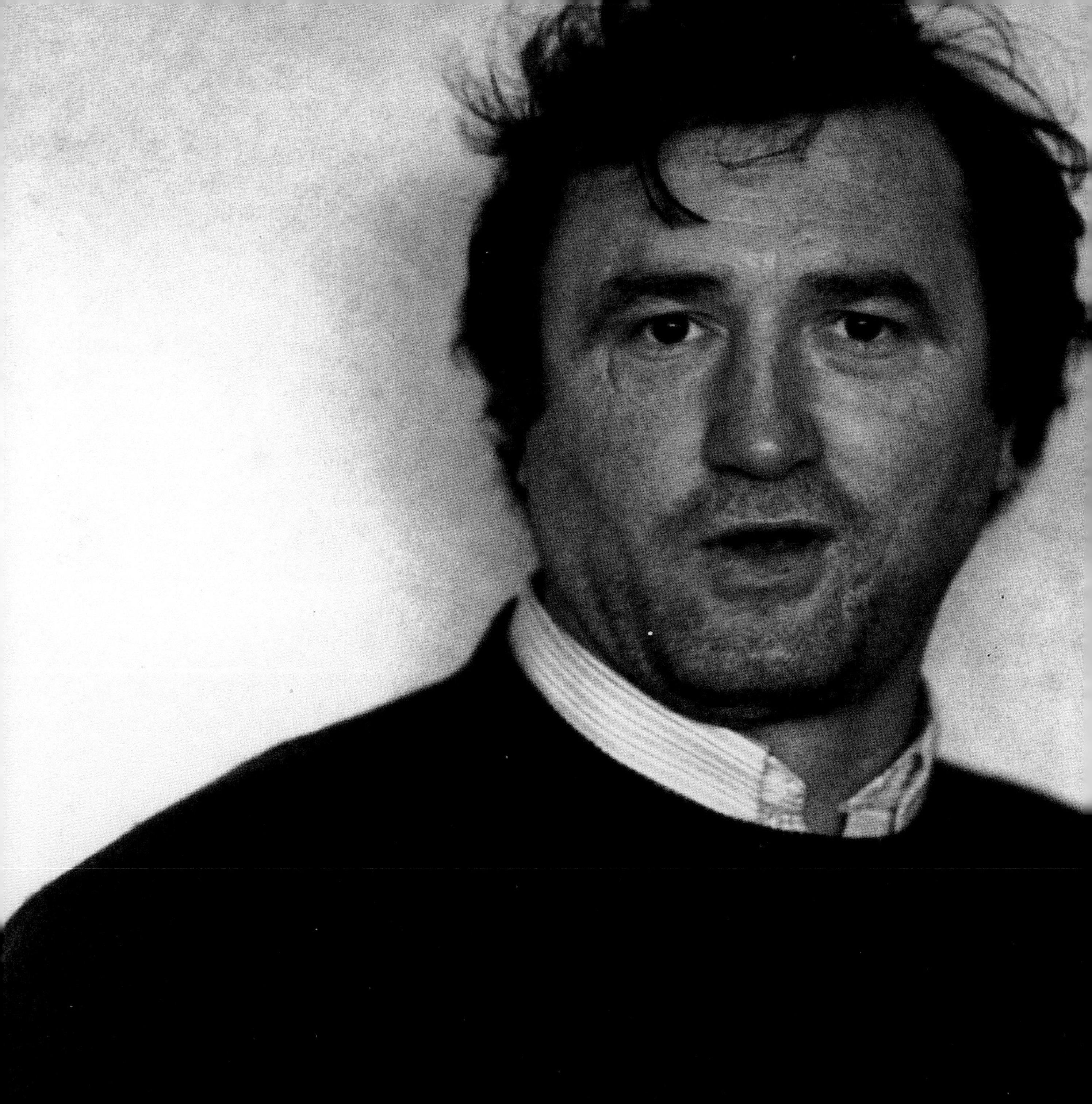

2

Bod yn Actor

Taclo Lawrence of Arabia

(Ray yn cael rhan yn y ffilm Rebecca's Daughters *ym 1991/1992 ochr yn ochr â Peter O'Toole, Keith Allen a Joely Richarson. Fe gyfarwyddwyd y ffilm gan Karl Francis.)*

Rhaid cyfadde ro'n i rhywfaint yn nyrfas. Bu bron i mi gymryd *beta blockers* cyn mentro o Fynyddygarreg i Aberhonddu ar gyfer y ffilmio. Ro'n i ar bige'r drain cyn gadel y stafell newid ar gyfer gêm rygbi ond cyment mwy o'dd yr ansicrwydd ar set, yn enwedig wrth sylweddoli mod i'n rhannu sgript a llwyfan â nifer o sêr Hollywood.

Fe gyrhaeddes i ben bore oherwydd ro'dd angen awr a hanner yn y garafan goluro. Ro'n i'n chware rhan Jonah, yn un o ferched Beca gyda'r hwyr ac yn gorfod duo ngwyneb a gwisgo fel gwraig o'r bedwaredd ganrif ar bymtheg. Cyn gêm, y fi o'dd y mwya swnllyd – yn cwestiynu cyd-chwaraewyr yn ddidrugaredd er mwyn cael setlo'r stumog a pharatoi'n seicolegol ar gyfer yr ornest. Ond yma ar leoliad, ar lethre Bannau Brycheiniog, ro'n i'n swil, yn ddi-deimlad ac yn brin o ran emosiwn.

Y bore cynta un o'dd hi a ro'n i'n ishte yng nghornel y garafan yn pori drwy'r sgript tra ro'dd Lawrence of Arabia ei hun, un o fawrion y sgrîn fawr,

Peter O'Toole, yn derbyn colur gan Marina Monias. Ro'dd hi'n anrhydedd bod yn yr un garafan ag O'Toole, ac yn dawel fach ro'n i'n ysu am ga'l ei gyfarfod. Ro'dd Marina yn giamstar yn ei maes ac yn hen gyfarwydd â choluro hoelion wyth y cyfnod. Ro'n i, mwy neu lai, yn barod ar gyfer diwrnod o ffilmio ac yn aros am gymysgwch arbennig o eiddo Marina. Beth fydde Gareth a Gerald wedi'i ddweud petai nhw wedi gweld yr hen ganolwr cydnerth wedi'i wisgo mewn ffrog, blows a phais a'i wyneb yn ddu fel y frân?

Marina ddechreuodd y sgwrs.

Marina: Peter, this is Ray.

Peter: *(Yn disgwyl yn syth ar y drych o'i fla'n)*: How are you?

Ray: Fine, thank you Mr O'Toole!

Marina: He's played a bit of rugby, you know. In fact he's quite friendly with Richard (Harris) and Terry (Dr Terry James).

(Ar ôl clywed hyn, fe edrychodd O'Toole ataf drwy gil ei lygaid. Ond, yn y wisg a'r colur fydde pobol Mynyddygarreg hyd yn oed ddim wedi fy adnabod).

Peter: You've played rugby have you? Who did you play for?

Ray: I played 485 games for Llanelli during the 1970s and early 1980s.

Peter: That's a lot! Did you play against JPR?

Ray: Mr O'Toole, I was honoured and privileged to have played with and against JPR, Gareth, and Gerald.

Peter: *(Erbyn hyn, ro'dd yr actor adnabyddus wedi'i gynhyrfu ac yn disgwyl i fyw fy llygaid)*: Which other teams did you play for?

Ray: I represented Wales, the Barbarians, and the British Lions as a centre threequarter . . . without forgetting Carmarthenshire!

Peter: You played for Wales! Who was the finest centre you played against?

Ray: *(Gan mai Gwyddel o'dd O'Toole, ro'dd rhaid cydnabod un o'i mawrion)* That has to be the Ulsterman, Michael Gibson. A true great!

Peter: *(Ro'dd O'Toole ar ei dra'd, a gyda photeli colur Marina Monias ar lawr, dyma fe'n camu draw tuag ataf)* You f***ing played against Mike Gibson! You're not that man mountain, Ray Gravell?

Ray: Well, yes I am!

Peter: Well, f***ing hell! You wait till I get back to London and tell them that **I'm** making a film with Ray Gravell!

DH, Jack Walters a finne yn y ffilm *Rebecca's Daughters*.

Yn ystod y bythefnos fuon ni'n ffilmio *Rebecca's Daughters* ro'dd Peter O'Toole yn treulio pob muned sbâr yng nghwmni Dafydd Hywel, Huw Ceredig a finne – am wybod popeth am y bêl hirgron ac yn cwestiynu'n ddi-baid am deithie tramor a chyfrinach nifer o'r hoelion wyth. Cyn i'r ffilmio ddechre, ro'dd e wedi mynnu ca'l carafan reit foethus fel rhan o'i gytundeb, ond byth a beunydd fe fydde fe'n crwydro draw i babell y criw gwerinol a ro'dd hi'n anodd i ni ddygymod â hynny gan mai fe o'dd seren y cynhyrchiad!

Yn gyson, fe fydde ffotograffwyr yn ymddangos ar y set. Ro'dd y *Mirror* a'r *Sun* yn awyddus i ga'l llun o O'Toole ar y dudalen fla'n, a fe fydde fe'n ymateb i bob un cais drwy ddweud, 'Yes, as long as Ray's in it!' – ac, a bod yn onest, ro'n i'n 'itha *embarrassed!* Ond, un prynhawn fe glywyd un o'r ffotograffwyr amlyca'n pregethu ata i – 'Get out of the way. We just want O'Toole!' A'th e'n boncyrs – 'F*** ***! The photo-shoot's over and don't come back!'

Fe ges i sawl cynnig ar ôl hynny – sawl ffilm, rhanne bach, cofiwch, ond cael cyfle i ddod i 'nabod cewri megis Jeremy Irons, Juliette Binoche a Ralph Fiennes.

Catherine Zeta Jones; bron mor bert â Mari.
Y fi: 'Catherine, if we come to live out here in LA – do I need to change my accent?'
Catherine: 'Ray – don't ever change!'

De Niro neu DH?

Os o's ffilm yn debygol o ga'l ei 'neud ar fywyd Ray Gravell yna dim ond un dyn all 'ware'r rôl. Ac er fod Dafydd Hywel yn actor grêt ac yn ffrind mynwesol . . . nid ti y tro hwn, Hywel! Gyfeillion annwyl, dim ond un sy ar y rhestr fer . . . do's dim angen cyfweliad na gwrandawiad chwaith, achos ma' Robert de Niro ishws wedi ca'l y rhan. Fe fydd y cynhyrchydd, efalle, yn poeni rhywfaint am ei ddawn ar y maes rygbi ond fe allan nhw, drwy golur a thwyll, orchfygu'r broblem heb fawr o drafferth a 'neud yn siwr fod e'n disgwyl yn debyg i Gravell o bell. Fe fydd rhai ohonoch chi'n bloeddio, 'Smo fe'n siarad Cymraeg!' Gyfeillion, os alle Alan Ladd siarad Cymraeg yn y ffilm gowboi *Shane* yna all technegwyr hollwybodus yr unfed ganrif ar hugen sicrhau fod gwefuse de Niro yn cyfateb yn berffeth â iaith y nefoedd.

Ma' 'da fi duedd ar set i fynnu fod y cyfarwyddwr yn bloeddio 'Action' cyn y bydda i'n cyflwyno darn i gamera a phan fydd pethe'n terfynu yn gofyn y cwestiwn hollbwysig i'r gwybodusion technegol, gan gynnwys y *cinematographers*, 'Is that a wrap, director?' Ie, drwy gydol y blynyddoedd dw i wedi dychmygu mai fi yw De Niro.

O'r panto *Zandor*

Gwisg Angharad Roberts yn ffito fi i'r dim!

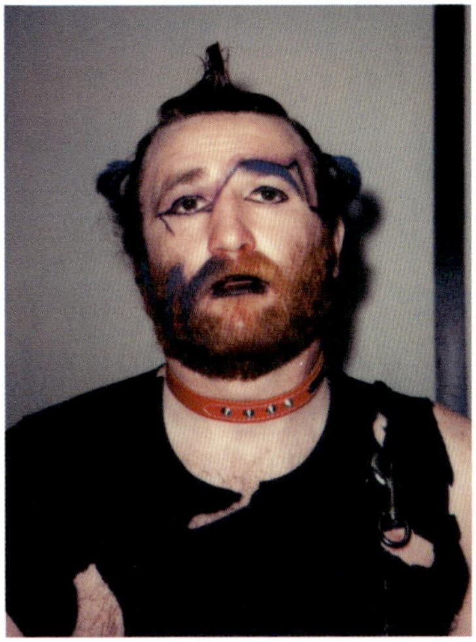
Pync

Byffalo Bill

Fe fydden i wedi dwlu 'ware tu fas i'r ddau yma – haneri'r Sgarlets, Cymru a'r Llewod, Dwayne Peel a Stephen Jones.

3

West is Best

Osi. Osi. Osi.

(Ray yn ail-fyw un o ddiwrnodau mwya cofiadwy yn hanes Clwb Rygbi Llanelli pan faeddodd y Sgarlets Awstralia 13–9 ar Barc y Strade ar Dachwedd 14eg, 1992. Ymddangosodd rhan o'r bennod yn y gyfrol Straeon o'r Strade)

Ma' hwn yn ddweud mawr ac efalle fydd rhai yn anghytuno. Ro'dd tymor 1992/93 yn gyfnod llwyddiannus i dîm Llanelli – cipio'r cwpan eto, ennill y gynghrer a maeddu pencampwyr y byd, Awstralia mewn gêm hynod gyffrous ar y Strade. Ma' cyn-chwaraewyr â thuedd i ramantu am y cyfnod pan o'n nhw wrth y llyw a ma' 'na rheswm 'da fi ganmol y 1970au ac yn enwedig tymor 1972/73 pan faeddon ni'r Cryse Duon ar y Strade. Dwi ddim yn mynd i wneud hynny. Fe gês i bleser aruthrol o weld cyfartaleded uchel o geme tymor 1992/93 (ac os nad o'n i ar ddyletswydd i S4C, ro'n i a Mari yno yn yr eisteddle yn bloeddio'n cymeradwyeth) a rhyfeddu at y rygbi a chwaraewyd. Ro'dd y chwararewyr i'w canmol yn fawr am safon y rygbi; y blaenwyr yn dâr ac yn awyddus, yn cwrso fel *moths* o gwmpas y cae a'r olwyr yn ymosod o bobman â'u bryd ar rhyddhau y ddau asgellwr, Ieuan [Evans] a Wayne [Proctor].

Ond, yn y cefndir ro'dd yna ddau athrylith, Gareth Jenkins ac Allan Lewis –

dau hyfforddwr gwybodus a chraff a lwyddodd i roi stamp ar y perfformiade. Ro'dd hon yn bartnerieth effeithiol a mae'n drychineb na benderfynodd Undeb Rygbi Cymru eu penodi yn hyfforddwyr cenedlaethol ganol y 1990au. Myn yffarn ni, ry'n ni'n genedl od! Ro'dd Gareth â'r gallu i ysbrydoli; ro'dd e'n giamstar ar y grefft o baratoi'r blaenwyr, a'r chwaraewyr yn b'yta mas o'i ddwylo. Ro'dd Allan yn mynnu fod yr haneri yn derbyn y bêl yn gyflym; mae eiliad yn y gêm fodern yn oes. Jyst meddyliwch am y pellter ma' rhedwr mewn ras gan metr yn gallu ei redeg mewn un eiliad – bron i ddeg metr!

Ro'dd y ddau, yn eu dydd, yn chwaraewyr dylanwadol ac oni bai am anafiade cas fe fydden nhw wedi cynrychioli Cymru a'r Llewod. Ma' hynny'n ffaith! Beth bynnag, fel hyfforddwyr, ro'n nhw'n deall ei gilydd i'r dim – y naill hyfforddwr yn gymar i'r llall. Dagre'r sefyllfa yw fod neb yng nghoridore rygbi yng Nghymru â'r weledigeth i sylweddoli potensial y ddau yma a ma' hynny'n anfaddeuol.

Un o sêr mwya'r gêm, David Campese, yn ein croesawu i ardal y Rocks yn Sydney.

Eu hawr fawr o'dd Tachwedd 14eg, 1992 ar y Strade. Pencampwyr y byd, Awstralia, o'dd y gwrthwynebwyr a hyd yn oed cefnogwyr selocaf y Sgarlets yn sylweddoli maint y dasg. Yn naturiol, Awstralia o'dd y ffefrynne a ro'n nhw ar eu cryfa ar gyfer yr ornest. 'Ware teg – fe ddangoson nhw barch i Lanelli drwy gynnwys rhai o hoelion wyth y cyfnod – Marty Roebuck, Jason Little, Tim Horan, Dan Crowley, Phil Kearns, John Eales, Rod McCall, David Wilson, Tim Gavin a Willie Ofahengaue. Nid tîm canol wythnos o'dd hwn – ro'dd y Wallabies am ddangos parch ond am ein chwalu!

Ro'dd bwriad y Sgarlets, o'r gic gynta, yn eglur; y taclo'n ffyrnig, y brwdfrydedd yn heintus ac

Awstralia, er eu bod yn hawlio meddiant cyson, yn cael eu taflu oddi ar eu hechel gan ysbryd y bois yn y cryse sgarlad. Chwalwyd Roebuck ag un dacl anhygoel gan y ffermwr o Ddyffryn Tywi, Simon Davies, a munude'n ddiweddarach lloriwyd Horan ar ôl i bawb ar y ca' gredu ei fod e'n glir. Bylchodd Horan yn glasurol, anwybyddodd y cymorth a phenderfynu redeg rownd y cefnwr. Ond do'dd e ddim digon clou, a llwyddodd Huw Williams o Dreforys ei godi'n gorfforol a'i dowlu i ganol y llacs. Ro'dd Huw yn y tîm yn dilyn anaf i Ian Jones a fe gafodd e gêm arbennig.

Ro'dd y blaenwyr yn arwyr, gyda Phil Davies, Emyr Lewis a Mark Perego wedi'u tanio ar gyfer yr achlysur. Llanelli groesodd am unig gais y gêm, cais fydd yn aros yng nghof pob un o'r un fil ar bymtheg a lwyddodd i ga'l ticedi. Ro'dd y symudiad yn un a berffeithiwyd ar y ca' ymarfer – a Colin 'bach' Stephens o'dd y catalydd. Os bu hud a lledrith ar ga' rygbi erio'd, yna ro'dd y symudiad hwn yn enghrefft ohono! Stephens yn Fyrddin yn dal y bêl yn fygythiol, yn cyflawni dwy ffug bàs cyn rhyddhau Ieuan. Crëwyd bwlch enfawr, ac i ffwrdd â'r asgellwr am y llinell gais. Ro'dd y gri i'w chlywed mor bell â Chydweli a Chynheidre!

Cais arall i'r peiriant sgorio, Ieuan Evans.

A muned yn weddill, Awstralia o'dd ar y bla'n o 9–7 – Marty Roebuck yn llwyddo â thair cic gosb. Ac yna'r diweddglo a allai fod wedi ei gynllunio gan Tarantino neu Spielberg – dramatig a dweud y lleia! Colin Stephens yn derbyn y meddiant ar ochr yr hen eisteddle ac yn penderfynu ar gôl adlam. Ro'dd e'n faswr hen ffasiwn, yn gyflym a chreadigol, ond anwybyddodd ei gyd-chwaraewyr a mynd amdani. Nid cic a ddringodd i'r entrychion o'dd hon. A bod yn onest, daeth ochened o anobeth o gyfeiriad y dorf (ro'n i yn un ohonyn nhw) pan welwyd fod yr ymdrech yn un isel. Na, nid y gic berta ond aeth ymla'n ac ymla'n ac yn raddol sylweddololodd pawb ei bod yn closio at y bar ym mhen y Pwll, a phan welwyd y dyrfarnwr yn codi'i fraich yn uchel i'r awyr fe ffrwydrodd Parc y Strade. Do, fe gripws hi dros y bar! Ro'dd y tîm ar y bla'n o 10–9 ac ond eiliade'n weddill. Ychwanegodd Colin gic adlam arall – chwythodd y dyfarnwr am y chwib ola' – Llanelli 13 Awstralia 9. Unweth eto'n ro'n i'n gallu dweud, 'I was there!'

Sgarlet o'i Gorun i'w Sawdl

(Ro'dd yna drichant yn bresennol yng Ngwesty'r Diplomat yn Llanelli ym mis Mai 2003 ar gyfer cinio tysteb i asgellwr Llanelli a'r Sgarlets, Garan Evans. Yn dilyn pryd bwyd blasus fe gododd Grav ar ei dra'd a hawlio distawrydd a sylw. Roedd hynny cyn iddo datgan yr un gair. Doedd dim angen lectern ac uchelseinydd, doedd yna 'run darn papur o'i flaen i'w atgoffa o'r hyn oedd e am ei ddweud – fe draddododd araith ysgytwol. Llwyddodd i swyno'r Cymry Cymraeg a'r di-Gymraeg drwy ddefnyddio'r ddwy iaith yn gelfydd heb ail-ddweud ac achosi anfodlonrwydd. Cododd y gynulleidfa'n un i gydnabod ei ddawn â geiriau. Yn anffodus, doedd neb o'r cyfryngfau'n bresennol i recordio'r hyn a ddwedwyd ond diolch i lyfr nodiadau fe lwyddais i restru'r prif bwyntiau, a dyma chi grynodeb byr o'r hyn a ddwedodd Ray.)

Ry'n ni lawer rhy barod ym myd y campe i ddefnyddio cymale sy'n swnio'n gampus. Er enghrefft, defnyddir, 'Mae'n bleser ac yn anrhydedd bod yma' neu 'Mae e'n un o chwaraewyr gore'i gyfnod' yn llawer rhy aml. Weithie mae'r craff a'r peniog yn drwgdybio'r gosodiade ac yn rhyw deimlo nad yw'r siaradwyr yn gwbwl ddiffuant. Heno gyfeillion, dwi'n datgan â fy llaw ar fy nghalon ei bod hi'n bleser ac yn anrhydedd o'r mwyaf bod yma yng Ngwesty'r Diplomat i ddiolch i gyd-chwaraewr, Cymro i'r carn, cymeriad didwyll, cyfaill mynwesol a

Diwrnod golff Cymdeithas Clefyd y Siwgr ym Machynys, ger Llanelli. Yr asgellwr diymhongar Garan Evans yw'r golffwr, nid y fi!

Sgarlet o'i gorun i'w sawdl. Mae cyfraniad Garan Evans i Glwb Rygbi Llanelli wedi bod yn un amhrisiadwy.

Mae'r Sgarlets yn enwog ar hyd a lled y byd ac wedi llwyddo i gynhyrchu rhai o hoelion wyth y gêm. Bron ymhob degawd fe ddaeth mawrion i'r amlwg – chwaraewyr a lwyddodd i greu argraff ar gae'r Strade a ledled byd; unigolion o galibr Ernie, Albert, Ivor, RH, Terry, Carwyn, Delme, Derek, Barry, Phil, JJ, Jonathan, Ieuan, Stephen a Dwayne. Ro'dd pob un o'r rhain yn arwyr ar y Strade ond yn ogystal, fe lwyddon nhw goncro cyfandiroedd. Meddyliwch fod chwaraewyr amlycaf Seland Newydd wedi disgrifio R.H. Williams yn gawr ar ôl iddo ddisgleirio yno ym 1959. Doedd Colin Meads ddim yn siarad yn aml ond dyma beth ddwedodd e am yr ail-reng o Gwmllynfell: 'Petai R.H. Williams wedi'i eni yn Seland Newydd byddai wedi cynrychioli'r Cryse Duon.' A dyna'r farn a adlewyrchwyd yn Ne Affrica, lle llwyddodd i dawelu van Wyk, Claassens a du Rand.

Do'dd Garan ddim yn un o'r mawrion a'r gŵr pengoch o Drimsaran fydde'r cynta i gydnabod hynny, ond mewn oes lle mae cyment o chwaraewyr yn symud o un clwb i'r llall, ychydig sy'n mynnu aros yn eu milltir sgwâr. Mae Garan Evans yn un o'r rheini ac, fel sawl un arall o'r ardal, wedi cefnogi'r Sgarlets ers iddo gamu mas o'i gewyn. Bydde croesi Pont Llwchwr a gwisgo crys dieithr wedi bod yn wrthun iddo. Hyd yn oed pan ddaeth cyfle, rai blynyddoedd yn ôl, i ymuno â chlwb arall ar ôl treulio misoedd ar y fainc, penderfynodd heb fawr o bendroni mai brwydro am ei le oedd ddoethaf. Mae'r clwb yn golygu rhywbeth iddo – dyma'r tîm a gefnogodd pan oedd yn blentyn; gwisgo'r crys sgarlad oedd ei uchelges.

Ym mis Mehefin 1998 dewiswyd yr asgellwr pengoch o bentre Penmynydd ger Trimsaran yng ngharfan Cymru ar gyfer taith i Dde Affrica. Roedd e ar ben ei ddigon pan gyhoeddwyd y tîm i herio'r Springboks yn Pretoria ond trodd y llawenydd yn gywilydd pan drechwyd y cryse cochion o 96–13 mewn gêm unochrog. Daeth gyrfa nifer o'r chwaraewyr i ben ar y llwyfan rhyngwladol ac am beder blynedd cafodd Garan ei gynnwys yn y rhestr hir o *one-cap wonders*. I'r garfan a wynebodd gorwynt ar y Loftus Versfeld, roedd yr awr a hanner yn hunlle llwyr a'r mwyafrif yn anfodlon siarad am y profiad.

Bu'r tymhore yn dilyn y grasfa yn Ne Affrica yn rhai anodd i Garan. Treuliodd beth amser yn ceisio ymgodymu ag anafiade. Ar ôl gwella sylweddolodd fod yna chwaraewyr eraill yr un mor benderfynol o hawlio'u lle ar yr asgell. Bydde rhai wedi ffarwelio â'r llwyfan rhyngwladol ond doedd cwyno, pwdi a derbyn y drefn ddim yn rhan o gyfansoddiad y Cymro diymhongar o Drimsaran. Penderfynodd hwn adennill ei le yn nhîm Llanelli a phenderfynodd y bydde'n cynrychioli'i wlad eto er mwyn anghofio'n llwyr am gyflafan Pretoria.

Yn ystod y tymhore diwethaf mae Garan Evans wedi disgleirio fel asgellwr a chefnwr i Lanelli. Mae e, erbyn hyn, yn un o'r enwe cyntaf sy'n cael eu cynnwys pan fydd yr hyfforddwyr yn dewis y tîm. Mae e'n ffwtbolyr naturiol; yn rhedwr peryglus, yn saff yn y dacl, yn giciwr cywrain, yn meddu ar weledigeth sy'n rhinwedd prin yn y gêm fodern ond yn bwysicach fyth, yn ŵr dymunol sy'n cael ei barchu ar y Strade a thu hwnt. Yn ystod tymor 2002/2003 gwobrwywyd Garan am ei berfformiade graenus. Aeth ar daith gyda Chymru i Hemisffer y De ac yn ystod geme'r haf enillodd ei ail gap mas yn Nulyn a choroni perfformiad unigol cofiadwy â chais. Beth sydd yn gyfrifol am ei lwyddiant – yn syml, dawn a gallu ond yn bwysicach na dim arall, penderfyniad, *guts* a'r ffaith nad oedd e'n bwriadu twli'r sbwnj mewn!

Ro'n i'n digwydd bod ar faes Sain Helen yn Abertawe ganol y 1990au pan sgoriodd Garan gais gwbl anhygoel yn erbyn y Jacks. Ga i'ch atgoffa chi . . . ro'dd Scott Gibbs yn bygwth yn nwy-ar-hugen Llanelli a blaenwyr tanllyd Abertawe yno'n cynorthwyo. Ond fe lwyddodd y Sgarlets ddwyn y meddiant. Aeth Rupert i'r ochr dywyll a dod o hyd i Botica o'dd o dan bwyse . . . twlodd bas wyrthiol oddi ar blaen ei fysedd i Garan. Ychydig o le o'dd gan yr asgellwr o'dd â rhwymyn coch o gwmpas ei dalcen. Fe gamodd tu fewn ac yna tu fas i Mark Taylor . . . dangosodd ei ddawn gynhenid drwy 'ware 'da'i wrthwynebwyr. Yna, yn gwbwl ddi-drafferth fe 'nath e ymestyn ei gam fel athletwr Olympaidd a gwibio ar hyd yr ystlys. Cyrhaeddodd chwaraewyr Abertawe a cheisio'u gore glas i'w ddal ond yn rhy hwyr. Tystiodd maes Sain Helen i symudiade gwefreiddiol yn ystod y ganrif ond ro'dd cais Garan Evans y prynhawn hwnnw yn cymharu â'r goreuon. Cais unigol bythgofiadwy.

Boneddigion a boneddigese . . . ar eich traed os gwelwch yn dda. Ga i gynnig llwnc destun i Garan Evans – un sy'n haeddu lle yn oriel enwogion y Sgarlets! Da was, da a ffyddlon.

Rhaglen *Codi Canu* 2007 – 'C'mon y Sgarlets!' . . . ond côr y Dreigiau a'th â hi.

Sori, Mari

(Cinio teyrnged i Ray Gravell yng Ngwesty'r Stradey Park, Llanelli: Nos Sul, Gorffennaf 15, 2007.)

Ma' gweld Gareth, Gerald, Mervyn, Jack yn bresennol heno yn dwyn atgofion melys o'r diwrnod bythgofiadwy 'na mas yn Ffrainc ym 1975 . . . heb anghofio'r person gore wnes i rannu stafell ag e' erio'd. Sori Mari, ond J.J. Williams sy'n derbyn yr anrhydedd hwnnw!

East is Best

Yn fy nghyfnod i ro'dd rygbi yn wahanol i bron pob camp arall. Yn aml ar y cae ro'dd hi'n ymdebygu i ryfel, chwaraewyr yn ymddwyn fel petai nhw ar faes y gad gyda'r bwriad o chwalu gwrthwynebwyr – y chware'n galed a chorfforol, y taclo'n gwbl ddigyfaddawd a'r blaenwyr yn aml yn bihafio'n anifeilaidd mewn sgrym, ryc, lein a sgarmes.

Ond, yna – hyd yn oed ym Mhontypŵl o bobman – fe fydde'r ddau dîm yn cymdeithasu'n braf ar ôl y chwib ola. Fe fydde chwaraewyr oedd yn deyrngar i'w clwb i'w gweld yng ngwmni'i gwrthwynebwyr – ro'n i'n cymeryd Roy a Phil a Delme a Gareth yn ganiataol; dim ond yn achlysurol y bydden ni'n gweld Graham, Charlie a Bobby. A rhaid dweud mod i ar gefn fy ngheffyl pan glywes

'Y Golden Oldies' yn cyfarfod yn Ngwesty'r Marriott yng Nghaerdydd. Fel y canodd Mary Hopkin, 'Those were the Days'.

i'r newyddion fod Luke a Sean, plant Bobby Windsor, y bachwr rhyngwladol oedd yn hanu o Cross Keys, yn mynychu ysgolion Cymraeg yng Ngwent. Do, fe dreulies i amser yn dylanwadu'n dawel, yn cynnig pregeth bob hyn a hyn yn canolbwyntio ar rinwedde addysg ddwyieithog – a chware cannoedd o recordie Dafydd Iwan! Fe dda'th hi'n amlwg fod bachwr y Llewod mas yn Ne Affrica ym 1974 pan chwalon nhw'r Springboks, a bachwr Cymru pan enillon ni'r Gamp Lawn yn 1978, yn gwrando!

O fel mae'r rhod yn troi, ac mae'r hyn sy wedi digwydd yn yr hen Sir Fynwy yn ystod y ddeugen mlynedd ddiwetha yn wyrthiol – ysgolion cyfrwng Cymraeg yn y Fenni, o dan pont Hafren ac ynghanol dinas Casnewydd. Mae Bobby Windsor a'i blant a fynychodd Ysgol Gynradd Bryn Onnen ym Mhontypŵl ac Ysgol Gyfun Gwynllyw wedi bod yn rhan o'r cyffro, ac mae Bobby yn fythol ddiolchgar. POOLER am byth ddweda i!

Cwestiwn Twp

Ro'n i byth a beunydd am gadarnhad fod yr hyn a wnes i'n dderbyniol . . . ar y chwib ola, yn dilyn cyfweliad ar radio a theledu, pan fydde'r llen yn disgyn, neu pan fydde'r cyfarwyddwr yn bloeddio 'Wrap!' Slawer dydd, ro'dd yr ansicrwydd yn amlwg yn yr ystafell newid cyn camu ar y maes chware. Ro'n i am i'r hyfforddwr ddatgan yn glir mod i cystal neu hyd yn oed yn well na sêr y gwrthwynebwyr. Ro'dd brawddege megis 'Pwy yw'r canolwr gore ym Mhrydain' neu 'Pwy yw'r chwaraewr cryfa yng Nghymru' yn cael eu gofyn yn rheoledd a chyd-chwaraewyr yn blino i radde ar y cwestiynu plentynnedd, diangen.

Ond dwi'n dal i chwerthin ar fy nhwpdra mas yn Ne Affrica yn ystod taith y Llewod ym 1980. Ro'n i wedi treulio noson yn sharo stafell gyda Jeff Squire o Bontypŵl, a do'dd yr wythwr cydnerth ddim yn rhy blês pan ddihunes i fe tua chwech y bore gan ofyn, 'Jeff, did I sleep all right?'

4

Ar yr Awyr

Paris

Criw o'r Tymbl ar eu ffordd i Baris 2007 a phenderfynu gwisgo fel . . . Grav!

Fe fues i'n ffilmio eiteme rygbi gyda chriw y BBC am ugen mlynedd a mwy, a'r holl brofiade yn bleser pur. Chi'n gweld, o'n i yng nghwmni ffrindie, ac mae mor bwysig treulio orie gwaith yng nghwmni unigolion sy'n weithgar, yn greadigol ac yn llawn hiwmor – pobol o galibr Rhydian John, y Rheolwr Llawr o'dd yn gyfuniad o *bodyguard a minder*; y cyfarwyddwyr Siôn Thomas (fe allen i sgrifennu llyfr yn sôn am helyntion Sioni), Rhys Edwards ac un o'm ffrindie penna, y gŵr diymhongar o Gwm Tawe, Geraint Rowlands.

Pan fydde Cymru'n whare dramor fe fydden ni'n hedfan i Ddulyn, Rhufain, Caeredin, Llunden neu Paris ar ddydd Mercher cyn y gêm er mwyn ffilmio pecynne a fydde'n cael eu darlledu ryw hanner awr cyn y gic gynta. Ro'dd rhai ffrindie yng Nghwm Gwendraeth yn tynnu ngho's i: 'Mas i Baris ar fore dydd Mercher! Grav, ma' bywyd arnot ti . . . myn yffarn i, ma' pwll diwaelod o arian 'da S4C!' Ond, wir i chi o'dd y broses yn golygu gwaith caled . . . ishte lawr a sgriptio, penderfynu ble yn hollol fydden ni'n ffilmio . . . o'dd angen caniatad i ffilmio tu fas i'r Louvre? A fydde'r *gendarmes* yn hapus o'n gweld ni yng nghanol yr hewl yn ymyl y Place de la Concorde? A beth am ymddangos â chamera ar dop Dŵr Eiffel?

Yn rheoledd, yn syth ar ôl brecwast, fe fydden ni'n llenwi dau dacsi â chyfarpar costus a threulio deuddeg awr a mwy yn recordio'r darne i gamera a llond tâp o olygfeydd a fydde'n cael eu golygu ar gyfer eitem rhyw dair muned o hyd. Ro'dd yr holl broses yn cymryd amser, yn galed yn gorfforol a finne'n gyson, oherwydd rhywfaint o ansicrwydd, yn cwestiynu'r bois, 'O'dd hwnna'n OK?' . . . 'Shwd ma'r llais?' . . . 'Ti moen 'neud e unweth 'to?'

Ar Grwydr 'da Grav o'dd yr enw a fathwyd ar gyfer y *cameos* bach yma a rhaid i mi gyfadde, ro'dd hi'n anrhydedd bod yn rhan o'r tîm. Fe fydden ni wedi gwneud unrhyw beth i'r tîm cynhyrchu. Petai Ger wedi gofyn i fi nido mewn i'r Seine yn fy mhans sgarlet . . . yna fe fydden i wedi ufuddhau.

Mae gen i gof am un diwrnod cynhyrchu go arbennig, a hynny mas yn ninas ramantus Paris ym 1995, a ro'dd y tîm cyfan (a'r tro hwn dwi'n sôn am y criw ffilmio nid y XV o'dd ar fin gwisgo'r cryse cochion mas ar Barc des Princes) am greu campwaith gan fod 'na ugen mlynedd ers i fi ennill fy nghap cynta ar yr un cae. Fe lwyddon ni ail-fyw un digwyddiad o'dd yn golygu cyment i mi a gweddill y tîm a lwyddodd i ennill am y tro cynta ar yr hen gae ym 1975. Droeon o'n i wedi sôn am y profiad o redeg mas a chlywed trigen mil o Ffrancwyr yn bloeddio enw JO MASO am ryw funud neu ddwy . . . a do'dd canolwr Narbonne ddim wedi'i ddewis ar gyfer y gêm! Ro'dd y sŵn yn fyddarol. Dwi'n cofio dweud wrth Gareth a Gerald, 'Diawl, os ma' nhw'n gweiddi fel hyn dros rywun sy ddim yn 'ware, ma' Dourthe a Bertranne bownd o fod yn brilliant!'

Fe fuon ni mas ar strydoedd Paris drwy'r dydd – un funed yn creu deialog yn

GRAVELWCH 1

(Rhaglen yn ystod cyfnod pan oedd Radio Cymru yn lansio'r gwasanaeth yn y y de orllewin)

Grav: . . . a ga i ddiolch i Radio Cymru am fynd allan i'r gymuned, y'ch chi'n mynd at y bobol. Y'ch chi'n gwneud gwaith pwysig a licen i gymryd y cyfle i ddiolch i chi . . .

Huw Llywelyn Davies:
A bydd Grav yn pregethu dydd Sul yn Sardis, Trimsaran.

Grav: Huw, byddi di'n canu a bydda i'n canmol!

ymyl Eglwys Notre Dame a'r funed nesa yn mentro croesi'r *roundabout* mwya bishi yn y byd o gwmpas yr Arc de Triomphe. Geson ni ddim amser i ga'l *espresso* heb sôn am bryd canol dydd. Fe lwyddes i gyflwyno'r darn am Jo Maso yng nghysgod Parc des Princes a ro'dd pawb i weld yn blês â'r cynnyrch. Fe gyrhaeddon ni'r Concorde St Lazare tua wyth y nos a'r criw yn barod ar gyfer gwledd yn nhŷ bwyta moethus y gwesty. Ro'dd llwyth o gyn-chwaraewyr yn bresennol gan gynnwys wynebe adnabyddus a gynrychiole'r wasg a'r cyfrynge a ro'dd yna wahoddiad i ymuno â sawl bwrdd . . . wedi'r cwbwl, ro'n i'n eu adnabod yn dda a nifer fawr yn gyd-chwaraewyr o'r 1970au. Yn rhyfedd iawn, fe wnes i ymddiheuro'n gwrtes. Fe fydden i wedi mwynhau awr neu ddwy yn eu cwmni yn ail-fyw'r gorffennol ac yn rhamantu am y dyddie a fu ond yn rhyfedd, do'dd yna ddim awydd gwneud hynny. Sylweddoles y noson honno mod i'n dipyn mwy cyfforddus yng nghwmni'r werin bobol – ro'dd y blynyddoedd yng nghrys coch Cymru a'r Llewod ar ben. Bellach, fy nghyd-weithwyr a'r bobol gyffredin o'dd o bwys.

Yn sgîl yr holl gwrso o gwmpas Paris, penderfynwyd campo yn y bar am rai orie a rhaid cyfadde fe yfwyd sawl glased o win coch. Ro'dd hi'n un o'r gloch y bore pan edryches i i gyfeiriad y bar a gweld gŵr bychan â gwallt cyrliog yn gwisgo sbectol yn ishte'n gysurus, yn sgwrsio â'r barman, a glased sylweddol o frandi yn ei law. Fe godes i ar yn nhra'd ar unweth a'i gyfarch drwy ddweud, 'Arglwydd mawr – Jo Maso.' Fe droiodd un o'r canolwyr mwya creadigol a wisgodd grys rygbi erio'd tuag ataf, fy nghofleidio a datgan, 'C'est Ray Gravell!' Do'n i erio'd wedi'i gwrdda fe o'r bla'n. Meddyliwch ro'dd Jo Maso wedi 'nabod Ray Gravell mewn bar ym Mharis am un o'r gloch y bore! Fe gyrhaeddes i'r gwely dair awr yn ddiweddarach.

Ar Grwydr 'da Grav (S4C, 1995)

Ar y ffordd i'r blwch sylwebu.

Darlledu Saesneg yn Gymraeg

Ro'dd y penderfyniad yn un golygyddol . . . Geraint a Sion o'r farn fod angen siwrne i'r Gogledd i ffilmio eitem ar Glwb Rygbi Bethesda gan fod y tîm ar fin chware gêm gwpan bwysig yng nghystadleuaeth Konica Minolta. Meddyliodd y ddau mai y fi o'dd y *very boi* i gyflwyno cameo o'r fath a phan a'th y ffôn, fe wnes i dderbyn heb gysylltu â Mari, na'r dyddiadur! Pam gwneud hynny? Wel, am un peth, mae'r daith yn un mor hudolus. Ar unweth ffurfiwyd delwedde yn yr is-ymwybod – cefn gwlad godidog Ceredigion, y môr glas gloyw o gwmpas Aberaeron ac Aberystwyth, mynyddoedd herfeiddiol Pumlumon, Cader Idris, y Rhinogydd ac Eryri . . . cors y Borth, tref Glyndŵr ym Machynlleth, adar y glanne o gwmpas y Cob ym Mhorthmadog a'r olygfa arallfydol o'r afon Glaslyn yn tasgu dros y meini mawrion yn ymyl yr hen bont ger Beddgelert. Hyn oll heb gyfeirio at bobol Bethesda a'r Cymry Cymraeg a fydde ar gael i lywio eitem beder muned o hyd. Fel dwedodd yr awdur, 'Tydi bywyd yn boen!'

(O'r chwith): y fi, Gwyn Jones a'i frawd Rhys, a Gareth Roberts.

Ro'dd y croeso yn dwymgalon; swyddogion y clwb ar ben eu digon fod cynhyrchwyr rhaglen rygbi o broffil uchel wedi penderfynu rhoi sylw i un o glybie'r Gogledd, a ga i ddweud fy nweud fan hyn . . . mae'n hen bryd i Undeb Rygbi Cymru a rhanbarth y Sgarlets sylweddoli fod yna ddeunydd crai a thalent i'r gogledd o Lanbedr Pont Steffan. Mae tuedd i anwybyddu tri chwarter o arwynebedd Cymru. Pwy a ŵyr . . . efalle fod rhai o sêr y dyfodol ar fin cael eu geni ym Mangor, Rhyl a Wrecsam ac os na fyddwn ni'n ofalus fe fyddan nhw'n croesi Clawdd Offa sha'r A55 yn Nghaer a chware i Sale.

Fe ddaeth bois Bethesda yn eu cannoedd i'r sesiwn ymarfer ac er fod yna ymges i ddylanwadu arnaf yn ieithyddol . . . ('Ray, siarada Saesneg. Rhaglen *Scrum V* ar BBC2 Wales yw hon!') bu'n rhaid i'r ddau gyfarwyddwr creadigol ail-feddwl yn gyflym. Ro'dd gofyn i fechgyn y tîm a finne i gyfathrebu'n Saesneg yn gwbl amhosib.

Yr eitem fer (rhyw dair muned a hanner ar ôl ei golygu) ar Glwb Rygbi Bethesda yw'r unig eitem unieth Gymraeg i ymddangos ar *Scrum V*. Bu'n rhaid i'r tîm cynhyrchu ei chynnwys hi fel ag yr o'dd hi . . . ac ychwanegu is-deitle yn Saesneg. Am un noson, ar gae rygbi Bethesda, anghofies mai *West is Best* – ro'n i wrth fy modd yn y Gogledd! Ond, 'na ni – ma' Bethesda yng nghornel gorllewinol o'r gogledd!

GRAVELWCH 2

Yn y 1970au o'n ni'n whare yn erbyn y Wasps yn rheoledd, a'r sgorfwrdd wrth gwrs yn y Gymraeg, yr unig un yng Nghymru gyda llaw, yn cyfeirio atyn nhw fel y Picwns. A dyma un ohonyn nhw'n dweud 'I say, what the devil is that up there?' Ond bant â nhw, diolch byth – 'Buzz off' wedon ni wrthyn nhw!

Yng nghwmni dau ffrind – MarciG a Sian Thomas.

Yr Ynys Werdd

(Golwg wrthrychol ar ddinas Dulyn a'r Gwyddelod – ddiwrnodau'n unig cyn y gêm fawr rhwng Iwerddon a Chymru ym 2000. Ray yn siarad â'r camera. Fe ddarlledwyd dwy eitem ar y rhaglen deledu Heno.*)*

Y tirlun, y bobol, y Guinness a Dulyn – dyna be' sy'n denu cyment i Iwerddon ac yn y brifddinas mae'r cymeriade yno i glebran a sgwrsio; yr awydd i gymdeithasu a chymryd diddordeb mewn pobol yn apelio'n fawr i drwch y boblogaeth. Y gêm fydd yn gyfrifol am bresenoldeb miloedd ar filoedd o Gymry yn y ddinas yn ystod yr wythnos hon ond mae cymeriad, bwrlwm ac egni'r lle yr un mor bwysig i'r cefnogwyr yn eu cryse cochion. Mae yna boblogaeth o filiwn a hanner, cyfartaledd uchel ohonynt o dan bump ar hugen a dyna pam, efalle, fod Dulyn yn ddinas ddeinamig, yn llawn egni a bywyd. Ac ar lan y Liffey, ar hyd Stryd O'Connell, ym mharc St Stephen's Green ac o gwmpas Stryd Grafton ma' tystiolaeth fod y ddinas erbyn hyn yn ddinas Ewropeaidd sy wedi ennill y blân ar ddinasoedd Prydain.

(Y tirmon ar ga' Lansdowne Road yn bloeddio'n wyllt ar dri ohonom: 'Get off the playing surface immediately!' – ac yna'n gweld mai Ray o'dd un o'r dihirod. Ei agwedd yn newid yn syth – 'Ray, what can I do for you?' o'dd hi am yr hanner awr nesa!)

Ma' chi le – Lansdowne Road, a rwy'n cofio'n iawn y tro cyntaf i fi chware 'ma 'nôl ym 1974. Ydyn, mae'r atgofion yn llifo 'nôl – ro'dd hi'n fygythiol ond eto'i gyd mae'n rhaid dweud fod yna rhyw agosrwydd yn perthyn i'r man a'r lle. A fe ddweda i un peth wrthoch chi – chware'n erbyn y Gwyddelod, allech chi ddengi eich bod yn chware yn erbyn pymtheg *banshee* yn hytrach na phymtheg o chwaraewyr rygbi. Pan fydde *Garryowen,* sef y bêl uchel, yn cwmpo – ro'dd gofyn bod yn ddewr. Fe fydde gweddi fach dawel yn dipyn o help!

Smo'r ca' yn un o'r rhai mwya modern – chwaraeodd Cymru yma gynta 'nôl ym 1882 a smo'r maes wedi newid llawer dros y blynyddoedd. Ond, mae yna apêl i'r lle a ma' manteision. Er enghrefft, fe allwch chi gerdded i'r maes o ganol y ddinas mewn ryw hanner awr, a ble arall yn y byd fyddech chi'n debygol o weld system drafnidiaeth, sef trên y Dart, yn cloncian ar y cledre a hynny o dan y West Stand.

A ble tybed mae tîm Iwerddon yn aros dros y penwythnos – wel yma yn y Berkeley Court, rhyw dafliad carreg o'r maes rhyngwladol. Mae'r sêr i gyd yn aros fan hyn – U2, Bewitched, Boyzone, Peter O'Toole a Richard Harris. Ond fe alla i 'weud wrthoch chi – ma' gofyn bo' chi wedi ennill y loteri neu fod rhywun wedi gadael swm sylweddol mewn ewyllys i chi feddwl fforddio aros 'ma.

Commissionaire: Ray, is it the Rolls or the Bentley?
Ray: John, we're in Dublin. I'll take the Dart!

(Ro'dd yna lun tu fas i'r cae yn hysbysebu Pencampwriaeth y Chwe Gwlad – Keith Wood, capten Iwerddon, ar flaen y gad, y bêl o dan ei fraich dde, ond capteniaid y gwledydd eraill braidd yn ddieithr.)

Nawr, ma' 'na boster tu fas i Lansdowne Road sy'n adrodd cyfrole am y tymor presennol. Keith Wood ac Iwerddon yn hawlio'r sylw ond mae'r gŵr yn y crys coch yn debyg iawn i Max Boyce. Ma' Graham Henry wedi newid ei dîm yn ddiweddar ond ydy e'n bwriadu cynnwys y *superstar* o Lyn-nedd yn ei dîm dydd Sadwrn?

Fore'r gêm a dyma'r lle i fod – tu fas i Westy Jury's yn Ballsbridge neu os y'ch chi'n lwcus, tu fewn! Mae'r ca' rhyw dri chan llath tu ôl i'r gwesty ond fan hyn fydd y *buzz*, yma fydd bwrlwm yr holl achlysur ac os y'ch chi'n chwilio am docyn, wel – mae'n bosib y cewch chi un yn y fan hyn ond cofiwch – anwybyddwch y *touts*; ma' nhw'n codi crocbris am docynne!

Os oes un gwlad yn Ewrop wedi godro'r Comisiwn Ewropeaidd, yna Iwerddon yw'r wlad honno. Mae yna adeiladu ymhobman, swyddi ar ga'l – Dulyn yn ca'l enw da fel dinas gosmopolitaidd sy'n llawn pobol ifanc. Dwi'n ame dim y bydd yr ardal o gwmpas Temple Bar yn llawn dop ddiwedd yr wythnos – y bars, y tai bwyta yn *all-ticket* a'r cyffro yn debygol o ledu ar hyd y Liffey.

Mae yna gannoedd ar gannoedd o westai ar gael yn Nulyn – y lle i fi, beth bynnag, yw'r Shelbourne gyferbyn â Pharc St Stephen's Green. Mae'n lle'n llawn hanes, traddodiad, diwylliant a rhamant. Neithiwr fe wnes i daro gair yn y bar â Ronnie Wood o'r Rolling Stones. Rwy'n cofio'r dyddie pan o'dd Cymru'n 'ware 'ma yn y 1970au – fan hyn fydde ni'n treulio'r penwythnos. A ga i gynnig cyngor i chi; os dewch chi i Ddulyn galwch yn y Shelbourne i fwynhau te prynhawn:

Mary: Are you, by any chance, Ray Gravell who played for Wales back in the 1970s?
Ray: Well, yes. I'm surprised you recognised me.
Mary: Mr Gravell – this is your bill which is outstanding since 1974.
Ray: O! Mary fach!

Mae Dulyn yn ddinas ddiwylliedig – nifer o feirdd enwoca'r byd yn hanu o'r lle. Un o'r rheini o'dd y diweddar Patrick Kavanagh. *(Ray yn sefyll ar y pafin ar Pembroke Road ac yn adrodd, gydag arddeliad, y pennill canlynol o'r gerdd 'If you ever go to Dublin Town':)*

On Pembroke Road look out for my ghost,
Dishevelled with shoes untied.
Playing through the railings with little children
Whose children have long since died.

Mae yna barch mawr i Kavanagh yn Iwerddon – ei gerdd am y newyn mawr yn ca'l ei chondemnio ar y pryd ond realiti'r sefyllfa o'dd wrth fôn y gwaith. W.B. Yeats, Jonathan Swift, George Bernard Shaw – mae rhestr beirdd, nofelwyr a dramodwyr Dulyn yn niferus ond un o'r cewri heb os nac oni bai o'dd James

GRAVELWCH 3

(am Ian Gwyn Hughes a Dewi Pws)

Grav: Ma' nhw fel dou wy bach wedi berwi!

Joyce, gwir athrylith yn ôl y mwyafrif; yr ysgrifennwr mwya oddi ar Shakespeare o'dd barn eraill. Ro'dd *Dubliners* a *Finnegan's Wake* yn adnabyddus i bawb ond campweth Joyce o'dd *Ulysses*. Bwriad yr awdur o'dd creu pictiwr cyflawn o Ddulyn, a phetai'r ddinas ryw ddydd yn diflannu o wyneb y ddaear, fe fydde modd ei hail-adeiladu allan o ddisgrifiade'r nofel. I unrhyw un sy'n ymddiddori yn mywyd James Joyce mae'n rhaid ymweld â thŵr Martello yn ardal Sandycove yn ymyl Dún Laoghaire. Treuliodd yr awdur wythnos yma yn 1904, mis cyn iddo ffarwelio ag Iwerddon, yng nghwmni'i gariad Nora Barnacle. Ac yma yn y tŵr, cartre ei ffrind Oliver St. John Gogarty, y ceir un o olygfeydd agoriadol *Ulysses*. Gogarty, gyda llaw, o'dd Buck Mulligan yn y llyfr. Ond nid yr unigolion sy'n aros yn y cof ar ôl darllen campweth Joyce ond y ddinas ar lanne'r Liffey.

Mae Dulyn hefyd yn ddinas y camlesi – ma' 'na ddwy yma, sef y Royal Canal a'r Grand Canal. Adeiladwyd y Grand Canal i gysylltu'r ddinas â gweddill y wlad a hyd yn oed pan dda'th y rheilffyrdd yma, ro'n nhw'n dal i ddefnyddio'r camlesi. A ma' nhw'n dweud mai gwir frodorion Dulyn yw'r rheiny a aned rhwng y ddwy gamlas.

Ro'dd Theobald Wolfe Tone yn un o arwyr mawr y ddeunawfed ganrif a phetai'r gwleidyddion wedi gwrando ar ei gyngor mae'n bosib y bydde'r ynys wedi gweld undod a heddwch parhaol. Bargyfreithiwr o'dd Tone ond yn perthyn i Eglwys Brotestanaidd Iwerddon. Ei gri a'i bregeth o'dd hawlie cyfartal i Brotestaniaid a Chatholigion Iwerddon. 'Petai hynny'n digwydd,' medde Tone, 'yna fydde Iwerddon yn gallu bodoli a hynny fel gwlad lwyddiannus.' Ma' angen gweledigaeth fel un Tone yn yr unfed ganrif ar hugen.

(Cymru a orfu ar Ebrill y 1af, 2000 yn Lansdowne Road. Y sgôr terfynol: Iwerddon 19 Cymru 23)

'The quality of mercy is not strained . . .'

Ro'dd y trefniade wedi'u gwneud ers wythnosau os nad misoedd. Geraint a Janet, Mari a finne yn dianc am benwythnos i Stratford i weld *The Merchant of Venice* ar y prynhawn Sadwrn, ac yna manteisio ar y cyfle i atgyfnerthu'r batrîs am weddill yr amser. Wel, dyna o'dd y bwriad. Yn anffodus, fe benderfynodd Caerdydd a'r Sgarlets ad-drefnu un o'i geme ar Barc yr Arfau ar y nos Sadwrn a bu'n rhaid i Ger a finne ufuddhau i orchmynion y BBC ac S4C ac aros am y darllediad. Fe ddalodd y merched y trên i ganolbarth Lloegr a ninne'n addo y bydden ni'n cyrraedd cyn gynted â phosib.

Holi Arglwydd Cwmtwrch, Clive Rowlands a'i wraig Margaret.

O fewn munude i'r chwib ola ro'dd y ddau ohonon ni yng nghyffinie Gabalfa a Geraint yn llywio'r Lotus *open-top* i gyfeiriad yr M4 a'r M5. Ro'dd hi'n noson heulog braf, y top lawr a finne'n mwynhau poteled o win coch o'dd yn digwydd bod yng nghefn y car (gyda llaw, dim ond y fi o'dd yn yfed). Ac yna, a ninne newydd ymuno â'r M5 o gwmpas y gwasanaethe, bu'n rhaid i Geraint arafu ac ymuno â thagfa draffig o'dd yn ymestyn am filltiroedd o'n blaene. Do'dd dim amdani ond arllwys glased arall o'r Shiraz a bod yn amyneddgar, ac o fewn munude sylweddoli fod y botel yn wag.

Mas â fi o'r car a chael gair â theithwyr cyfagos – 'I'm Ray. Your name . . . where are you from? Where are you going to?' Ac o fewn eiliade ro'dd bron pob un yn barod iawn i rannu gair. Fe aeth y trafodaethe mlân am rhyw dri chwarter awr – finne'n symud o gar i gar a heb i mi sylweddoli, y ceir yn cripad mlân gan bwyll i gyfeiriad y ddamwen o'dd wedi achosi'r oedi. O fewn ychydig, fe sylweddoles i fod y Lotus wedi hen ddiflannu, finne wedi crwydro i gyfeiriad Bryste a Geraint a'i gerbyd yn cripad i gyfeiriad Caerwrangon a Birmingham. Am y tro cynta ers fy nyddie chwarae, bu'n rhaid i mi rhedeg a ro'dd yna elfen o banic yn y symudiade. A fydden i'n treulio'r noson mewn cae *kale* yn ymyl yr M5? Oedd yna bosibilrwydd y bydden ni'n cael fy arestio am loetran ar drafforddd? Ac yno, wedi parcio ar y lôn galed, wedi anobeithio'n llwyr, o'dd fy mharchus gynhyrchydd – y traffig erbyn hyn yn llifo'n gyfforddus. A bod yn onest petai William Shakespeare yn dal yn fyw, fe alle fe fod wedi sgrifennu drama arall yn cofnodi'r digwyddiade. Cystal dweud, ro'n i'n hwyr iawn yn cyrraedd man geni'r bardd – fe fydden ni wedi bod yno dri chwarter awr yn gynt oni bai mod i wedi bod ar grwydr.

GRAVELWCH 4

Ga i ddyfynnu beth wedodd rhyw Wyddel unweth
'Of all the things that I have lost, my mind is what I miss the most'!

Wps!

Fe ddylsen i fod wedi gwrando mwy astud yn y gwersi Saesneg yn y *Gram* yng Nghaerfyrddin – a bod yn onest dw i ddim yn cofio defnyddio'r enw 'ma yn y gorffennol achos 'sdim rhyw lawer o Syrs a Madams yn Nghwm Gwendraeth heb sôn am Viscounts. Ac ar y rhaglen foreol Saesneg, *Streeetlife*, ar Radio Wales 'nôl yn yr 1980au, daeth gair ysgrifenedig o gyfeiriad y cynhyrchydd i ddymuno penblwydd hapus i George Thomas, neu Viscount Tonypandy, a heb feddwl, heb ofyn am gyngor, fe wnes i ei longyfarch yn gynnes ac ynganu'r teitl crand yn y dull a fydde wedi bod yn naturiol i bob un o drigolion Mynyddygarreg sef V-I-S-C-O-U-N-T yn hytrach na V-I-C-O-U-N-T. O fewn eiliad daeth llais ar yr hen *headphones* yn fy nghywirio. 'Ray, for God's sake, it's Vi(s)count Tonypandy! Don't pronounce the "s". Correct your mistake immediately, or the Director General of the BBC will be on the phone!' A heb feddwl dim fe wnes i adrodd y llinell anfarwol – 'Listeners, can I apologise for my earlier mistake. I should have said V-I-C-O-U-N-T not V-I-S-C-O-U-N-T but somebody has spelt it V-I-S-C-O-U-N-T on the card in front of me!'

Amser i bawb

Ma' amser 'da fi i bawb. Un arall sy'n union yr un peth yw cyn-fachwr Cymru, Garin Jenkins. Dwi wedi sylwi ar deithie tramor diweddar ei fod e'n parablu am fywyd gyda dieithriaid llwyr ac yn aml yn eu gwahodd i ymuno â ni am bryd bwyd. Ma' Mari a'r merched yn gyson yn cwyno mod i'n hala rhyw hanner awr mewn maes parcio tra'u bod nhw'n sefyllan yn y car. Ond, 'na ni – un fel 'na ydw i; ma' siarad a chymdeithasu yn rhan o nghyfansoddiad i!

'Cer amdani, Bethan Gwanas!

'Huw Chiswell! Wel, shw'mae yr hen ffrind?'

'Derek Brockway,
you are my sunshine!'

'Shw ma'r post yn taro, Dylan Jones?'

GRAVELWCH 5

(Ro'dd cwmni ffôns BT a Vodaphone yn dwlu ar Grav. Fe fydde'r ffôn cartre a'r mobile ar dân drwy'r dydd, yr ecsoset o Fynyddygarreg yn cysylltu'n rheolaidd â Lyn, y bookie *o Gaerfyrddin, Pinky, Tomos Morse, Les, Robert, Keith Bach, MarciG, Siôn a Ger, sef Geraint Rowlands . . .)*

Geraint: Grav, mae'n rhaid i fi fynd. Fe gewn ni air nes mlân.
Grav: Cyn bo' ni'n ffarwelio . . . shwd ma' dy fam?
Geraint: Grêt Grav. Ma' hi mewn hwylie da!
Grav: Tip-top Ger. Cofia, dim ond un mam gei di.

'Nôl ar yr awyr ar Barc y Strade: MarciG, Keith Bach, Ffion Hywel, Tomos Morse a fi.

5

A Oes Heddwch?

Braveheart yr Orsedd

Dafydd Rowlands wna'th gysylltu â fi'n uniongyrchol a chynnig swydd Ceidwad y Cledd. Ro'dd e wedi trafod y syniad gyda Hywel Teifi a Meirion Evans a'r ddau, mae'n debyg, wedi canmol gweledigeth y Prifardd. Wel, dyna be' ddwedodd Dafydd! Fe dderbynies ar ôl ystyried am ryw eiliad! A bod yn onest, ro'n i'n teimlo'n union yr un wefr ag a deimles y prynhawn hwnnw pan glywes i mod i'n 'ware i Gymru am y tro cynta. Fe ddwedodd Hywel Teifi yn ddiweddarach, 'Grav, fe alli di fod yn rhyw fath o *Braveheart* Eisteddfodol.

'Hywel,' atebes, 'fe wallten i fod yn Glyndŵr!'

Yng nghyntedd Neuadd y Ddinas yng Nghaerdydd yng nghwmni fy arwr – Owain Glyndŵr.

Wythnos wrth fy modd yn yr Eisteddod Genedlaethol.

Pwysicach na'r Llewod

Fel pob un arall yn yr hen fyd 'ma, dw i wrth fy modd pan fydd rhywun yn sgrifennu pethe da amdanaf. Do's dim byd yn well i stâd feddyliol chwaraewr na chlywed fod yna adroddiade canmoladwy wedi ymddangos amdano yn y wasg. Cofiwch, do'n i byth yn un a fydde'n prynu papure'n rheoledd – do'dd y *Llanelli Star*, y *South Wales Evening Post* a'r *Western Mail* ddim yn cyrraedd yn blygeiniol ben bore, ond pan fydde ffrind neu berthynas yn cyfeirio at erthygl bositif, fe fydden i'n gwneud fy ngore glas i alw yn y siop bapure leol a phrynu copi. Ro'n i, drwy gydol fy ngyrfa fel canolwr i Lanelli ac i Gymru, yn sylweddoli fod hi'n amhosib i ohebyddion rygbi blesio pawb. Bob hyn a hyn fe fydde'n rhaid barnu, ac mae chwaraewyr yn fodlon derbyn beirniadeth pan fydd y geirie'n rhai adeiladol ac yn adlewyrchiad teg o'r hyn a ddigwyddodd ar y cae. Yn aml, y ffordd ore i feirniadu yw dweud dim!

Fe fydden i wedi bod yn ohebydd annobeithiol – yn reddfol, disgwyl am y pethe da yng nghyfansoddiad chwaraewr o'n i yn hytrach na chanolbwyntio'n ormodol ar wendide. Pan o'n i'n ail lais i Huw Llywelyn Davies a Wyn Gruffydd, fe fydden i'n dwlu datgan fy marn a chanmol i'r cymyle pan fydde tîm wedi saernio cais yn grefftus ond yn ei chael hi'n anodd dod o hyd i'r geirie cywir pan fydde asgellwr yn colli gafel ar y bêl a'r llinell gais o'i fla'n e. Ro'n i'n fud pan gollodd Llanelli a'r Sgarlets dair rownd gyn-derfynol yn y Cwpan Heineken – rhai, a ddylse fod wedi gwbod yn well, yn chwilio am resyme ac yn barod i daro bai ar chwaraewyr a hyfforddwyr. Ond edrych ar yr ochr bositif o'n i a llongyfarch pawb am sicrhau ein bod ni wedi dod mor agos – o fewn trwch blewyn i gipio'r cwpan.

Promo ar gyfer S4C – Chris Wyatt, yn addas iawn, y tu ôl i'r bar; finne a Wyn Gruffydd yn archebu bobo lemonêd ac, onest Mari, dw i ddim yn gwbod pwy yw'r flonden!

Yn ystod y tymhore diwetha fe ges i gyfle i lunio erthygle yn rhaglen y Sgarlets ac mae'r profiad wedi bod yn un gwerthchweil – edrych mlân yn hytrach nag edrych 'nôl a dyna fydd rhaid i ni gyd 'neud yn ystod y misoedd a'r blynyddoedd nesa. Pan ddatgelwyd y cynllunie ynglŷn â'r stadiwm newydd sbon yn ardal Pemberton a Throstre o'r dref, ro'n i'n siomedig gan fod yr hen gae wedi gwasanaethu cenedlaethe o chwaraewyr. Mae hanes yn bwysig. Mewn rhai misoedd fe fydd y Strade wedi diflannu'n llwyr, cannoedd o dai wedi'u hadeiladu ar dir a fu'n faes y gad i Ernie, Albert, Ray, Carwyn, Delme, Norman, Phil, a miloedd o Sgarlets eraill. Mae'n drist meddwl am y peth gan fod Castell Cydweli yn dal yno i'n atgoffa ni o ddioddefent ac aberth y gorffennol. Ond, 'na ni – rhaid cyfarwyddo â'r holl beth ac edrych mlân yn hyderus i'r dyfodol.

Atgofion sy gen i o'r hen ddyddie – y meddwl yn llawn rîls o ffilm o'r gorffennol. Mae rhai yn llenwi cypyrdde â rhaglenni, adroddiade o'r papure torfol wedi'u glynu'n drefnus mewn *scrapbooks* ac eraill a chasgliad helaeth o fideos yn cynnwys ceisie a symudiade cofiadwy. Dw i ddim mor drefnus â hynny! Cofiwch, pan fydda' i'n teimlo'n isel mae yna un traethawd a sgrifenwyd amdanaf yn llwyddo i'm atgyfnerthu; ar ôl ei ddarllen dwi'n ymddangos o'r stafell gefn yn barod i wynebu cewri'n cyn-deidie!

Yn y flwyddyn 2000, cyhoeddwyd cyfrol arall gan Yr Athro Hywel Teifi Edwards a Gwasg Gomer o Landysul yn y gyfres ardderchog *Cyfres y Cymoedd*. Y tro hwn, Cwm Gwendraeth oedd dan y chwyddwydr a phenderfynwyd gwahodd y Prifardd Dafydd Rowlands i lunio traethawd arna' i. Yn naturiol, ro'dd hi'n fraint ac yn anrhydedd o'r mwya cael rhannu llwyfan fel petai â cherddorion, gwleidyddion, glowyr, llenorion, actorion a phobol Cwm Gwendraeth – yn teimlo nad o'n i'n gymwys gan mai dod i'r amlwg ar gae ffwtbol y gwnes i!

Ar ôl darllen campweth Dafydd ro'n i yn fy nagre a ro'dd yna sawl rheswm am hynny. Yn naturiol, ro'n i wrth fy modd mae y fi o'dd gwrthrych y llith ond yn bwysicach o lawer na hynny teimles ei fod e wedi fy nadansoddi'n berffeth fel cymeriad drwy fy nghymharu â chymeriade eraill o feysydd gwahanol. Nid brolio, nid teimlo mod i'n rhyw unigolyn arbennig yw'r bwriad fan hyn ond datgan yn gwbl ddi-flewyn ar dafod fod Dafydd Rowlands, fel rhyw seicolegydd disgler mewn clinic, wedi llwyddo i gyfleu cymeriad a phersonolieth Raymond Gravell o Fynyddygarreg.

Bob hyn a hyn, dwi'n dianc i berferddion Brynhyfryd a darllen y geirie.

> . . . Roedd ei ddewis ar gyfer y gwaith anrhydeddus hwnnw (sef, bod yn Geidwad y Cledd) yn ysbrydoledig, ac mae Ray ei hun wedi dweud bod derbyn y swydd wedi bod yn wefr sy'n agos at y gwefrau a brofodd pan gafodd e'i ddewis i chwarae dros Gymru a phan gurodd Llanelli y Crysau Duon yn 1972. Rwy'n cofio'n dda y diwrnod y gwelwyd Grav yn cario'r Cleddyf yng ngorymdaith Cyhoeddi Steddfod Bro Ogwr. Roedd e wedi

hedfan 'nôl yn unigswydd o Dde Affrica i gymryd rhan yn y gweithgaredde gorseddol, ac wrth i ni fartsio'n urddasol drwy strydoedd Pen-y-bont ar Ogwr roedd Ray yn cael ei gyfarch gan y cannoedd oedd yn sefyll ar fin y ffordd. Roedden nhw wedi ei weld e fwy nag unwaith yn fflachiade tân ar Faes y Bragdy ac yn meddwl y byd ohono. Yr oeddwn i, fel Archdderwydd ar y pryd, yn cerdded y tu ôl i Ray ac yn clywed popeth oedd yn cael ei ddweud yn y dorf wrth i ni fynd heibio. Ac yn eglur iawn, mi glywais rhywun yn gweiddi 'Ray! Why aren't you in South Africa with

'Y Gwir yn Erbyn y Byd.' Yr Archdderwydd, Dafydd Rowlands (ar y dde), a'r Cofiadur, John Gwilym Jones, yn rhoi help llaw gyda'r Cleddyf Mawr.

the Lions?' Ac fe ddaeth yr ateb ar unwaith – 'This is more important!' Mi gefais y fraint o gerdded y tu ôl iddo fwy nag unwaith erbyn hyn, a sylwi ar un peth amlwg – mae Ceidwad y Cledd bellach yn cael mwy o sylw na'r Archdderwydd ei hun! Pan oedden ni'n gorymdeithio drwy dre Llanelli flwyddyn yn ôl roedd yr un peth yn digwydd – pawb yn galw enw Ray. Roedd 'no rai yn y dorf na wydden nhw ddim beth oedd yn digwydd – fel y wraig ifanc honno a ddywedodd wrth ei mab bach pan ofynnodd hwnnw beth oedd ystyr hyn oll: 'I'm not sure, bach. I think it's got something to do with proper Welsh'.

Ray Gravell? Ie, 'proper Welsh'! Ray o'r Mynydd. Nid unrhyw fynydd, ond Mynyddygarreg. Un o blant y Gwendraeth. Fe chwaraeodd bedwar cant wyth deg a phump o weithie i dîm Llanelli, dau ddeg a thair o weithie i Gymru, ac mewn pedair gêm brawf i'r Llewod. Ac roedd e ar dân ymhob un o'r gemau hynny. Mae e ar dân o hyd, ac yn dal i ganu'r anthemau gwladgarol, a thywallt dagrau emosiynol. Fydd e byth yn wahanol, diolch i'r drefn.

Ma' Hyn i Fod

(Sgwrs rhwng Ray a Robin McBryde ym Mynyddygarreg – rhai wythnosau cyn Eisteddfod Sir y Fflint).

Ray: Fe dda'th yr Arwyddfardd, Dyfrig Roberts, a'r Cofiadur, John Gwilym Jones, lawr i ngweld i yn yr ysbyty yng Nghaerfyrddin a dweud fod yna benderfyniad wedi'i gymryd gan Fwrdd yr Orsedd a'u bod nhw wedi gofyn i ti, tra ro'n i'n sal, i gario'r cleddyf. Ro'n i wrth fy modd, am neidio mas o'r gwely a dathlu'r cyhoeddiad. Meddylies – rhaglunieth, ma' hyn i fod.

Fe glywes i Dic, y Darpar Archdderwydd, yn dweud ar y radio ei fod e am fy ngweld i yn ei ymyl ar lwyfan Eisteddfod Caerdydd. Felly, ma' Dic wedi gosod y nod a dwi mynd i gario'r cleddyf unweth 'to y flwyddyn nesa os wyt ti Robin yn fodlon.

Robin: Yn fwy na bodlon.

Ray: Iechyd da!

Ceidwaid y Cledd – Robin McBryde a fi.

Y Cymro Cryfa

(Eisteddfod Sir y Fflint a'r Cyffiniau, Awst 2007)

Mari: Dwi mor falch i fod 'ma yn Sir Fflint eleni. O'n ni wir ddim yn meddwl y bydden ni'n gweld 'Steddfod 2007. Ry'n ni wedi bod yn dod fel teulu i faes yr Eisteddfod ers deng mlynedd – oddi ar i Ray dderbyn swydd Ceidwad y Cledd a mae'r plant erbyn hyn yn crwydro o gwmpas 'da ffrindie a 'ngadel i wrth fy hunan.

Ray: *(yn crwydro'n hamddenol o gwmpas y maes ac yn siarad â'r camera)* Ma' Robin yn 'neud jobyn ardderchog. Erbyn hyn, a ma' hyn yn beth rhyfedd, dwi'n edrych ar y seremoni o'r tu fas fel petai, ac yn sylweddoli arwyddocâd yr holl beth. *(Robin yn* cyrraedd*)* Dwi'n gwbod dy fod ti'n fachan cryf, y Cymro cryfa ond dere 'ma – *(yn ei gofleidio yn y dull Ffrengig)* dyma gusan haeddiannol i Geidwad y Cledd. Ro't ti'n ffantastig – yn cario'r cleddyf gyda shwd urddas!

(Robin yn gadael a Ray yn dal i grwydro'r maes ar ei ben ei hun)

Fe ges i ddau gynnig yn fy mywyd, ac fe fu'n amhosib eu gwrthod – un o'dd i gynrychioli'n ngwlad ar y meysydd rygbi a'r llall i gynrychioli ngwlad drwy gario cleddyf mawr yr orsedd. Ceidwad y Cledd – fe allan nhw gadw'u CBEs, ei OBEs a'u MBEs ac unrhyw BEs arall, ac rwy'n dweud hynny'n barchus. Dwi wedi ca'l fy anrhydeddu, ddim yn ei haeddu efalle, ond fe wnes i dderbyn yr alwad â balchder!

Neb yn deilwng o gadair Bro Ogwr 1998, a Dafydd Rowlands, fel fi, rywfaint yn siomedig.

Dere, fy Mab

Rwy'n hoff iawn o watsys. Fe alle chi ddweud mod i'n gasglwr ond byth cofiwch yn mynd dros ben llestri drwy fod yn wastraffus. Ma' da fi nifer fawr ohonynt yn cynnwys Rolex, Breitling ac Omega, ac yn ystod y blynyddoedd dwi wedi gwirioni pan fydd modd ychwanegu at y casgliad. Ma' rhai pobol ag obsesiwn am hen greirie neu ddarlunie neu geir hynafol... os oes yna wendid 'da fi, yna'r watsys sy'n cael y bai.

Pan o'n i'n hanner cant oed fe dderbynies i anrheg gwbl unigryw. Fe gyflwynodd Geraint gopi o lun ohono fe (yn blentyn) a'i dad ar ben mynydd Gellionnen ger Pontardawe. Fe fydde wats wedi bod yn dderbyniol, ond sylweddoles y diwrnod hwnnw fod llun a gair yn bwysicach o lawer na phethe materol. Ma' modd prynu wats arall; fydde holl arian biliynyddion yn annigonol yn y cyswllt yma.

Yn Eisteddod y Fflint yn 1969 fe gipiodd Dafydd Rowlands y Goron am ddilyniant o gerddi yn ymwneud â bywyd cyfoes. Roedd y bryddest wedi plesio'r tri beirniad, Euros Bowen, J.M. Edwards a Gwyn Thomas, Bangor. Mae'r cerddi yn dechre trwy ystyried, ar ran mab bach, pam y daeth y plentyn i'r byd ac yn gorffen gyda hyfrydwch bywyd a chyda chariad. Mae'r bardd yn dod i'r casgliad fod byw yn werth y drafferth.

Mae i'r llun le anrhydeddus ym Mrynhyfryd. Dwi'n amal yn fy nagre wrth lygadu Dafydd a Geraint ar Fynydd Gellionnen gan ryw feddwl mai Jac a Ray Gravell sy wedi'u portreadu ar lethre Mynyddygarreg – llwyddodd Ger i daro deuddeg drwy gyflwyno rhodd sy'n golygu cyment i'r ddau ohonom – fe a fi! Mae'r gerdd ola yn nilyniant Dafydd yn adrodd cyfrole ac mor addas yng ngwead ein cyfeillgarwch.

Dafydd Rowlands a'i fab Geraint ar Fynydd Gellionnen.

Dangosaf iti Lendid

Dere, fy mab,
i weld rhesymau dy genhedlu,
a deall paham y digwyddaist.
Dangosaf iti lendid yr anadl sydd ynot,
dangosaf iti'r byd
sy'n erwau drud rhwng dy draed.

Dere, fy mab,
dangosaf iti'r defaid
sy'n cadw, mewn cusanau, y Gwryd yn gymen,
y fuwch a'r llo yng Nghefen Llan,
bysedd-y-cŵn a chlychau'r gog,
a llaeth-y-gaseg ar glawdd yn Rhyd-y-Fro;

dangosaf iti sut mae llunio'n gain
chwibanogl o frigau'r sycamorwydd mawr
yng nghoed dihafal John Bifan,
chwilio nythod ar lethrau'r Barli Bach,
a nofio'n noeth yn yr afon;
dangosaf iti'r perthi tew
ar bwys ffarm Ifan a'r Ficerdy llwyd,
lle mae'r mwyar yn lleng
a chnau y gastanwydden yn llonydd ar y llawr;
dangosaf iti'r llusi'n drwch
ar dwmpathau mân y mwsog ar y mynydd;

dangosaf iti'r broga
yn lleithder y gwyll,
ac olion y gwaith dan y gwair;
dangosaf iti'r tŷ lle ganed Gwenallt.

Dere, fy mab,
yn llaw dy dad,
a dangosaf iti'r glendid
sydd yn llygaid glas dy fam.

'Y wên na phyla amser'.

'Elfed Roberts, ar ran y trigolion . . . dwi'n gwahodd yr Eisteddfod Genedlaethol i Fynyddygarreg!'

'Grav . . . fe gei di gadair dim ond i fi ga'l crys Cymru.' Yng nghwmni'r cyn-Archdderwydd, Meirion Evans.

Dere 'ma!

6

Cadernid Gwendid

'Yffach, ma' hyn yn ddifrifol . . .'

Pan weles i'r arbenigwr yn cerdded ar hyd y coridor, fe feddylies i – 'Diawch, ma' hwn yn debyg i'r actor Americanedd John Goodman o'dd yn amlwg yn y ffilm *The Flintstones* slawer dydd . . . *'Yabadabadoo'* – a dyna fel nes i ei gyfarch e . . . '*Yabadabadoo'!* Fe dynnon nhw'r rhwymyn bant o'n go's i ac edrych arna i a dweud, 'This isn't good. In fact, this isn't good at all – we're going to theatre at this very moment.'

O'n i'n clywed y geirie ond fel 'sen nhw ddim yn cofrestru. Ro'dd Mari yn ishte'n fy ymyl ac ro'dd hi fel craig. Wedyn nes i ddeall – 'Yffach, ma' hyn yn ddifrifol.' Ond o fan 'na mlân, Hywel, a ma'r peth rhyfedd – i fi o'dd pethe'n gymharol rwydd, ond Mari druan – hi o'dd yr un o'dd yn gorfod dygymod â'r sefyllfa; hi o'dd yn gorfod cerdded mas i'r maes parcio ar ei phen ei hun – hi o'dd yn gorfod dod 'nôl i Fynyddygarreg i gwrdd â'r merched o'r ysgol a dweud wrthyn nhw fod Dad ar fin ca'l llawdrinieth ddifrifol a fod yna debygrwydd ei fod e'n mynd i golli go's. Shwd o'dd hi'n mynd i dorri'r newyddion 'na i'r ddwy groten?

Rhan o sgwrs gyda Hywel Gwynfryn ar BBC Radio Cymru.

Manon (ar y chwith) a Gwenan yn fy arwain i'r cae cyn y gêm dysteb rhwng y Sgarlets a Chaerfaddon, Awst 2007.

'Rwyt ti'n mynd sha thre . . .'

Ro'n i'n ysu am gael clywed y geirie – 'Ray, mae'r doctoried yn blês. Ma' nhw'n barod i ti fynd adre.' Ro'n ni fel teulu yn ymwybodol o'r posibilrwydd o hynny ac wedi cynllunio'n fanwl. Fe fydde rhaid dod â gwely sengl un o'r merched lawr i'r hen stafell oherwydd doedd dim gobeth caneri i fi ddringo'r stâr a finne'n gaeth i gader! Yn ystod y blynyddoedd ro'dd y tŷ wedi'i adnewyddu'n llwyr oni bai am yr hen stafell lle treuliodd Mam, Dad a finne orie yng nghwmni'n gilydd. Ro'dd hon bron â bod fel ag yr o'dd hi, oni bai am blastro a phapuro ambell wal.

A hon fydde stafell wely Raymond Gravell am rai wythnose; stafell o'dd yn frith o atgofion melys. Shwd ar y ddaear y llwyddon ni gael cyment o gelfi mewn i le mor gyfyng: piano, ford (*dining table* fel ro'dd Mam yn ei galw hi), peder cader, *couch*, gramoffôn, a chwbwrt. Do'dd Mam ddim yn gallu darllen cerddorieth ond ro'dd ganddi glust siarp ac os o'dd hi'n clywed rhywbeth wrth ei bodd yna, bang – ro'dd hi'n canu'r piano'n reddfol – a Dad yn ymateb yn syth; ar ei dra'd, yn taro'r nodyn a chanu'n swynol â'i lais baritôn bendigedig. Chi'n gwbod; yn y distawrwydd liw nos yn Ysbyty Glangwili, yn nyfnder y distawrwydd, a ma' 'na ddyfnder rhyfeddol i ddistawrwydd, ro'n i'n clywed y sain yn y pellter. Ie, wir i chi, Mam a Dad o'dd wrthi'n diddanu.

Byth a beunydd, ro'dd cerddorieth yn atseinio o gwmpas y cartre. Pan o'dd Dad yn cael y cyfle, ro'dd y 78s ar yr hen gramoffôn a lleisie Richard Rees a David Lloyd yn cyrraedd Mynyddygarreg. Ond cofiwch, Jac a Wil – y ddau frawd o bentre'r Tymbl – o'dd ffefrynne'n nhad. Ro'dd Dad yn eu haddoli nhw. Dwi'n dal i glywed lleisie'r tenoried tanbaid, Enrico Caruso a Tito Schipa yn ogystal â chaneuon megis *Ave Maria*, *Che Gelida Manina* neu *Pwy fydd yma mewn can mlynedd*. Fel arfer fydde 'na wompyn o dân glo carreg gore'r byd yn y grât – glo caled Cwm Gwendraeth a'r cnype'n shino. Crwt ifanc o'n i ar y pryd ac yn aml yn meddwl tra ro'dd Dad ar ei dra'd yn canu a'r tân tu ôl iddo, 'Mae ei drowsus e'n mynd i fynd ar dân unrhyw funed!'

A do fe dda'th y newyddion. 'Ray. Rwyt ti'n mynd sha thre fory!' Fe fwstrodd pawb a 'neud yn siŵr fod yr ystafell yn barod ar fy nghyfer. Am y cyfnod y treulies i yno ro'n i'n cysgu fel mochyn a ro'dd hynny'n ddirgelwch. Chi'n gweld, lan llofft ro'n i'n cysgu fel ci bwtsiwr, yn troi a throsi a ffaelu'n deg â setlo. Ro'n i'n desperêt i gael mynd 'nôl lan lloft at Mari; yn feddyliol ro'n i'n hapusach yn ei chwmni. Serch hynny, y peth pwysica un o'dd cael dychwelyd gartre – y bennod gynta yn y cyfnod diweddara ar hyd llwybr bywyd.

Ma' wthnos wedi mynd ers i fi fod gartre ac mae'n rhaid i fi ddweud fod Nyrs Ratched yn 'neud ei gwaith yn rhagorol. Pwy yw Nyrs Ratched? Wel, Mari'r wraig wrth gwrs! Hi yw Nyrs Ratched a 'na'r enw rwy wedi rhoi iddi, ei llysenw. Nyrs Ratched o'dd y matron yn y ffilm Americanedd anfarwol, *One Flew over the Cuckoo's Nest*. Jack Nicholson o'dd â'r brif rhan a Michael Douglas yn gynhyrchydd. Fe fyddwch chi'r film *buffs* yn cofio fod y digwyddiade yn cymryd lle mewn ysbyty meddwl, y cleifion yn diodde o anabledde meddyliol ond ro'n nhw dipyn callach na'r arbenigwyr. Ro'dd Nyrs Ratched yn fenyw gadarn a phenderfynol a ddim yn cymryd unrhyw fath o nonsens. Eto i gyd, ro'dd ganddi galon aur.

Ma' fy Nyrs Ratched bersonol i yn gwneud yn siŵr bo fi'n cymryd meddyginieth ar amser. A bod yn onest ma' Mari a fi yn gyfarwydd â hynny gan fy mod wedi diodde o glefyd y siwgr ers saith mlynedd. Bu'n rhaid ei gadw dan reoleth, bod yn ofalus ynglŷn â *diet* ond yna'n sydyn a'th lefele'r siwgr lan, saethu lan a bu'n rhaid dibynnu ar feddyginieth – dwy dablet ben bore a dwy dablet gyda'r hwyr i reoli'r afiechyd. Ac ro'dd Mari'n cadw llygad barcud ar bethe ac ers cyrraedd gartre dwi'n b'yta'n well a ma' hynny'n galondid.

Wrth ramantu am yr wythnose diwetha, dwi'n ymwybodol o gyfraniad Ysbyty Glangwili. Ma' nhw wedi bod yn wych. Ar y bwletine newyddion, ar radio a theledu, ma'r pwysles ar y negyddol; hwn neu hwn neu hon a hon ar fai am ddiffyg gofal. Pam nad y'n nhw'r cynhyrchwyr bob hyn a hyn yn canolbwyntio ar y newyddion da? Dweud wrth y byd a'r betws bod yna filoedd ar filoedd yn derbyn iachâd a hynny yn groes i'r disgwyl. Yn aml ma' pethe'n dywyll, teuluoedd yn ofni'r gwaetha ond diolch i feddyginieth a gofal mae'r claf yn gwella'n wyrthiol. Galla i dystio i arbenigedd meddygon yng Nglangwili – unigolion dan bwyse ond yn rhagori o dan amgylchiade anodd dros ben.

Pan o'n i yn yr ysbyty do'dd yna ddim rhyw awydd am fwyd – arogleuon y ward a'r amgylchiade cyffredinol yn golygu bod y fwydlen ddim mor apelgar â hynny. Ond nawr, gartre mae pethe'n wahanol – ffrwythe, llysie, bwyd iachus, dwi'n gallu eu harogli ac yn ysu am eu bwyta. O fewn wythnos ro'n i'n teimlo'n gryfach. Dwi'n dal i grasho mewn i ambell i wal yn y gader olwyn, yn dal i gysgu lawr llawr ond dros y diwrnode nesa bydda i'n mynd draw i Ganolfan ALAC yn Ysbyty Treforys i dderbyn ffisiotherapi, cryfhau tipyn ar yr hen gorff cyn derbyn coes artiffisial. Yna, fe fydd rhaid i fi ail-ddysgu cerdded! Dwi'n awyddus, yn nyrfas ond yn y bôn yn edrych mlân yn fawr. Ma' nyrs brofiadol o Dreforys ishws wedi dod draw i'r tŷ ac yn blês â sut mae'r clwy' wedi gwella.

Ma' cysgu'n broblem. Dwi erio'd wedi bod mor anghyffyrddus. Mae'n amhosib troi i'r ochor gan fod y rhwymyn o gwmpas y clwy' yn dyner. Felly, dwi'n cysgu ar fy nghefen, yn fflat ar fy nghefen. Yn reddfol yn fy nghwsg dwi am droi i'r chwith neu i'r dde a gan mai gwely sengl yw e ma' Mari'n pryderu mod i'n mynd i gwmpo mas. Cwilt sy 'da ni dros y gwely sy'n cynnig rhywfent o ryddid.

Ma' pobol wedi bod mor garedig. Mae'n amhosib i fi fynegi mewn geirie beth y'n ni fel teulu bach yn teimlo; ffrindie dros y byd i gyd, rhai yn bobol dwi erio'd wedi'u cyfarfod a ddim yn debygol o'u cyfarfod nhw. Ma' nhw wedi anfon cyfarchion – Cymry o Fôn i Fynwy, Gwyddelod, Ffrancwyr, pobol o Hemisffer y De a hyd yn oed Siapan a'r ddolen gyswllt o'dd y bêl hirgron. Rhyfedd o fyd! Fe ges i fy nghyflwyno i'r gêm yn grwtyn bach yn y *pushchair* gan Wncwl Ron a 'Nhad. Ro'dd Ron John yn gefnwr i Gydweli, yn dipyn o chwaraewr a lwyddodd i 'ware i Lanelli rhyw unweth neu ddwy. Ac ar fy mhenblwydd fe brynon nhw bâr o 'sgidie i fi a phêl rygbi – finne jyst wedi dechre cerdded a'r bêl yn fwy na beth o'n i. A chi'n gwbod beth – dwi'n dal yn gallu arogli'r bêl – gwynto lleder y bêl, yr hen bêl leder 'na!

Fe gyrhaeddodd y cardie yn eu cannoedd – bwndeli ohonynt ar y tro; ma' mil a mwy o gardie mewn bocsys yn y rŵm ffrynt. Cardie oddi wrth ffrindie, cyd-weithwyr, ond y mwyafrif wedi cael eu hanfon gan ddieithried llwyr a ma' hynny'n hwb i'r galon. Ma' ymwelwyr yn cnoco'r drws yn dymuno'n dda a finne'n mor wan â brwynen, yn hynod flinedig ac yn ei chael hi'n anodd ymateb. Serch hynny, dwi'n ddiolchgar. Gair bach yw 'diolch'; dyw e ddim yn ddigon efalle ond dyna'r unig beth alla i gynnig.

Cymryd pethe'n ganiataol – dwi wedi bod yn euog o hynny dros y blynyddoedd. Bellach, yn sgîl yr afiechyd hwn fe ddes i sylweddoli fod gwneud y pethe bychain yn fwrn ar allu ac amynedd. Mae gwneud dishgled o de yn anodd a finne'n ishte mewn cader. Dwi ar lefel wahanol – mae Mari o ran taldra yn bum troedfedd un fodfedd a dwi'n gyfarwydd â dishgwl lawr arni, ond erbyn hyn dwi'n edrych lan ati.

A finne'n gaeth i'r aelwyd, mae yna amser i feddwl a phendroni. Y dydd o'r blaen fe sylweddoles i fy mod wedi gwireddu breuddwydion fy nhad. Un o'i freuddwydion oedd dod 'nôl i fyw ar y mynydd – prynu bwthyn bach, ei adnewyddu ac o fewn amser ei droi mewn i dŷ crand, ysblennydd. Dad, os wyt ti'n clywed – mae'r tŷ'n balas, ac yn wahanol i'r holl dai bendigedig sydd i'w gweld yn atodiad y *Western Mail* ar ddydd Sadwrn, mae'r olygfa o'r patio tu fas gyda'r hardda yn yr holl fyd.

Pan symudon ni fel teulu i Brynhyfryd do'dd yna ddim system garthffosieth a fel 'na ro'dd pethe tan 1982 – mam a finne'n byw 'na gyda'n gilydd. Heddi', ma' 'na doilets di-ri yn y tŷ a'r carthion yn llifo i gyfeiriad Cydweli. Fe fydde Dad wrth ei fodd â'r ddarparieth.

Ro'dd 'da fe freuddwyd arall ac fe lwyddes ei gwireddu rai blynyddoedd ar ôl ei farwoleth a hynny mas ym Mharis ym 1975. Er nad o'n i'n hapus o'i weld e ar yr ystlys pan o'n i'n 'ware i'r *Gram* yng Nghaerfyrddin, fe fydden i wedi

Yr olygfa orau yn y byd – o batio Brynhyfryd.

bod ar gefn fy ngheffyl o'i weld e yn yr eisteddle ym Mharc des Princes a finne'n cynrychioli Cymru am y tro cynta un. Do'dd hynny ddim i fod.

Yn ddwy ar bymtheg a'th Dad i witho dan ddaear a dilyn gyrfa fel coliar ym mhylle glo Trimsaran, Carwe a Phentre Mawr ym Mhontyberem. Cyn hynny fe fuodd e'n ennill ei fara menyn yn y chwareli lleol. Ro'dd ganddo ddiddordebe – yr ardd yn ddileit greddfol, byd rygbi a threulio dwy awr yn cymdeithasu a chael cwpwl o beints ar nos Sadwrn. Ro'dd e'n joio peint neu ddau a gan gofio'r gwaith corfforol yn y ffâs lo a'r peryglon cyson rhaid dweud fod e'n haeddu noson mas ymhlith ei ffrindie. Ond fe ddes i sylweddoli wrth wrando ar y geme rhyngwladol ar y *wireless* ei fod e'n dawel bach yn lled-obeithio y bydde'i fab yn chware dros Gymru. 'Job done, Dad!'

Ar hyn o bryd, dwi'n gwbl ddibynnol ar Mari. Y hi'n sy'n mynd â fi i'r tŷ bach, hi sy'n fy ngolchi i a ma' fel petai'r gofynion yn cynyddu o ddydd i ddydd. Dwi'n ysu i gael cawod; cyfle i olchi fy nghorff i gyd, dim jyst golchi ranne ar y tro. Mae yna badell sylweddol ar ford y gegin, dŵr twym a sebon gerllaw a thra mod i'n glanhau'r rhanne ucha, ma' Mari wrthi'n canolbwyntio ar weddill y corff. Mae'n ddefod ddyddiol er mwyn cael bod fel pin mewn papur.

Mae'r atgofion yn llifo 'nôl wrth 'molchi yn y gegin. Bob prynhawn yn y 1950au, fe fydde Dad yn cyrraedd gartre o'r gwaith glo yn ddu fel y fagddu a'r hen fath tun yn barod amdano. Ro'dd Mam wedi bod wrthi'n berwi'r dŵr a phan fydde Dad yn camu drwy'r drws ro'dd y dŵr wedi'i arllwys ar ei gyfer. Fe fydden i, yn grwt ifanc, yn ca'l yr anrhydedd, y fraint fel ag yr o'dd e'n pwysleisio, o sgrwbo'i gefen e. Ro'dd e'n ŵr mawr cyhyrog, cefn mawr sgwâr 'da fe a brychion yn amlwg hwnt ac yma. Ro'n i'n teimlo'n ddyn yn golchi'i gefen e! Pan dda'th y *pit-head baths* i'r lofa, dwi'n cofio gweld minte gref o lowyr yn camu mewn i'r cawodydd ac yn golchi cefne'i gilydd. Y cwbwl yn fath o ddefod. Dwi i ddim am i'r dyddie a fu ddychwelyd, ond mae'n braf hel atgofion. Fe fydde siwrne 'nôl i'r gorffennol yn dipyn o brofiad. Diolch bod yr hen feddwl yn ddigon effro a bod y *cameos* yn dal yn rhai byw yn y cof.

Brynhyfryd, Ebrill 30ain, 2007

Dwi'n symud yn garcus i gyfeiriad y patio ac yn ymwybodol o wichian y gader olwyn ar y *ramps* sy o'm tano i. Dwi'n gwbl ddibynnol erbyn hyn ar y gader, a rhaid ca'l y *ramps* er mwyn symud mewn a mas o'r tŷ. Rhaid cyfadde fod y broses yn un ddieithr i ganolwr a fu'n ceisio chwalu gwrthwynebwyr ar gaeau chware rhyngwladol y byd rygbi.

Ar hyn o bryd dwi'n edrych mas ar ran isha Cwm Gwendraeth; y golygfeydd yn odidog. Ta beth yw'r tywydd – glaw, gwynt cryf, eira, nudden neu haul cynnes – mae'n banorama rhyfeddol; y delwedde mor wahanol o ddydd i ddydd. Dyna sy'n gwneud y rhan yma o'r byd mor sbeshal. Mae modd gweld Bae Caerfyrddin a gwerthfawrogi'r olygfa i gyfeiriad tre hynafol Cydweli a thu hwnt – tre sy'n mynd 'nôl i'r ddeuddegfed ganrif a chyn hynny. O'r patio mae modd

Castell Cydweli

Dinbych-y-pysgod

edrych ar Gastell Cydweli ac Eglwys y Santes Fair cyn llygadu Penrhyn Gŵyr ac yn benodol Pen Pyrod (Worm's Head) i'r dwyren. I'r gorllewin ar ddiwrnod clir mae modd gweld Ynys Bŷr – Caldey Island. 'Smo ni'n gallu gweld Dinbych-y-pysgod o'r fan hyn ond 'tasen i'n mynd lawr i'r pentre bydde modd cael cipolwg ar dre glan môr hyfryta'r holl fyd.

O dan Brynhyfryd mae modd dilyn cwrs y Gwendraeth Fach lawr i Gydweli lle mae'n uno gyda'r Gwendraeth Fawr sy'n cyrraedd o Drimsaran. Mae gwên yn dod i'r wyneb wrth edrych ar feysydd Gwenllian sy o fewn ergyd carreg i'r tŷ a dyma'r olygfa sy'n tanio fy nychymyg. A bod yn onest mae'n rhaid cyfadde fod y golygfeydd wedi ymddangos yn seler y cof ers dyddie plentyndod wrth ddychmygu'r hyn a ddigwyddodd yn ymyl tiroedd a ffermdy Gwenllian. Dad oedd yn gyfrifol am greu'r balchder. Byth a beunydd ro'dd e'n pregethu am ogoniant y gorffennol. Pan dd'ethon ni i fyw fan hyn gynta, yng nghanol y 1950au, bu wrthi'n olrhain hanes y Dywysoges Gwenllian. 'Gog o'dd hi,' ddwedodd e wrtha i, 'merch brydferth iawn – merch Gruffydd ap Pennant, yn briod â Gruffydd ap

Rhys, Arglwydd y Deheubarth.' Ro'dd e'n pwysleisio'i dewrder a'i haberth yn ystod yr ymosodiad gan y Normanied o dan arweiniad Maurice de Lambres ar Gastell Cydweli. Meddyliwch, fe ddienyddiwyd Gwenllian bron i fil o flynyddoedd yn ôl mewn brwydr waedlyd reit o dan lle rwy'n eistedd ar hyn o bryd. Ro'dd yr ardal yn goediog a Gwenllian wedi dilyn yr afon lawr i Gydweli. Mae'r hen *stagers* yn dal i sôn am afon waedlyd – 'the river of blood' ac am y Cymry a'r Normanied a gafodd eu lladd yn y gyflafan yn 1136.

Fe ddigwyddodd hyn bron i fileniwm yn ôl ond credwch chi fi mae ei hysbryd yn dal yma, wedi cydio'n dynn mewn cenedlaethe o drigolion yr ardal ac yn bendant yn fy nychymyg i. Ac mae'n ddyletswydd arna' i drosglwyddo'r hanes, ac mae'n hanes cyfoethog, i Manon a Gwenan – rhaid iddyn nhw gael gwybod am hanes, diwylliant a chefndir diwydiannol eu milltir sgwâr. Rhaid sicrhau fod y gorffennol yn rhan o'u cyfansoddiad.

Hanes y Clefyd

Pam, dwedwch, dwi'n parablu fel hyn ac yn rhamantu am y gorffennol? Oherwydd ro'dd yna adeg rhai wythnose 'nôl pan o'n i ddim yn meddwl y bydden i'n gweld yr olygfa fyth eto. Mae'r digwyddiade wedi bod yn brofiad anghyfarwydd i ni fel teulu. Ro'n i'n diodde o afiechyd clefyd y siwgr yn ogystal â dau glefyd arall. Ro'dd diffyg yn y goes dde – cyflenwad y gwa'd ddim yn mynd yr holl ffordd lawr i'r dro'd ac yn sgîl hynny roedd yna wenwyn yn ewin y bys bach, ac ymhen rhyw wythnos fe ledodd yn gyflym i weddill y dro'd. Derbynies i drinieth ar y dro'd dde gan obeithio y bydde'r *antibiotics* yn help. Ro'dd y doctoried yn ffyddiog y bydde popeth yn iawn. Yn anffodus o'm safbwynt i do'dd popeth ddim yn iawn a bu'n rhaid mynd ar frys i Ysbyty Glangwili yng Nghaerfyrddin am gyfnod o chwe wythnos.

Yn fy mywyd personol, dwi byth wedi bod yn un sy'n dishgwl 'nôl – heddi a fory a drennydd sy'n bwysig. Ond, yn sgîl cyfres o driniaethe dwi'n sylweddoli fod pethe dipyn yn wahanol erbyn hyn, i radde'n afreal a rhaid cyfadde mod i'n teimlo'n emosiynol, yn emosiynol iawn. Mae'r gader olwyn yn cloco'r milltiroedd ar ei ffordd o gwmpas y tŷ ond dewch i fi gael pwysleisio'r ffaith mod i'n hapus â'm byd. Cael a chael o'dd hi a dwi'n fythol ddiolchgar i'r arbenigwr. Ro'dd rhaid iddo fe wneud penderfyniad yn glou er mwyn achub fy mywyd i a bu'n rhaid mynd â'r goes bant. Bron bob muned o bob awr yn yr ysbyty ro'n i'n ysu am gael mynd adre – gore tre, gartre, ac mae hynny mor wir. Mae'n cymryd tostrwydd neu ddamwen neu anabledd i ystyried y gwerthoedd o'n cwmpas ni – gwerthoedd yn gysylltiedig â'r teulu, y filltir sgwâr, ribidires o ffrindie, a chymdogion annwyl. Dwi wedi cael amser yn ddiweddar i bendroni ac ail-fyw'r gorffennol, yr holl atgofion yn llifo 'nôl ac ie, gyfeillion – *west is best!*

Yn dilyn trinieth arbrofol, fe ges i'r newyddion fod rhaid i fi ga'l y goes dde bant ar Ebrill 13eg, ac ar ddydd Gwener o bob diwrnod! Ond, mae'r rhif tri ar ddeg wedi bod yn ffigwr lwcus iawn i fi oherwydd dyna'r rhif ro'n i'n ei wisgo ar fy nghefn ar grys sgarlad Llanelli, crys coch Cymru a'r Llewod, crys du a gwyn y Barbaried a chrys lliwgar Sir Gaerfyrddin. Cofiwch, pan groeses i am gais i'r Llewod yn erbyn y Springboks yn Cape Town ym 1980 do'dd dim unrhyw rhif ar fy nghefn – tra' ro'n i'n gorwedd ar waelod ryc rhwygwyd y crys tri ar ddeg gwreiddiol oddi ar fy nghorff.

Daeth y newyddion yn annisgwyl a syfrdanol, ond eto fe wnes i ymateb yn bositif oherwydd do'dd yna ddim dewis – cytuno i benderfyniad y llawfeddyg wnes i. Dyna wna'th achub fy mywyd i. Fe ges i'r drinieth ar y dydd Sadwrn a dihuno lan yn yr Uned Gofal Arbennig yng Nglangwili a meddwl mod i wedi croesi i ryw arall-fyd. Dim ond 'wech gwely o'dd yn y ward a phob un o'r cleifion, mae'n debyg, yn ddifrifol wael. Do'n i ddim yn gwbl ymwybodol o bob peth oedd yn mynd mlân oherwydd effeth y cyffurie o'dd yn ca'l eu pwmpo

Ers degawde bellach, mae Llanelli a Chaerfaddon yn brwydro am y ddoli glwt a dyma hi!

mewn i'r corff i drio lladd y gwenwyn o'dd wedi pydru'r droed, ac wedi gwau eu ffordd drwy nghorff i. Ro'dd sawl math o wenwyn – *septicaemia* o'dd un a'i effeth yn ddigon i gwmpo ceffyl. Ond ro'dd y staff yn fendigedig yng Nglangwili – yr arbenigwr jyst yn dweud ei fod e'n gwneud ei waith. Dyna beth o'dd jobyn a hanner!

Yn ara deg, fe ddes i sylweddoli, ar ôl mynd 'nôl i'r ward arferol fod bywyd wedi newid yn aruthrol i Raymond Gravell a hynny dros nos. Ond, wedi troi a throsi ychydig a phwyso a mesur, fe sylweddoles i fod bywyd yn dal yn felys a'i bod yn dda ca'l bod yma. Yma ar y patio ym Mrynhyfryd dwi'n dal yn gadarnhaol ac yn meddwl am y pethe positif gan wthio'r negyddol i'r neilltu.

Tair Gwenllian

'Arwres' oedd y gair a ddefnyddiodd Dad i ddisgrifio Gwenllian a rhaid i mi gyfadde' fod yna arwres arall yn dal i fyw ym Mynyddygarreg sef Mari, fy ngwraig. Ma' hi yn yr un ca' â'r dywysoges, wedi bod yn graig o ran cynnig cefnogaeth ac ysbrydoliaeth. Ac mae Manon (12 oed) a Gwenan (9 oed), y ddwy groten, yn yr un mowld – wedi codi nghalon i â'u gonestrwydd a'u naturioldeb wrth ymateb i'r sefyllfa o weld Dad heb ei goes dde.

Meddylu

'Nôl ym Mynyddygarreg . . . ddim yn cerdded eto ond ma' nhw wedi dweud wrtho i y bydda i'n cymryd came yn y dyfodol agos. Rhaid cadw'r ffydd. Mae wedi bod yn gam mawr i gael dod 'nôl gartre, alla i ddim pwysleisio hynny ddigon. Cyfle i gau llygaid a meddylu – yn y bwthyn yma y ces i'n fagu. Wel, bwthyn o'dd e pan symudon ni lan o Gydweli – dwy stafell wely, cegin fawr a phantri, tŷ bach tu fas, cyflenwad dŵr (tap tu fas) ond dim system garthffosiaeth. Ond dyw hi'n od – ma'r pethe 'na nawr yn dod â gwên i'n wyneb i, ond ar y pryd pan o'n i'n tyfu lan yn creu embaras llwyr! Pawb arall â thoilet o'dd yn fflysho ond dim Jac Gravell a'i deulu. Ro'n ni'n byw bywyd dipyn mwy cyntefig; i radde ro'n ni'n deulu hunangynhaliol.Yn yr ardd ro'dd yna gasgliad o bron pob dim o'dd yn tyfu, pob llysieuyn a ffrwyth dan haul – os o'dd modd ei fwyta ro'dd e ar gael yng ngardd Jac Gravell! Fe alle Dad fod wedi cynnal stondin fwyd ym marchnadoedd Llanelli a Chaerfyrddin. Ac ro'dd Mam a'i border bach yn llawn blode tlws yn enwedig rhosynnod. Ro'dd Mam yn dwlu ar rosynnod o fla'n y tŷ yn cynnig croeso brenhinol i ffrindie ac ymwelwyr. Dwi'n cofio'r tro cynta i fi ddod lan y tyle i Frynhyfryd . . . ro'n i tua chwech oed. Dwi'n cofio gweld y ffenestri a'r drws coch a chwmpo mewn cariad â'r lle. Mae'r ddelwedd yn dal yn yr is-ymwybod – dwi'n cau fy llygaid ac yn ail-fyw'r profiad.

Ro'dd Dad, er ei fod e'n byw mewn tŷ cownsil yng nghanol Mynyddygarreg, yn ysu am gael dychwelyd i'w wreiddie o fewn ergyd carreg i'r Mynydd, ac fe gas e'i ffordd. Yn amlwg ma' genynne'r tad yn y mab oherwydd dwi wrth fy modd yn dychwelyd gartre. Rhan ore unrhyw siwrne, a hynny ar ôl teithio i bedwar ban byd, yw'r daith gartre – hyfryd mynd ond melys dychwelyd!

Tyfu 'Nôl

Dwi'n cofio bob un awr o bob un diwrnod o'r fagwraeth ges i ym Mrynhyfryd – blynyddoedd plentyndod wedi troi mas yn sylfaen ar gyfer y dyfodol. A sôn am sylfaen gadarn; mae'r pentre wedi'i adeiladu ar y garreg galch, carreg oedd yn hollbwysig yn y diwydianne lleol – y gwaith tun yn ymyl y Gwendraeth Fach, y gwaith brics yng Nghydweli ac ym Mhedair Heol a Mynyddygarreg, y chwareli niferus o'dd yn tystio i'r ymdrech i gael gafel yn y garreg galch, a'r odynne yn rhan o'r broses o hawlio'r calch pur.

Fe dreulies i ychydig dros 'wech wthnos ar fy nghefen yn Ysbyty Glangwili – heb goes am y bythefnos ola. Cofiwch, dwi'n cyfadde a chydnabod bod beth wnes i fynd drwodd yn ddim i gymharu â beth ma' rhai pobol yn gorfod diodde. Dwi'n fachan lwcus – does dim achos 'da fi i gwyno a dwi ddim yn cwyno. Rwy'n diolch i Dduw ac i'r arbenigwr, y llawfeddyg galluog, am achub fy mywyd i. Ma' pob diwrnod erbyn hyn yn fonws. Ca'l a cha'l o'dd hi – ro'n i o fewn diwrnod neu ddau i golli mywyd. Mae'n agwedd i at fywyd wedi newid yn syfrdanol; nawr dwi'n gwerthfarogi anadlu, yn gwerthfawrogi'r awyr iach, y gwynt a'r glaw. Ma' pob un diwrnod, pob un eiliad yn werthfawr.

Be' nesa'? Ma' 'na siwrne hir o mlân i. Gobeithio fydd yna ddyddie, wythnose, misoedd, blynyddoedd i ddod ond dwi'n barod ar gyfer yr her – dwi'n llawn gobeth. Ma'r merched, Manon a Gwenan, wedi bod yn rhyfeddol. Pa'n o'n i'n gorwedd yn y gwely (a'r ddwy yn cyrraedd i weld Dad jyst cyn y llawdriniaeth fowr) bu'n rhaid i Mari egluro pob dim – dweud yn blwmp ac yn blaen fod Dad yn mynd i golli'i goes. Ro'n nhw mor aeddfed; yn ifanc efalle ond eto mor ddeallus, mor onest ac yn fwy na pharod i dderbyn newyddion ysgytwol.

Ac ar y diwrnod yn dilyn y llawdriniaeth yn cerdded yn hyderus i'r ward, yn cyrraedd ochr y gwely â rhywfaint o anghredinieth. Finne'n gorwedd ar wely di-flanced; y goes chwith yn ymestyn i ben y gwely yn gwbl naturiol a'r llall, yr un dde, wedi'i haneru. Fe sylwes i Manon yn pipo draw cyn plannu cusan ar fy ngwefus. Ac yna Gwenan, *le picky one*, yn gwneud yr un peth!

Geirie Mari wna'th darfu ar y distawrwydd, 'Wel Manon, wyt ti'n gweld rhywbeth od? Ydi Dad yn od?' Ro'dd yr ateb yn un bachog.

'Mae e wastod wedi bod yn od, ond dyw e!'

Ro'dd cwestiwn Gwenan yn un dirdynnol:

'Mam, odi coes Dad yn mynd i dyfu 'nôl?' Ro'n i yn fy nwble pan glywes i'r geirie. Cododd fy nghalon, ro'dd gwên ar fy wyneb a nychymyg yn *overdrive*. Fe bipes i lawr ar fy nghoes; llygadu'r stwmpyn chwe modfedd o dan y penglin o'dd â rhwymyn mawr a bandais o'i gwmpas gan herio, '*Go on*, tyfa.' 'Na beth fydde gwyrth. Beth ddwede'r arbenigwr petai'r goes yn ail-ffurfio? Ro'n i ar bige'r drain cyn i'r dair gyrraedd ond o fewn munude ro'dd yna chwerthin iach o gwmpas y gwely a hwnnw yn treiddio drwy'r ward.

Eisteddfod yr Urdd, Sir Gâr, Mai 2007

(Ymddangosiad cyhoeddus cyntaf Ray ar ôl ei lawdriniaeth. Ei deimladau'n cael eu ffilmio a'u recordio ar gyfer rhaglen y BBC 'Sdim Cywilydd mewn Llefen.)

(Yn y stafell 'molchi)
Ma'r *after shave* 'ma Stephen Jones yn ei ddefnyddio – ma' Stephen mwy golygus na be' dw i ond 'na fe! Reit – cawod, siafo, glanhau'r dannedd; ma' nillad i lawr llawr.

(Ray yn dal yn y gader lan llofft ac yn llywio'i hunan i dop y stâr)
Galle hyn fod yn broblem ond dwi'n gyfarwydd â'r broses. Rhaid bod yn ofalus a symud gan bwyll mas o'r gader rhag ofn derbyn ergyd ar y stwmpyn. Am y bythefnos gynta ro'n i'n cysgu lawr llawr ond ro'dd dod 'nôl lan llofft yn hwb

Annerch y gynulleidfa yn Eisteddfod Genedlaethol yr Urdd yng Nghaerfyrddin 2007.

seicolegol aruthrol. Bellach, ro'dd modd mynd mewn i'r stafell wely, mewn i'r stafell 'molchi – gwneud y pethe ry'n ni'n gyfarwydd â nhw.

Pan ges i'r cynnig gan Urdd Gobaith Cymru i gyflwyno gwobr talent y mudiad ar ddiwedd Eisteddfod Sir Gâr, wel diawch, allen ni byth â gwrthod oherwydd ry'n ni'n sôn am bobol ifanc, y dyfodol!

(Lawr llawr yn gwisgo)

Ro'n i wedi penderfynu ar y dei – tei Owain Glyndŵr, yn arwr i! Ond dwi ddim yn siwr pa drowsus – yr un hir neu par o shorts? Awgrymodd Mari mai shorts fydde'r dewis gore. Ydi hyd y dei yn iawn?

Yr unig fanne o'n i wedi ymweld â nhw oddi ar y llawdriniaeth o'dd dau ysbyty – Glangwili a'r Adran Ffisiotherapi yn Nhreforys. O'n i ddim am fynd i unman arall – yn rhyw feddwl y bydde pobol yn *embarrassed*. Dyna beth o'dd yn fy mhoeni i benna – creu embaras i eraill.

(Yn y car ar y ffordd i Gaerfyrddin. Sam, tegan o gi bach, ym mreichie Gwenan)

'Ydi Sam yn cysgu Gwenan?'

'Ydi'.

'Ma' Sam wedi bod dros y byd i gyd – draw yn Awstralia, Sbaen, Cydweli, Trimsaran, Glan-y-fferi. Ydi Sam wedi bod yn Llansaint, Gwenan? Ac i bobman mae e'n mynd, Gwenan, mae e'n dweud – Wff! Wff! Wff!'

(Llais Dafydd Du ar lwyfan yr Eisteddfod)
'Eleni mae'r wobr yn mynd i ga'l ei chyflwyno gan berson arbennig iawn, iawn.'

(Criw o bobol ifanc yn cyfarch Ray ac yn ei arwain i'r llwyfan)
'Sen i ond rhyw ddeugen mlynedd yn ifancach!

(Llais Dafydd Du) Rhowch groeso cynnes i Ray Gravell.

Beth o'n i ddim wedi paratoi ar ei gyfer o'dd y fath ymateb. 'Smoi i'n dwp cofiwch; ro'n i'n ymwybodol y bydde 'na ymateb ond fe gododd pawb ar eu traed gyda'i gilydd . . . ac es i lefen! Fe wna'th yn atgyfodi i fel person.

(Cwestiynu Manon a Gwenan ar ôl y seremoni)
Chi'ch dwy yw'r beirnied gore' yn y byd. Shwd 'nes i?

(Mari'n cadarnhau iddo wneud ei waith yn iawn drwy blannu clamp o gusan ar foch Ray – Sam hefyd yn canmol).

Teulu Bach Brynhyfryd.

Olwynion Annibyniaeth

David Gravell: Nawr te Ray . . . ma'r allwedd 'da fi fan hyn ar ffurf carden. Dod y garden mewn . . . gwasga'r brêc gyda dy dro'd 'with a gwasga'r botwm *start*.

(Ray, yn ofalus, yn llywio'r Renault Scenic glas i'r heol fawr).

Ray: Myn diawch chi!

David: Wyt ti'n gartrefol fan 'na?

Ray: David, mae e'n deimlad anhygoel. Mae'n anodd i fi fynegi mewn geirie pa fath o deimlad yw e. O, David! David! David! Ma' rhyw rhyddid, annibyniaeth hyd yn o'd.

David: Yr annibyniaeth sy'n bwysig. Ti wrth dy hunan – does dim angen dibynnu ar neb. Mae'r car 'nôl 'da ti.

Ray: David, y fi sy'n rheoli. Dw i in *control*. A mae'r car yn mynd yn berffeth – fel cath! Prrrrrrrrrrrrrr!

Anti Babs

(Ray yn siarad â'r camera wrth ddrifo'r Renault Scenic glas newydd). Dwi ar fy ffordd i ben arall o'r pentre i weld Anti Babs, chwa'r ifanca nhad. Ro'dd 'da fe dair chwa'r – Eileen, Olive a Barbara Jean. Yn anffodus dim ond Anti Babs sy ar ôl, yr ola yn y llinach. Ro'dd hi ddeg mlynedd yn ifancach na 'Nhad. Fe gollon nhw'u tad, William Henry, pan o'dd Babs yn ddeg oed. Fe brynon ni'r tŷ iddi hi a'i phartner Dennis. Ma' Babs wedi bod yn dda i fi; a bod yn onest ry'n ni wedi bod yn dda i'n gilydd. Dwi'n dwlu ar Anti Babs – mewn cariad mawr â hi. Dyma'r tro cynta iddi ngweld i'n drifo oddi ar y driniaeth.

Halen y Ddaear – Anti Babs.

Ray: Anti Babs!

Babs: Shwd wyt ti? *(Y ddau yn cofleidio'i gilydd; y dagrau'n llifo)*. Ti sy 'di drifo'r car?

Ray: Wrth gwrs. Llai o'r dagre 'na! Beth fydde dy frawd wedi'i ddweud?

Babs: Dishgled o de 'te.

Ray: Grêt! 'Sneb yn 'neud te fel Babs! *(Ray yn siarad â'r camera tra fod Babs yn y gegin yn paratoi* elevenses*)*. Da'th hi lawr i ngweld i yn yr ysbyty – dylse'i ddim fod wedi dod. Mae'n ca'l gwaith cerdded yn sgîl triniaethe iddi chlunie – mae'n llawn plastig! Ac yna, bu'n rhaid iddi ga'l *triple by-pass* ar ei chalon – rhywbeth bach, bach dwi wedi diodde i gymharu â beth 'ma Babs wedi bod drwodd ac yn dal i fynd drwodd. Mae'n ysbrydolieth i fi, a ma' stamp yn nhad arni. Ro'dd Thomas Jac Gravell yn danllyd ar brydie ond y ddau ohonyn nhw'n llawn cariad a dyna sy'n ein nodweddu ni fel teulu. *(Babs yn cyrraedd â thebot, llestri a theisen lap)*. Fi'n caru ti Babs!

Babs: A fi'n caru ti Ray.

Ray: *(Ar y ffordd mas o drive Babs)*. Diawl – fi'n reverso'n well nawr 'na beth o'n i cyn ca'l y llawdrinieth!

'Sim Cywilydd mewn Llefen

Gair o gyngor i'r dyfarnwr rhyngwladol Nigel Whitehouse. Fe chwaraeon ni gyda'n gilydd i'r Scarlets ganol yr 1980au.

Y Goes Newydd

(Ray a'r teulu yn aros yn amyneddgar. Yr arbenigwyr ar fin ymddangos â'r goes newydd. Ray â'i lygaid ar gau):

Ray: Fi moen ymateb chi'ch tair yn gynta'. Mae'n lyged i'n dal ar gau! *(Ray yn agor ei lyged ac yn gweld y goes newydd).* O! Wel! Wel! O! Peter – yr argol fawr! *It's like the shirt. I didn't realise the leg would be all scarlet. If it doesn't fit, I'll carry it with me. I'll be in the stand, waving it – Come on Scarlets!* Wel! Wel! Peter bach! *(Ray yn troi at Manon a Gwenan).* Be' chi'ch dwy yn ei feddwl!

Manon a Gwenan: Cool!

Ray: O'n i wir ddim yn dishgwl y fath beth. O'n i o'r farn mai co's fel y cyfryw y bydde hi a ryw logo mewn cornel. Fi wrth fy modd. Ma' Nadolig wedi cyrraedd. Fe fydda i'n gwishgo hon â balchder i bobman. Fydda i ddim yn cuddio hon, Mari! Ffantastig! Mae'n wahanol – cloffi rhywfaint. *(Manon wrthi'n cymryd llun).* Nefoedd yr adar! Angladd y marchog!

'Nôl yn ei Chanol Hi

Dwi'n cario'r anabledd gyda balchder gan obeithio fod hynny'n helpu eraill. Mae'n rhaid arafu nawr – Mari'n pregethu ata i bob dydd. Y mis diwetha 'ma dwi wedi'i gor-neud hi i radde; mynd mas 'da'r hwyr, ac ma' blinder yn effeithio arna i. Dwi 'nôl yn foreol ar y radio a dyna'r prif beth dwi am 'neud. Fi'n dwlu ar y rhaglen a fi 'nôl yn ei chanol hi. Ond, rhaid bod yn ofalus a thorri 'nôl ar bethe eraill. Ond mae'n anodd; bob hyn a hyn ma' 'na elusen yn cysylltu, dro arall unigolion sy'n gweithredu ar ran elusenne ar y ffôn ac am i fi gyfrannu rhywfodd neu'i gilydd. Os dwi'n gwrthod y cais, yna ma' rhai yn credu mod i'n od – ond dwi'n dechre dod i'r meddylfryd fod rhaid siomi pobol oherwydd dwi ddim fel yr o'n i. Mae'n rhaid ystyried hynny.

Fflur Dafydd yn perfformio'n fyw ar Raglen Grav.

Cyfweld â dau o gewri Sir Gâr – Mererid a Tudur Dylan.

'O Na Fyddai'n Grav o Hyd'

Yn emosiynol dwi'n *drained!* Ma' darllen yr holl gyfarchion a dda'th i Frynhyfryd o bedwar ban byd, cannoedd ar gannoedd ohonyn nhw, yn atgyfodi'r hyn a ddigwyddodd. Mae'n fy ngad'el i'n wan; yn emosiynol dwi'n wan fel brwynen. Dwi ddim yn lico'u darllen nhw yn gyhoeddus oherwydd ma' nhw'n bersonol iawn.

Llenwaf fy mhedair llinell â geiriau
O gariad, i'th gymell.
A mwy, Grav, rhof lond stafell
I'th gael 'nôl yn hollol well.
Mererid Hopwood

Fwff! Ffwff! Ffwff! Ffwff!

A dyma bennill Ceri Wyn Jones – a fe 'waraeodd e i Gymru. Canolwr o'dd e, yn cynrychioli ysgolion uwchradd ei wlad dan ddeunaw. (*Cyflwynwyd y pennill hwn i Grav ar y Strade y bore y dechreuodd ail-ddarlledu yn dilyn ei salwch*):

Pan fo'r glaw yn curo'n drwm
A rhaglenni'r radio'n llwm,
Yr un gân yw'n cais ni i gyd –
O na fyddai'n Grav o hyd.

O! Ceri bach! A 'sen i'n darllen un Dic fe fydden i'n llefen *murders*. Ma' nhw'n bersonol a dwi'n gwbod fydd Manon a Gwenan, ar ôl fy nyddie i, yn eu trysori a fe fyddan nhw'n deall arwyddocâd y geirie.

Ac ambell i noson, fe fydda i'n dod mewn i'r stafell, eu darllen yn dawel ac yn llefen. Ma' rhai o'r dynion cryfa dwi'n 'nabod; y dynion dewra dwi'n 'nabod yn llefen. Felly, 'sdim cywilydd mewn llefen. O na! Ddim o gwbwl!

'Sdim Cywilydd mewn Llefen

'Ware Teg i'r Gweilch

Mae'r rhanbarthe – y Dreigiau, y Gleision, y Gweilch (a'r Sgarlets wrth gwrs) yn rhyfeddol. Credwch chi fi, mae yna frawdgarwch a chyfeillgarwch, ac fe ddylsen i wybod gan mai ar yr ystlys dwi'n treulio holl geme'r *Clwb Rygbi* ar S4C. Am gêm gyfan mae yna ysbryd rhyfelgar – pan o'n i'n 'ware i Lanelli yn erbyn Abertawe, Castell-nedd, Caerdydd, Casnewydd, ac Aberafan ro'dd yna frwydro ffiedd a cholli tymer; fel chwaraewr, nid fy mod i am ladd fy ngwrthwynebydd – ond ar y llaw arall, 'falle o'n i am ei ladd e – ro'dd yna ffyrnigrwydd, ro'n i'n cystadlu i'r eitha. Ac yna, y gêm yn gorffen, y chwiban yn mynd, ac ar ôl y cystadlu ro'dd y cymdeithasu'n dechre – y cyfeillgarwch yn amlwg a dyna'r un

Derbyn cymeradwyaeth ar y Strade cyn y gêm dysteb yn erbyn Caerfaddon – Awst 2007.

peth dwi i wedi'i gario o'r ganrif ddiwetha i'r ganrif bresennol. A'r Gweilch o bawb yn cydymffurfio – fe fuon ni'n darlledu'n ddiweddar o Ysgol Tirdeunaw yn Abertawe. Fe ges i gardie a negeseuon di-ri o ysgolion y De-Orllewin; dosbarthiade a disgyblion yn anfon negeseuon personol iawn, a llwyddodd un i fy ngoglis i'n llwyr. Thomas Maggs o'dd yr enw, ac ar y pryd ro'dd e'n ddisgybl yn y flwyddyn ola yn Ysgol Gynradd Gymraeg Tirdeunaw. Fe dda'th carden Thomas yn rhan o fwndel o'r ysgol. Ro'dd e wedi fy mhortreadu i yn y gân actol yn Eisteddfod yr Urdd – Grav o'dd y prif gymeriad a 'nath e jobyn deche – gwell jobyn na fydden i wedi 'neud fy hunan:

'Croeso i chi gyd i raglen Grav – gyda chi bob bore yn y Gorllewin – West is best.'

Dyma be' sgrifennodd Thomas yn ei garden:

Thomas Maggs (erbyn hyn yn ddisgybl yn Ysgol Gyfun Bryntawe).

BRYSIA WELLA GRAV -
TI YW FY ARWR I
OND FI STILL YN HATO'R
SGARLETS!

Fe gododd cyfarchiad Thomas fy nghalon i a 'ware teg, ro'dd yna onestrwydd yn y neges.

Gwenan

(Ar y tra'th yn y Borth yng nghwmni Gwenan, Hydref 2007 – aros penwythnos gyda John Hefin ac Elin).

Gwenan, rwyt ti wedi dod o hyd i garreg â thwll ynddi . . . yn ôl cred yr hen Geltiaid ma' carreg o'r fath yn dod â lwc i berson a gan ein bod ni'n ddisgynyddion i'r Celtiaid ma' bownd o ddod â lwc i ti. Paid â cholli honna! Ti ff'indodd hi, Gwenan; rhaid i ti ei chadw hi.

Manon

(Ray am unwaith yn dawel, yn clustfeinio ar Manon yn siarad â'r camera, adeg ffimio rhaglen ddogfen i'r BBC).

'Smo'r profiad diweddar wedi newid dim arno fe. Yn y gorffennol, ro'dd e'n conan. Amser o'dd ei dro'd e'n dost, o'dd e'n conan. Mae e o hyd yn conan, ers i fi ga'l yn eni! Felly, do's dim wedi newid *really*. Dal yr un hen Dad!'

Gwenan, Manon a finne yn ymyl Pont Harbwr Sydney.

Penblwydd Hapus

Ray: *(Ray yn agor yr anrheg – Mari a'r merched yn aros am yr ymateb).* Waled! Gwmws beth o'dd Dad yn moen! Ma' gwynt y lleder yn hyfryd. Ma' hon yn plesio. *Spot on!*

Manon: (*yn darllen y cyfarwyddiadau*) Bio-degradable!

Ray: 'Na fe! Os na fydd arian 'da ni brynu bwyd, fe alla i f'yta'r waled! Mae'n braf ca'l bod 'ma. *(Ray yn crio'n dawel)* Dagre o lawenydd. Pum deg chwech oed! *Fifty six not out*, ac mae mwy o *runs* i ddod! Iechyd da! Mae'r hen fyd 'ma yn siwrne gyffrous a dy'n ni ddim yn gwbod be' sy o'n blân ni. Un dydd ar y tro!

7

'Myn Duw . . .'

Ro'n i'n canu caneuon Dafydd Iwan bron cyn pob gêm a cha'l cysur a nerth drwy ei morio hi yn yr ystafell newid ar y Strade, y caeau rhyngwladol ac ar fysys ar y ffordd i gwrdd â'r gelyn. Nerfusrwydd o'dd yn gyfrifol am y diffyg hyder a diolch i dône Dafydd, llwyddes i goncro'r ansicrwydd. Da'th Dafydd mewn i'r ysbyty ynghanol ei brysurdeb etholiadol pan o'dd yr ymgyrchu ar ei ran e a'i Blaid yn ei anterth. Fe 'nath e amser iddo'i hunan.

Anghofia i byth, saith mlynedd yn ôl adeg Eisteddfod Genedlaethol Llanelli a'r Cylch (a 'na beth o'dd eisteddfod). Trefnwyd cyngerdd yn y pafiliwn a fe ofynnodd Dafydd i fi ei gyflwyno i'r gynulleidfa – y lle dan ei sang, ac fe atgoffes i fe ei fod, rai blynyddoedd yn ôl, wedi gwneud addewid i fi. Ta p'un ohonon ni'n dau fydde'n mynd gynta, hynny yw yn croesi'r ffin – tasen i'n mynd o'i fla'n e, fe fydde fe'n canu 'Myn Duw mi a wn y daw' yn yr angladd. Fe ddwedes i hyn gyda dôs sylweddol o hiwmor. Hon yw fy hoff gân i o'i holl ganeuon e; cân sy'n cyfeirio at Owain Glyndŵr.

Pan gerddodd e mewn i'r ward yn Ysbyty Glangwili, Caerfyrddin a finne'n gorwedd yn fy ngwely, fe weles i fe o mlân i. Meddylies – Diawch; pa mor agos dda'th e i ganu 'Myn Duw' . . . nid yn yr ysbyty y prynhawn hwnnw ond yng Nghapel Horeb, Mynyddygarreg.

MYN DUW MI A WN Y DAW

Mae gwaed y rhai fu'n brwydro
Ac a lifodd ar y gwellt
Ers talwm wedi'i olchi gan y glaw;
Ni chlywaf gân y daran,
Ni welaf gân y mellt,
Nid oes ond cri anobaith ar bob llaw.
Ymhle y mae Owain yn awr?
Ymhle y mae Owain yn awr?

Mae Owain, gyda'i filwyr,
Wedi cilio draw o'n gwlad,
Ac nid oes mwy ond atgof ar ei ôl.
Nid oes ond oer gelanedd
Lle gynt bu maes y gad,
Ac nid yw rhyddid mwy ond breuddwyd ffôl.

Owain, ni ddaw yn ôl,
Owain, ni ddaw yn ôl,
Daw llanw wedi'r trai,
Daw enfys wedi'r glaw,
Ac wedi'r nos mi wn y wawr a ddaw.
O! mi wn y daw Owain yn ôl –
O! mi wn y daw Owain yn ôl,

Fel llanw wedi'r trai
Fel enfys wedi'r glaw
Fel gwawrio wedi'r nos,
Myn Duw, mi a wn y daw,
Myn Duw, mi a wn y daw.

Nid yn ofer y bu'r brwydro,
Nid yn ofer y tywallt gwaed,
Mae eto fuddugoliaeth yn y gwynt.
Mi glywaf leisiau'r milwyr,
Mi glywaf sŵn eu traed
Yn cerdded o Eryri ar eu hynt.
Rhowch heibio bob anobaith,
A'r holl amheuon lu,
Mae Owain eto'n barod am y dydd.
O'i loches yn Eryri,
Fe ddaw â'i ffyddlon lu,
I'm harwain gyda'r wawr i Gymru rydd.
Fel llanw wedi'r trai
Fel enfys wedi'r glaw
Fel gwawrio wedi'r nos,
Gair o'r galon.

Dafydd Iwan – Cyhoeddiadau Sain

Gyrfa Ray Gravell 1951–2007

1951 Cyrraedd Cwm Gwendraeth ar Fedi'r 12fed (rhannu pen-blwydd â Delme Thomas!)

1955 Byd addysg yn galw ac Ysgol Gynradd Mynyddygarreg yn barod ar gyfer her a hanner.

1963 Ffaelu'r 11+ (byd y bêl ar fai!) a thaith ar hyd yr A484 i Ysgol Uwchradd Porthtywyn.

1966 Ymdrech arwrol yn yr ystafell ddosbarth – Ysgol Ramadeg y Bechgyn, Caerfyrddin, yn cytuno i addysgu'r crwt o Fynyddygarreg.

1966 Marwolaeth Jac Gravell. Colli tad a ffrind.

1968 Mewn crys coch am y tro cynta – cynrychioli Ieuenctid Cymru mas yn Figeac yn erbyn Ffrainc.

1970 Gwisgo crys sgarlad am y tro cynta – gêm gyfeillgar yn erbyn Llanbedr Pont Steffan ar Ebrill 30ain.

1972 Y chwaraewr ifanca yn nhîm y Sgarlets i wynebu grym y Crysau Duon ar y Strade. Llanelli 9 Seland Newydd 3.

1975 Gwireddu breuddwydion (Dad a finne). Cap cyntaf i Gymru mas ym merw'r Parc des Princes. Chwe chap newydd ond Cymru, yn groes i'r disgwyl, yn chwalu'r *Tricolore*.

1975 Angen acen posh yn gloi! Wedi fy newis i gynrychioli'r Baa-Baas.

1976 Camp Lawn o dan gapteniaeth Mervyn Davies.

1978 Y tywydd yn rhewllyd, Cymru'n disgleirio yn erbyn yr Alban a Raymond Gravell yn hawlio'i gais rhyngwladol cyntaf. Tip top! Tymor Camp Lawn arall.

1980 Capten tîm rygbi Llanelli. Waw! Arwain y clwb am ddau dymor.

1980 O Frynhyfryd i'r Veldt! Cael fy nghynnwys yng Ngharfan y Llewod ar gyfer y daith i Dde Affrica a 'ware mewn pedwar prawf.

1983 Y profiad cyfryngol cyntaf. Cyflwyno *Teulu Ffôn* – cwis Teuluol i HTV ar S4C.

1985 Y gêm olaf un ar Ionawr y 26ain yn y cwpan yn Llanymddyfri – 485 o gemau; 120 o geisiau.

1985 Dechrau sylwebu. Yn ail lais i Huw Llywelyn Davies ar deledu S4C a chyfleoedd cyson i ddatgan barn ar BBC Radio Cymru ar brynhawnau Sadwrn.

1985 Digon o waith! Rhan flaenllaw yn y ffilm *Bonner* i S4C.

1988 Cyd-weithio â Frank Hennessy ar y rhaglen boblogaidd *Street Life* ac yn ddiweddarach *I'll Show You Mine*.

1991 *Filipina Dreamgirls* – Bill Maynard, Charlie Drake a fi!

1991 Mari a finne yn uno mewn glân briodas yng Nghapel Horeb, Mynyddygarreg.

1992 Rhan yn y ffilm *Rebecca's Daughters* yng nghwmni Peter O'Toole, Paul Rhys, Joely Richardson a Dafydd Hywel.

1992 Rhan arall! Y tro hwn yn y ffilm *Damage* a gyfarwyddwyd gan Louis Malle. Cast reit enwog ac yn cynnwys Jeremy Irons, Juliette Binoche, a Miranda Richardson.

1995 Genedigaeth Manon ar Orffennaf y 6ed.

1997 Anrhydedd anhygoel: cael fy urddo'n Geidwad y Cledd.

1998 Genedigaeth Gwenan ar Orffennaf yr 22ain.

1998 Cael fy ethol yn Llywydd Clwb Rygbi Llanelli.

2005 Darlledu ar Gamp Lawn; y cynta oddi ar 1978. Profiad bythgofiadwy.

Cartŵn bachog Terry Morris.